G 1669
A. 1.

17918

LES
TRAGIQVES
ACCIDENTS DES

HOMMES ILLVSTRES, ET
autres personnes signalées de
l'Vniuers, depuis le premier
siecle iusques à present.

Recerchez dans les plus rares Biblio-
tecques de la France.

Par P. BOITEL Parisien.

A PARIS,

Pour Toussainct du Bray, ruë S. Iacques,
aux Elpics meurs.

M. DC. XVI.

Auec Priuilege du Roy.

A TRES-HAVT
ET TRES-PVISSANT
CHARLES DE GONZAGVES
& de Cleues, Duc de Niuernois &
de Rhetelois, Prince du S. Empire,
d'Arche, de Mantoüe, de Porcien
& de Timerets, Marquis d'Hisnes,
Comte de Saincte Manehou, Vicõte
de S. Florentin, Pair de France, &
Lieutenant General pour sa Majesté
en ses pays de Brie & Champagne.

MONSEIGNEVR,

Ie ne fais qu'opposer aux rayons du Soleil de vostre ame, la clarté d'vn iour bien obscur, & cõmme on dict en pro-
á ij

EPISTRE.

uerbe, entreprendre d'enseigner à Minerue. Neátmoins me representant le tres-grád nombre des tragiques accidens, que vous sçauez assez, mais qui pourront rafraichir vostre memoire, & recognoissant aussi reluire en vo' la bonté d'Artaxerxes Roy de Perse, qui receut d'vne face ioyeuse d'vn pauure manœuure, vn present d'eau, ores qu'il n'en eust que faire, estimant non moins digne de la magnanimité d'vn Prince, de prédre en gré les petits presens, que d'en donner liberallement des grands. I'ay surmonté tout ce qui se pre-

EPISTRE.

sentoit pour me diuertir de ma premiere pensee, afin de vo⁹ faire voir, MONSEIGNEVR, l'accident qui vous suruint en Hongrie, au siege de Bude, l'an 1602. ou tous hommes de sain iugement verront que la seule grace de la diuine prouidence vous a voulu preseruer, par miracles redoublez: soit en vostre blesseure, & aux circóstances du temps & du lieu d'icelle: soit depuis en vostre guerison desesperee vn long temps, par des accidens qui y estoient suruenus, pres le 14. iour, tellement que l'on ne vous peut voir, que com-

á iij

EPISTRE.

me perdu & recouuert: & côme donné du Ciel deux fois. Et entre toutes les considerations de voſtre bon-heur, l'on ne ſçauroit nier, que voꝰ n'ayez recueilly ces roſes d'hôneur, au printemps de voſtre ieuneſſe, au meſme temps que le repos de la France, ny produiſoit que des eſpines, ayant enrichy voſtre reputation d'vne gloire ſolide, cóquiſe à ſi bonnes enſeignes, n'ayant que vingt deux ans, l'ayant recerché dés l'aage de quinze, par voſtre entree dás Cábray, malgré le ſoin & l'effort d'vne puiſſante armée, pour vous deffaire, & en toꝰ

EPISTRE.

les lieux depuis ou vous en auez veu le moindre sujet. Certes si ce n'estoit que vostre modestie, & l'indignité de ce stile me deffendent vos loüäges, ie ne m'en pourrois pas retenir; principallement sur cest accidét de vertu, qui retiendra tousiours de l'honneur. Ie suis contraint dóc de les resserrer dás le iugemét d'vn chacun plus digne arbitre que ma plume. Et vous me permettrez seulement de dire sans flatterie, que vo⁹ estes doüé & orné de toutes les parties, qualitez, & vert⁹, propres & cóuenables à vn grand Prince, & gene-

á iiij

EPISTRE.

reux Capitaine. Ainsi donc ie m'ose tant asseurer de vostre benigne grâdeur (comme ie l'en supplie tres-humblement) que voudrez mesurer l'offre de mon tel quel labeur, non au simple merite d'iceluy, n'y de la personne qui que le vous presente, mais au tres-affectionné desir, duquel ie dedie & consacre m̃a vie à vostre seruice. Priant Dieu, MONSEIGNEVR, vous conseruer longuement en toute prosperité, accroissement d'honneur, & de ces sainctes graces. Et c'est ce que de toute son affection, vous souhait-

EPISTRE.

te, auec tres-longue & tresheureuse vie, TRES-HAVT, ET TRES-PVISSANT PRINCE,

Vostre tres-humble & tresobeyssant seruiteur.

P. BOITEL.

STANCES.

MOn Prince qui pres de ta fin,
Arrachas des mains du destin,
Les derniers fuzeaux de ta vie.
Reçoy donc celeste ascendant,
Bien que ce liure, & l'accident,
Qui te suruint en la Hongrie.

Prince des Muses le support,
Grand Mars qui a dompté le sort,
Qui pensoit vaincre ta victoire :
Mais te cognoissant immortel,
Il s'en retourna viste au ciel,
Te comblant d'honneur & de gloire.

Tu es le bon heur de ce temps,
Et l'effroy des nouueaux Titans,
Et l'amour des braues courages,
L'infidelle Turc estonné,
Obserue, & te croit destiné,
Pour renouueller ses orages.

Prince clair Astre nompareil
Cher autheur d'vn nouueau Soleil,
Qui n'a de manque que le tiltre,
D'vn Dieu, n'a besoin que d'Autels
Que la fortune des mortels,
Regarde seul pour son arbitre.

Prince amateur des vertueux,
Illustre né du sang des Dieux,
Comme vn Mars redoutable en guerre,
Qui loge en cet auguste hostel,
De qui le los est immortel.
Par tous les cantons de la terre.

Mon Prince le cruel destin,
Dessoubs vos mains, trouua sa fin,
Aussi l'oubly sa tombe noire,
Ce sont des maux imparfaicts
Que l'alme Soleil de vos faicts,
Chassa du ciel de vostre gloire.

Non la mort n'acable les preux,
De qui les bras fort vigoureux,
Ont toute sa force effacee,
Car le vaincu cede au vainqueur
Aussi vostre masle valeur,
A la mort fiere forcee.

Grand Prince n'esperez de moy,

Que ce liure que ie vous doy,
Que ie vous offre & mon seruice,
Et bien que ce soit peu de cas,
O grand Prince ne laissez pas,
D'accepter ce mien sacrifice.

ANAGRAMME.

CHARLES DE GON-ZAGVES ET DE CLEVES.

Est né esgal d'Hercule ou de Cezar.

Oyant conter ses valeurs nompa-
    reilles,
Ne pensez pas que ce soient des mer-
    ueilles,
Que la vertu produise par hazar,
Non, ce n'est rien que du fruict ordi-
    naire,
Duquel au ciel pour estre tributaire,
Est esgal né D'HERCVLE OV DE
    CEZAR.

A MADAME LA DVchesse de Neuers.

SONNET.

Beaux yeux qui respandez plus d'heur & de martire,
Que ne faict le Soleil de feux & de clartez,
De qui les doux regards tiennent des volontez,
Le sceptre glorieux de l'Eternel Empire.

Esprit, glace Diuine, ou la vertu se mire,
Et voit ses plus beaux traicts au vif representez,
Thresor ample second, en rares qualitez,
De l'aureille, & des cœurs agreable Zephire.

Merueille de nos iours de ma Muse support,
Princesse, Astre propice & l'Estoile du Nort,
Qui luis à mon esprit haut clairon de ta gloire.

Guide ma nef tremblante, & ces ardens couriers,
Qui s'en vont appendans les superbes lauriers,
De Charles vostre espoux, au temple de Memoire.

A Elle mesme.

Madame, comme ie cherchois, vn autel d'hōneur, le Ciel fauorable a mes vœux, ma sugeré celuy de vos merites, & bien que mon dessein, soit du party de la temerité, ie ne laisseray neātmoins de dedier à la gloire de vos vertus, ma Muse, & tout ce que doresnauāt enfantera mon esprit, infus par vostre excellence, à qui les vertus sont homageres, vray temple d'honneur. Receuez donc ce si peu de vers, attendant chose de plus grands merites, que ie vous feray voir en brief, par eu dentes preuues, vous tesmoignant aussi MADAME, l'affection de celuy qui veut mourir,

Vostre tres-humble & immuable seruiteur P. BOYTEI.

L'AVTHEVR SVR LE suiect de son Liure.

SONNET.

D'Vn roch aspre & pointu, si l'eau viue
surgeonne,
Si d'vne herbe puante est le Lys surnaissant,
Si la rose espanit en vn rosier poignant,
Qui de ces esguillons, l'enclost & l'enuironne.
Il ne faut s'esbahir, si la guerre felonne,
Si Mars, & ses effects est naissant & croissant
Parmy celle douceur qui va loing s'espandant,
Es liures, & escrits de Pallas & Bellonne.
Car l'effort du sçauoir n'embrasse seulemẽt,
Quelque gaye douceur, ou quelque alleche-
ment,
Plus haut monte son vol, & autre est son en-
uie,
En l'histoire ie peint, & l'homme & ses
desseins,
Le monde & les effects des plus sages mõdains.
Peignant qu'elle doit estre, & qu'elle est no-
stre vie.

LES TRAGIQVES

ACCIDENTS DES HOMmes Illustres & autres personnes signalees de l'Vniuers, depuis le premier siecle iusques à present.

AVANT PROPOS.

HAl qu'il est bien vray & à iamais le cognoistra le monde, qu'icy bas il n'y à & n'y eut iamais rien d'eternel, que ce qui plaist à la Diuinité, car encore que les grands

A

Auant-propos.

Roys & Princes de la terre, semblent estre creées de la plus pure substance des Elemens, d'vne matiere, croit on, incorruptible pour son Excellence, de pur or d'Euilath, comme le meilleur, moullez à l'exemplaire des plus belles idees & porter l'image & le sceau de la toute puissance comme imprimee au chef d'œuure de là nature, en ces grandeurs pleines de Maiesté qui releuent leur front d'vn gratieux orgueil : neantmoins les voyons nous tous les iours dire vn eternel à Dieu à tous ces vains hōneurs, vrays flambeaux d'enuie qui semblent aux humains estre de mesme duree que l'Eternité mesme, & d'vne ardeur non mourā-

Auant propos.

te comme le feu de Delphes: ils ferment les yeux pour iamais à ce firmament de doublons, à ces richesses inexpuisables, & quittent tous ces arcs de triomphe pour donner les mains aux triõphes de la mort: & qui est de plus, c'est que la plus part finissent leurs iours, non en eau douce à la façon des Poulpes, mais par vne mort dessaisonnee, quelquefois en la saison la plus verte de leur aage, en aage florissant parmy l'orage & la tempeste ainsi que les Dauphins, dans les torrens & les ondes d'vne mer courroucée de diuerses factions: & semble que ceste fatalité suiue d'ordinaire les plus grands Capitaines de finir leur vie auec violence &

precipitation, n'aller iamais à la mort d'vn mesme pas, sans estre interrompu de quelque accident estrange Rome à veu le sein de ses Monarques outré d'vne main homicide le flanc ouuert donner le sang pour abbreuuer & estancher le courage de leur ennemis, rendre l'ame parmy les armes de pointe & de feu & seruir de triste spectacle à tout vn theatre d'hommes, ausquels la nouueauté d'vn si apparant desastre donnoit plutost des l'armes, que l'affection & le ressentiment de leur ruine, ne formoit des plaintes à la gloire de leurs Princes & au soulagement de leur affliction: aussi les autres nations ont assez esprouué par la

Auant-propos.

perte de leurs grands ce qui est du reuers de fortune: ainsi les Princes pour sages & aduisez qu'ils soiët, ils se trouue que la plus part ne se sõt peu guarãtir du malheur. Cõme le sage Cresus Roy de Lidye, si retournoit maintenant au monde en sçauroit bien que dire lequel se publiant par tout estre le plus heureux Monarque, fut enfin par Cyrus vaincu, destruict, ruiné &, bruslé. Policrates ce grãd Roy des Samiens, n'ayãt onc senty l'aiguillõ de fortune (au rapport de Valere) surmõté par Darius fut par sõ Preuost crucifié sur la sommité d'vne haute montaigne. Valeriã ce grand Empereur des Romains deffaict par Sapor Roy des Perses, termina sa vie auec telle misere qu'il luy seruoit de marchepied & d'estrieu, voulant monter à cheual. Alexandre le Grand, sous qui tout le monde ployoit n'ayant peu mourir parmy tãt de combats vit finallement esteindre le flambeau de sa vie, & fut en fin vaincu par vn poïson violent. Æsclepius frere de Pompee qui ne peut perir ayant esté vingt & deux ans corsaire sur la mer se noya miserablement tirant de l'eau d'vn puits. Mempricius Roy d'Angleterre ne finit pas sa vie en son lict Royal mais il fut ensepulturé au ventre des Loups, lesquels le deschirerent & mirent en pieces à belle dents estant à la chasse escarté des siens.

Drusus ayant vaincu les Parthes ainsi qu'il receuoit son triomphe à Rome dedans vn magnifique chariot vne tuille tombant du haut d'vne maison luy fendit la teste. Basile 35. Empereur de Constantinople apres beaucoup de cruelles guerres qu'il eut contre les Sarasins, s'esgarant à la chasse fut rencontré d'vn Cerf qui le porta par terre. Charles Roy de Nauarre apres auoir exploité plusieurs actes genereux, fut fortuitement bruslé vif en vn linceul trempé en eau de vie, par la persuasion des Medecins qui le pensoient guerir d'vne douleur de nerfs qui le tourmẽtoit. L'Empereur Othon troisiesme de ce nom, apres la cruelle guerre qu'il eut a Rome, contre Cresentius finit sa vie par vne paire de gans empoisonnez que luy auoit donné la femme de Cresence. L'Empereur Henry septiesme apres vne infinité de perilleux hazards esquels il s'estoit souuent trouué aux guerres perdit la vie par le moyen d'vne hostie empoisōnee qu'vn moine scelerat luy presenta au iour qu'il faisoit ses Pasques. Le Pape Iean fut estouffé en vn oreiller enfermé en vne austere prison. Le Pape Benoist sixiesme ne mourut pas entre les delices cōme plusieurs Prelats font auiourd'huy, mais il mourut de malrage de faim, enfermé qu'il estoit en vne obscure prison. Le Pape Vi-

Auant propos.

ctor troisiesme perit par le poison qu'on auoit mis en son Calice pendant qu'il celebroit la Messe. Ce sont tragiques accidents tombez sur les plus grands du monde, que nous verrons plus au long, ainsi nous auons recherché depuis le premier siecle iusques à present.

A v

D'ABEL.

A Peine le monde ordiſſoit il la trame de ſa naiſſâce que la cruauté le trouue à ſon berceau, pour faire le premier coup d'eſſay de ſes tragiques deſſeins Voila Eue premiere mere des hômes qui de deux conceptions diuerſes produit deux enfans ſur la terre Cayn, & Abel, l'vn ſource des meſchans, fontaines des hayneux, origine des homicides: l'auſſe primice de l'innocence & premier iuſte des iuſtes, l'vn Laboureur l'autre paſteur & berger:tous les deux par ſerment ſolemnel iuré auec leur Pere, s'acquitterent du vœu de leur promeſſe enuers Dieu, ſi Cayn ſelon ce qu'il eſtoit

A vj

offrit en oblation des premiers fruicts de la terre, & Abel des premiers nez de son bercail & troupeau: les sacrifices offerts, l'effect parut en somme que Dieu qui cherissoit le ieune & innocent Abel, enflamma son sacrifice regarda sur sa personne, & ne fit le mesme sur Cayn ny sur ses oblations, le refusa dequoy vint la naissance d'vne cruelle ialousie d'iceluy Cayn à l'encontre d'Abel qui s'accreut auec telle puissãce qu'en fin ne pouuant plus demeurer renfermee dãs la poictrine de cet enuieux, luy fit conspirer la mort de son propre frere, si pour en venir à chef, trouue façon de luy tenir vn langage de traistre & le tirer à l'escar pour mieux executer son dessein, le mene en vn champ desert, & là s'esleue & court sur le pauure Abel, le supplante, le meurtrit, & d'vne main meurtriere & fratricide final lement assouuit son malheureux courage, & luy arrache la vie. Le tout puissant, deuant qui rien ne peut estre caché, ayāt veu ce meurtre se faict ouyr de Cayn & luy demande son frere qui assez fieremēt luy respond, qu'il ne le sçauoit point, & qu'on ne luy auoit donné en sa garde & tutelle. Dieu luy dict alors, que le sang d'Abel son frere estoit monté de la terre au Ciel, que ce sang espanché par ses mains, crioit & demandoit vengeance, & Dieu disant cecy chassa Cayn de deuant sa face, qui alors tout saisi de frayeur se retira en la terre de Nod vers l'Orient d'Heden, où il cogneut sa femme laquelle luy engendra Henoc, dont le quatriesme du Genese faict mētion: & fut ainsi Cayn le premier meurtrier du monde le chef des homicides & le premier fratricide de la terre.

DE PHARAON.

Pharaon Roy d'Egypte, poursuivant les enfans d'Israel qui s'estoient câpez deuant Pahahirot, entre Migdol & Bahal vis à vis de la mer rouge fut submergé luy & ses gens au milieu de la mer : car croyant que les enfans d'Israël estoient enfermez, auoit fait atteller son chariot, & six cens chariots de guerre anec tous les meilleurs cheuaucheurs d'Egypte. Et les Israëlites se voyans inuestis de tous costez par les forces de ce tyran Egyptié firent prieres à Dieu, & lors Moyse toucha de sa verge la mer laquelle s'ouurit, & passerent au milieu des eaux à pied sec. Les Egyptiens poursuiuans entrerent apres eux au milieu de la mer : laquelle par le vouloir de Dieu, se couura aussi tost, engloutissant le Roy Pharaon & les siens: voy en Exode chapitre 14.

DE HAI.

LEs Israelites ayans esté batus par ceux de Haï, a cause du forfaict d'Hacan fils de Carmi, Iosué leur conducteur se voulant véger de ceste iniure, par vne ruze guerriere mit cinq mille Israelites en embuscade dans le desert. Et luy auec peu de gens s'alla camper deuant la ville de Haï, afin de faire sortir les habitans d'icelle: lesquels voyant ce petit nombre de leurs ennemis, sortirent de la ville & poursuiuirent Iosué iusques au desert, ou estans paruenus Iosué tourna teste, lequel auec l'ayde des cinq mille Israeltes qui estoient en embusche desconfirent ceux de Haï, qui estoient tant hommes que femmes douze mille personnes. Apres Iosué print la ville, & fit passer au fil de l'espee le reste des habitãs qui restoiẽt demeurez, & prindrent le Roy Haï, lequel fut pendu à vne potence de bois, iusques au soir, puis Iosué commanda qu'on dependit sa charongne laquelle on ietta deuant la porte de la ville, & la couura on d'vn tas de pierres. Selon la Loy du Deutero. 21. 22.

DES CINQ ROYS,
ayde d'Adonisedec.

Donisedec Roy de Hierusalem ayant entendu que Iosué auoit pris Haï, & quil l'auoit entieremẽt deffaicte, à la façon de l'interdit comme il auoit faict à Iericho & au Roy d'icelle, a qui il auoit faict le semblable à Haï & à son Roy & que les habitans de Gabaon auoient faict paix auec les Israelites, & estoient parmy eux. Il eut telle crainte (d'autant que Gabaon estoit comme vne grande ville & cité de Royaume, & que ses hômes estoient forts & vaillants) qu'il enuoya vers Hoham Roy de Hebron, vers Piream Roy de Iarmuth: vers Iaphich Roy de Lakis: & vers Dabir Roy de Heglon, pour se liguer tous ensemble, & courir sus à ceux de Gabaon. Ainsi ces cinq Roys s'estans assemblez auec leurs armees, se camperent deuant Gabaon, incontinent ceux de Gabaon demanderent secours à Iosué, lequel soudainement vint auec son armee, fondre sur eux, & les desconfit pres de Gabaon, les poursuiuant par le chemin de la montaigne de Bethoron. Et cóme ils s'enfuioient de deuant Israel, & estoient en la descente de Bethorō, l'Eternel ietta sur eux du haut de son celeste habitacle de grosses pierres iusques en Hazeça, dont il moururent: & y en eut plus qui moururent des pierres & gresle, que de ceux que les enfans d'Israël tuerent auec l'espee. Au reste les susdits cinq Roys s'estans cachez dans vne cauerne furent prins, & amenez deuant Iosué, lequel les fit tuer par les Soldats, puis fit pédre leurs charongnes à cinq potéces de bois, iusques à Soleil couchant, & apres fit porter leurs dictes charongnes dans sa cauerne ou ils auoient esté pris laquelle fut bouchee de grosses pierres. Peu de temps apres Iosué fit mourir Horam Roy de Guezer, & le Roy de Libna, & celuy de Lays & de Mazeda.

DE SANSOM.

LE fort Sansom, duquel il est parlé au liure des Iuges, s'estant laissé emporter à l'amour de Dalila apres s'estre par elle laissé tondre sa cheuelure mourut en la main des Philistins qui luy creuerent les yeux: & pensans se iouer de luy, le voyant desnué & despouillé de sa premiere force ce leur sembloit, ils perirēt auec luy & tresbucherēt soubs le faix du bastiment que Sansom feit tresbucher sus luy & sur eux. Voila comme celuy qui emportoit sur ses espaules les portes de la ville de ses ennemis, qui auec vne maschoire d'Asne auoit tué tant d'hómes, & qui auoit esté si vaillant fut le ioüet de ses ennemis & souffrit mort violente.

DE GOLIATH.

Es Philistins & Israëlites ayãs assemblé leurs armees les vns contre les autres. Il sortit du camp des Philistins, vn Geant d'vne prodigieuse hauteur nommé Goliath natif de la ville de Gath, qui auoit six coudees de haut & vne paume, il auoit vn heaume d'airain sur la teste, & estoit armé d'vn halecret à escailles lequel pesoit cinq mille sicles d'airain. Aussi il auoit des iambieres d'airain en ces iambes, & vn escu d'airain entre ses espaules, le fust de sa hallebarde estoit comme l'ensuble d'vn tisseran, & le fer d'icelle pesoit six cens sicles de fer : & celuy qui portoit sa rondache marchoit deuant luy, il se presenta orgueilleusement en cet équipage & defia les Israëlites au combat d'vn a vn, lesquels furent extremement espouuantez, mais Dauid ieune iouuenceau ayant esté par son pere enuoyé au camp pour reuisiter ses freres entendant les reproches de Goliath s'offre pour le combattre s'asseurant sur la force & ayde du Seigneur, parquoy ayant mis bas les armes de Saul dont on l'auoit armé print pour toutes armes cinq cailloux du torrent, va à la rencontre de Goliath, & opposant aux armes corporelles d'icelluy, vne vraye foy, le rua par terre, & luy coupa la teste de sa propre espee.

DE SAVL.

SAul tout effrayé de la grosse armee d'Azis Roy des Philistins & ne pouuant auoir responce du Seigneur, s'addressa à vne femme qui auoit l'esprit de Python : laquelle luy feit voir le fantosme de Samuel, qui luy denoncea sa mort & celle de ses enfans, ensemble la desconfiture de son armee, dont il fut tellement troublé qu'il tomba à la renuerse, puis ayant pris quelque refection, il s'en retourna vers son camp, mais le voyant mis en deroute, par l'armee des Philistins, outré de douleur & de despit se transperca le corps de son espee.

D'AMMON.

Ammon fils de Dauid, estant espris de l'amour de Thamar sa sœur, laquelle estoit vierge voyant qu'il estoit trop difficile de luy faire quelque chose: se cōseilla à la son inthime amy Ionadab hōme fin & ruzé, lequel l'aduise de contrefaire le malade afin que quãd son pere le viẽdroit voir il le priast de luy enuoyer sa sœur Thamar, pour luy aprester quelque chose d'appetit. Ce qu'Ammon feit requerant son pere Dauid de luy enuoyer sa sœur, laquelle estãt venuë fut par luy violee & forcee: Aussi tost son amour se mua incõtinant en vne inimitié immortelle dont il chassa ignominieusement sa sœur, laquelle toute esploree, se retira vers son frere Absalom, qui ayant dissimulé par deux ans son courage finallement ayant fait conuier tous ses freres en vn festin feit tuer par ses seruiteurs son frere Ammon, leur ayant donné le signal. puis pour euiter la iuste cholere de son pere Dauid, il s'enfuit vers Talmain Roy de Guescur.

D'ARCHITOPEL.

Archiropel estoit vn des premiers & plus grands conseillers du Royal Prophete Dauid, qui estimoit le conseil dudit Architopel, presque autant que celuy de Dieu. Il aduint que pour quelque mescontentement Architopel se rengea du party d'Absalon fils de Dauid, qui s'estoit iniquement armé contre son pere: or comme Architopel cõseilloit Absalon, de surprendre & tuer Dauid, Cuscaï, par la prouidence Diuine, renuersa tous ses desseins, en aduertissant Dauid, par le moyen d'Ahimahats & de Iouatham tellemẽt que Dauid passa le iourdain & Architopel troublé & desplaisant de son offence, se retira en sa maison, ou il s'estrangla, puis apres.

D'ABSALON.

D'ABSALON.

David enuoyant son armee contre son fils Absalon, recommanda la vie d'iceluy a ses Capitaines, qui mirent les Israelites en deroute, & Absalon s'enfuyāt demeura attaché par ses cheueux aux branches sourcilleuses d'vn chesne, ou Ioab auec dix de ses gens le tua d'vn coup de lance, & Cuscuï ayāt apporté les nouuelles de ceste deffaicte à Dauid, Dauid en pleura ameremēt. Ceste histoire fait voir appertement que Dieu punit tost ou tard ceux qui s'esleuent contre leurs parens. Enfans (dict l'Escriture) obeyssez à peres & meres en toutes choses: car cela est plaisant au Seigneur. Honore ton pere & ta mere (qui est le premier commandement, en promesses afin qu'il te soit bien, & que tu sois de longue vie sur la terre. Qui honnore son pere, appaisera ses pechez s'abstiendra d'iceux, & aura ce qu'il desire tous les iours de sa vie, & qui honnore sa mere, est comme celuy qui amasse & assemble des precieux tresors.

D'ACHAB.

AChab Roy d'Israel, estant fasché du refus que Naboth luy auoit fait de sa vigne se mit au lict & contrefit le malade, & Iezabel sa femme le reconfortant luy promit qu'il l'auroit. Tellement que pour la luy faire auoir, elle escriuit aux Magistrats de Iizrehel, attirant des faux tesmoings qui lapiderent iniustement le bō homme Naboth. Apres Achab s'en alla prendre possession de la vigne: mais le Seigneur envoya le Prophete Elie luy denoncer qu'il seroit exterminé auec toute sa maison dont il monstra quelque signe de repentance, pour laquelle Dieu retarda l'execution de son iugement. Achap voulant faire la guerre aux Siriens fut exorté par Iosaphat de s'enquerir du Seigneur, la volonté duquel luy estant declaree par Michee fils de Iimmela, au lieu qu'il auoit esté trompé par la pretêduë reuelatiõ de ses prophetes, il feit mettre en prison Michee & allant côtre Romoth de Galaad, il fut blessé à mort & mourut en bataille.

D'AMASIAS.

Amasias Roy de Iuda adherant du commencement au Seigneur, il fut afermy en son regne, puis il feit punition de ceux qui auoient tué son pere, & apres il obtint vne victoire signalee contre les Iduméens: mais ayant degeneré puis apres & deffié temerairement le Roy d'Israel il fut mis en route par iceluy, & fut chassé & tué par ses propres subiects, ayant laissé Hazarias pour successeur. La temerité dudit Amasias causa sa ruine. (Tout ainsi que dit Platon) que c'est acte de prudence & de force de se donner de garde de la tempeste & des orages qui sont aduenir quand la Nauire est encores au port, de ne trembler point lors qu'on est au milieu de la tourmente aussi cest acte de temerité de se ietter de propos deliberé dans vn danger ouuert qui se peut euiter sans offencer la vertu & la Iustice.

DE NABVCHODONOSOR.

Nabuchodonosor, quatriesme roy de Babilone, lequel (ainsi qu'il est escrit en Daniel cinquiesme) sentit la fureur de la Iustice diuine si aspre, qu'il fut l'espace de sept ans chassé & exillé de son Royaume, vagant par les deserts auec les bestes brutes, viuant de semblable pasture, & demeura nud en tel estat, battu du chaud, du froid, de la gresle & rosee, iusques à ce que le poil luy creut, cōme celuy de l'Aigle, & ses ongles comme ceux des oyseaux : Quel miroir? quel exemple ? quel spectacle? quel prodige pour ceux qui commandent, de voir celuy qui estoit si somptueusement seruy de delicates viandes, manger aux deserts le reste de la pasture des bestes, & banqueter auec eux celuy qui souloit estre vestu de pourpre, & orné de ioyaux precieux, estre si bien abaissé par la main forte de Dieu qu'il n'est plus couuert que de poil. Et ce fut son grand orgueil qui le fit ainsi errer miserablement par les deserts.

DE SARDANAPALE.

SArdanapale, Monarque des Assiriens, Prince effeminé, & plain de toutes dissolutions, lequel estoit continuellement auec ses cõcubines à filer à la quenoüille: mais Dieu le punit de son intemperance. Car Arbaces Capitaine des Medes s'empara de ladite

Monarchie, & eust grand guerre contre Belochus, fils de Sardanapale. La nature (disoit Archite) n'a point donné vne plus pernicieuse & mortelle peste à l'ame, que l'intemperáce du corps: d'autant que Dieu n'ayant rien mis en l'homme que l'esprit & la raison, rien n'est tant ennemy de ce diuin present que l'intemperance. Car où la luxure & concupiscence domine, temperance ne peut auoir lieu & de leur Royaume toute vertu est bannie. Ce vice est vn desbordement en volupté, qui force & violente tellement toute raison, qu'il n'y a perte n'y dômage qui puisse empescher ny retenir celuy qui en est attaché par lōgue habitude au mal, de se ietter de propos deliberé, & (comme on dict volontiers) à corps perdu, à l'execution de tous ses desirs & cupiditez, mettant la son seul &

B iiij

souuerain bien, & ne cerchant autre contentement qu'en ce qui luy apportent ses sens, plaisirs & voluptez.

DE IORAN.

IOran fut le cinquiesme Roy de Iuda, de la lignee de Salomon, regna huict ans, il cōmanda qu'on tuast les anciens, & mesmes ses freres, il fut autheur de nouuelle idolatrie, & fut puny pour son infidelité, mourant en vne prison obscure, apres auoir esté vaincu des Philistins, qui firent mourir ses enfans, Ochosias qui estoit le puisné, & violerēt Athalie sa femme en sa presence.

D'AMON.

AMon fils de Manassé, fut le quatorziesme Roy de Iuda, addonné à toutes sortes de superfluitez de tyrannies, parquoy aagé seulement de vingt deux ans, ses seruiteurs conspirerent contre luy & le tuerent, ne pouuans plus suporter ses imperfections par trop incompatibles.

D'OCHOSIAS ET
Athalie.

OChosias fils de Ioran Roy de Iuda, regna seulemēt vn an, & à l'exemple de son pere permit que le faux culte de Dieu fut institué, pourtant fut il occis par sa mere Athalie, laquelle fit mourir le reste du sang royal: & ainsi le Royaume fut translaté de la posterité de Salomon, afin que nous aprenions que Dieu punit rigoureusement le peché d'idolatrie. Athalie ne fut gueres de teps apres quelle ne fut punie comme elle auoit merité: car ayant retint par violence le Royaume, exerceant grande tyrannie, elle fut par le grand Prestre & Sacrificateur mise à mort.

DE SEDECHIAS.

Sedechias dixneufuiesme Roy de Iuda regna vnze ans, il se rebella contre le Roy de Babilone, & ne voulut payer son tribut pour cette cause Nabuchodonosor meit le siege deuant Hierusalem, & jaçoit que Ieremie luy conseillast de se rendre, disant que le vouloir de Dieu estoit que Iuda fut puny, & que le peuple fut transporté: toutefois cettuy Sedechias, ne voulut obeyr, se confiant à la promesse de Dieu, que le peuple Iudaïque ne devoit point perir. Or la ville estoit de tous costez environnée de munitions, contre toutes puissances des ennemis: mais Nabuchodonosor les affama, apres avoir tenu le siege demy an devât la ville. A la fin comme Sedechias pensoit se sauver fut prins, & devant luy ses deux fils tuez, & luy furent arrachez les deux yeux de la teste, & mis en prison, ou il mourut tost apres de douleur. La ville de Hierusalem fut mise à sac, & le temple consômé en cendres, tout le peuple aussi fut mené en captivité, hormis les plus chetifs qui furent laissez pour labourer la terre, ayans pour superieur Vuedalia, qui fut tué par Ismaël; tellement que le reste des Iuifs se retira en Egypte.

DE BALTHASAR.

Balthasar Roy de Babilone, fut successeur d'Euilmerodach, il mesprisa le vray culte de la parole de Dieu, & renouuella entierement la vieille idolatrie Chaldaique auparauant abolie, il vsa en ses festins, de vaisseaux qui auoiét esté emportez du temple de Hierusalem, il se moqua du Dieu des Iuifs, & par iniure commanda que l'on chantast, que le Dieu des Chaldeens estoit le vray Dieu, & plus grand que le Dieu des Iuifs. Mais qu'aduint-il apres? croiez que ce blaspheme fut cause de la perdition de tout le Royaume. En verité visiblement apparut vne main, qui escriuit contre vn patoy: Balthazar perira auec tout son Royaume. Et l'accident aduint la nuict mesme: car les Medes & Persans, dont Cirus estoit cõducteur, firent soudaine entree en son Royaume, & commanderent aux Babiloniens, & furent posseseurs dudict Royaume, & meirent à mort le Roy Balthazar.

DE IOAS.

Ioas estant aagé de sept ans, fut par Iehodac, estably & creé Roy de Iuda Il meit à mort Athalie femme de Ioram, & renouuella l'alliance de l'Eternel, abolissant le faux culte de Bahal, en redressant l'ordre Ecclesiastique. Il seruit long temps Dieu, & fit reparer le Temple, mais ayant puis apres degeneré, fit malheureusement massacrer Zacharie fils de Iehodac, pource qu'il l'auoit reprins de sa reuolte. Peu de temps apres il fut molesté des Siryens, & finallemẽt tué par ses propres sujects, laissant Amasia pour son successeur.

DE TIMON ET DE
plusieurs autres.

ENcore les bestes s'accommodent elles les vnes auec les autres, espece auec espece, il n'y a que l'homme qui est farouche à l'homme. Timon Athenien, de l'estrãge naturel duquel Plutarque s'estonne en la vie de Marc Anthoine: comme aussi Platon & Aristhophanes n'estoit hõme que de figure, au demeurant ennemy capital de tous les humains, confessant librement & clairemẽt qu'il ne les pouuoit aymer. Il demeuroit seul en vne maisonnette aux chãps separé de voisins & de toute compagnie, & iamais n'alloit à la ville n'y en autre lieu habité des hommes, s'il n'y estoit contraint, & ne pouuoit souffrir conuersatiõ de personne. Il ne se treuue point que jamais il ayt visité aucun, & ne permettoit pas que personne entrast en sa loge. En ce temps y auoit à Athenes vn autre homme nommé Aperuat qui luy estoit presque semblable en humeur, aspre & inhumain, & logé pareillement aux champs. Vn iour s'estans rencontrez seuls en vn disner, Aperuat luy dict, ô Timon que ce festin est doux, & ceste conuersation sauoureuse, puis qu'il n'y a icy que nous deux: A quoy Timõ respondit, il seroit doux à la verité s'il n'y auoit que moy: en cela se monstroit il vrayement estrange, quand il ne pouuoit souffrir, non pas vn autre, mais seulement celuy qui luy estoit de pareille nature. Il ne frequêtoit à Athenes que pour parler à Alcibiades, qui depuis fut excellent Capitaine, dót plusieurs s'esmerueilloient. Au moyen dequoy Apermat luy demanda pourquoy il ne parloit qu'à Alcibiades, ie parle (dict-il) quelquefois à Alcibiades, preuoyant que par son occasion. Les Atheniens auront grand mal & beaucoup à souffrir, & encor bien souuent le disoit il à luy mesme. Il auoit vn iardain proche de sa maison aux champs, où estoient plantees des fourches, ausquelles plusieurs desesperez alloient ordinairement se pendre. Auint que pour faire vn bastiment au lieu ou estoit le gibet, il luy estoit force de le faire couper, pour ceste cause il s'en alla à Athenes, ou estant en lieu public, comme place de marché, il se mit à conuoquer & appeller le peuple, disant qu'il leur vouloit dire quelque nouuelle. Quant le monde entédit que cestuy là qui n'estoit coustumier de parler à personne, vouloit faire quelque discours au peuple, chacun en fut esmerueillé, & y coururent de toutes parts les habitans, auſquels il dict, qu'il auoit deliberé couper ſes fourches pour vn edifice qu'il vouloit faire, afin que ſi quelqu'vn d'entr'eux auoit volonté de ſi pendre, qu'il ſe deſpechaſt auant quelles fuſſent abatuës. Ayant faict ce cry, il s'en retourna en ſon logis, ou ayant veſcu quelque temps apres ſans changer de nature, il ſe pendit, & afin que mort il ne fut entre les hómes il ce fit enſeuelir & enterrer ſur la riue de la mer, pour eſtre touſjours couuert des vagues qui la batent, & s'il euſt peu ſe faire enſeuelir au profód de la mer il l'euſt faict : non contant de ce il fit eſcrire ſur ſon ſepulchre ceſt Epitaphe. Plutarque en a eſcrit vne autre, que Calimat luy auoit faict, preſque ſemblable.

Apres ma miserable vie.
Ie suis enterré soubs ceste onde,
De sçauoir mon nom n'aye enuie
O Lecteur, que Dieu te confonde.

De son temps mourut Filemon, lequel voyant vn asne s'approcher d'vne table & manger des figues qui estoient dessus, se print si fort à rire, qu'il en mourut, par vne compression de surcharge. Et de semblable mort mourut Philistion Poëte Comique, & Denis Tiran de Sicille : Aussi en temps du susdict Timon, aduint l'aduenture estrange du pasteur Cratis, lequel estant endormy en la montagne parmy ses cheures, vn bouc le tua, par Ialousie qu'il auoit d'vne cheure, auec laquelle Cratis peruertissoit abhominablement l'ordre de nature. Louys Celie, & Volateran le racōptent, alleguans quelques auteurs Grecs. De ce genre de mort dont mourut Timõ, mourut André Roy de Prouence par la main de sa femme aydee de quelques autres femmes.

D'ASTIAGES ET
d'autres.

IE ne sçay si on pourra ouyr la cruauté d'Astiages Roy des Medes, enuers Harpalus vn des principaux & plus grands amys de son Royaume, sans en estre grandement esbay. Cest Astiages ordonna que l'on fit mourir vn sien petit fils, à cause d'vn songe qu'il auoit faict, & qui seroit fort long à racõpter, & en ordonna la charge à Harpalus lequel meu de la pitié que luy faisoit cet enfant innocent (qui depuis fut nommé Cyrus le Grand) & aussi pour crainte de la mere de Cyrus, qui estoit fille d'Astiages, ne le voulut tuer, ains fit diligence qu'il fut bien nourry. Long temps apres Astiages fut aduerty que l'enfant n'estoit point mort, parquoy sans faire mauuais visage le retira pres de luy : Toutefois pource qu'Arpalus auoit sauué la vie à Cyrus, le Roy fit secrettement tuer vn sien enfant : & le iour ensuiuant le couuia au disner, auquel entre autres viandes luy fit seruir la chair de son propre enfant, de laquelle le pere mengea d'assez bon appetit, ne prenãt en point horreur la chair de sa propre geniture, & ce pour autant qu'il n'en sçauoit rien. Astiages encor non contant de si cruelle tromperie, fit vn autre acte tres-cruel : car pour dernier fruict, il fit mettre en plats nouueaux la teste, les pieds, & les mains de l'enfant, & cõmãde qu'ils fussent apportez sur la table, en la presence de son pere, afin qu'il sçeut que tel desert procedoit du corps de son fils. Aussi vn anciē à bien dict à ce propos, qu'il faisoit mauuais viure soubs vn Prince cruel. Entre tous les vices qui plus repugnent à l'humanité, & qui plus rendent les hommes mõstrueux & abominables, la cruauté est au pl⁹ haut degré: veu que l'hõme qui est d'vne nature noble, fait à l'image & similitude de Dieu, est par sa cruauté rēdu semblable aux bestes terrible, furieux, mal voulu, ennemy de Dieu, a ce, à lieu le dire Aristote, qui dict que la cruauté, fierté & inhumanité, sont vices de bestes furieuses. Seneque au second liure de la clemence, la nõmé felonne de l'ame, & là il concluid qu'elle est contraire à la vertu de clemence. La cruauté est la grãde ennemie de iustice & de raison: Tous les tirans sont entachez de ce vice naturellement, mais par dessus tous ce fut l'execrable &

sanguinaire Phalaris tyran d'Agrigente: qui tua vne infinité d'hômes sans aucunes coulpes, & si estoit plus cruel (à le bien considerer) en affectiõ, qu'en effect: pource qu'il auoit vn Thoreau de bronze que Perillus luy auoit faict, dedans lequel il faisoit enfermer celuy qu'il vouloit faire mourir: puis faisoit allumer le feu tout à l'entour, & le patient cruellement tourmenté, crioit là dedans d'vne voix si horrible, que vous eussiez dict que c'estoit le mugissement d'vn Thoreau: & faisoit cela, afin que par ce cry de la voix humaine, il ne fut esmeu à compassion. Vne seule chose bonne se remarque auoir esté faicte par luy: c'est que Perillus inuenteur de ce supplice, y fut mis le premier. Enfin les Agrigentins estãt las de ses tyranies & cruautez, tous d'vn commun consentement le saisirent, & le firent mourir dans ce mesme Thoreau. Ainsi mourut Diomedes, qui seruit de pasture à ses cheuaux ausquels il faisoit manger les passans. Nous pouuós aussi alleguer pour exemple de cruauté, le faict de Manlius Torquatus, Consul Romain, lequel fit trécher la teste à son fils, pour auoir contre les Edits & hors de son rang, combatu contre l'ennemy corps à corps, jaçoit qu'il en fut demeuré victorieux. L'acte de Aufidieus, se trouuera aussi plus cruel & barbare, quand il tua son fils, qui se retiroit pour se rendre du party de Catilina; luy disant les mots; Ce n'est pas meschant pour estre à Catilina que ie t'ay engendré, c'est à ta ville. Seneque raconte de Pison, Procōsul, lequel ayant veu vn soldat qui retournoit seul au camp, le condemna à mourir, preiugeant qu'il auoit tué son Compagnon, ores qu'il affermast le contraire. Sur le point de l'execution l'autre arriue, & lors le capitaine qui auoit charge de faire executer le condamné, retourne au Proconsul auec les deux soldats, mais Pison irrité, les fit tous trois mourir, le premier, parce qu'il auoit esté condamné, le second pource qu'il auoit esté cause de ce iugement : & le Capitaine parce qu'il n'auoit pas obey.

D'HOLOPHERNES.

Nabuchodenozor Monarque de Babillone, (l'orgueil duquel s'estoit esleué iusques au ciel) auoit commãdé par Holophernes, Lieutenant de la gendarmerie que le monde vniuersel fut reduit à son obeyssance. Lequel commãdement entẽdu par les autres Rois & Princes, ne furent en deliberation de ce soubmettre à sa volonté & de

& de rendre toute obeyssance, submission & reuerence audit Holophernes, lequel se mit en effort d'en faire autant aux Iuifs, peuple de Dieu, & les rendre soubs son pouuoir ses tributaires, au moyen dequoy il les affligea grandement & les oppressa de cruelles guerres, lesquels ils ne pouuoient plus supporter. Et ce considerant la noble Dame Iudith, Dame de Betulie assiegee par l'ennemy, sort de la ville auec sa seruante, passe au trauers de son armee, & penetre iusques à sa tête, print la haire & s'humilia grandement deuant Dieu pour le prouoquer à misericorde, mais elle fut prise prisonniere, menee & conduicte deuãt Holophernes, lequel apres l'auoir bien contemplee, la trouua douee de toutes les perfections desquelles nature peut enrichir vne personne pour la rendre bien accomplie en toutes

C

choses: de l'amour de laquelle estant outre mesure passionné, la fit soliciter par vn sien Eunuque nõmé Vagao: pour ce que son cœur estoit tout ars & bruslé de la concuspiscence d'elle. Laquelle feit responce qu'en rien elle ne pouuoit contreuenir à la volonté de son Seigneur & maistre. Dequoy estãt plus que l'on ne sçauroit dire resiouy, beut plus largement qu'il n'auoit faict en sa vie. Et la nuict estant venuë, Vagao enferma Iudith en la chãbre d'Holophernes lequel se coucha tout yure qu'il estoit. Au moyẽ dequoy Iudith ayãt trouué l'opportunité de prẽdre la vengence de l'ennemy du peuple de Dieu, se saisit de la daque d'iceluy, auquel estant endormy, elle coupa la teste, qu'elle bailla à sa Damoiselle, & en ceste sorte mourut Holophernes.

D'ABIMELEC.

CE tiran & architiră Abimelec fut fils de Gedeon, lequel ayant inhumainement meurtry ses septante & sept freres, destruit & ruiné la ville de Sichem, sacagé les manans & habitans d'icelle, demoly la tour de la ville, auec mille hômes qui estoient dedans qu'il brusla, & fit semer sa ville de sel, & duquel personne n'auoit iamais peu auoir la raison: toutefois comme il auoit assiegé la ville de Thebes, & fait ses approches pres du chasteau pour y vouloir mettre le feu, vne vieille femme laissa tomber sur sa teste, vn quartier de meule de moulin, qui luy brisa le cerueau, lequel se voyant si vituperablement trauaillé, commanda à l'vn de ses hommes de l'acheuer ce qu'il executa.

DE IVDAS MACHABEE.

IVdas Machabee, apres plusieurs victoires par luy obtenuës, contre les Lieutenans d'Antiochus, & depuis contre ceux de Demetrius, se trouua assailly de vingt deux mille hommes (autres disent de trente deux mille) n'en ayant que huict cens ou mille auec luy, conseillé de se retirer en quelque lieu de seureté, ja n'aduienne (respondit-il) que le Soleil me voye tourner le dos à mes ennemis, i'ayme mieux mourir, que de souiller par vne fuite ignominieuse la gloire q̃ i'ay aquise par la vertu. Et en ceste resolution il affoiblist fort ses ennemis, neantmoins il mourut plus de l'assitude que des coups ou playes qu'il eut receu de ses ennemis.

D'OSA ROY D'ISRAEL.

AV premier liure des Roys, Chapitre cinquiesme, qui est le liure qu'escriuit le fils d'Helcana est recité, qu'estant le reliquaire d'Israël, auec leurs reliques, qui estoiët vn peu de rosee, vne verge & deux pierres, en la maison d'Aminadab, voisin de la ville de Gribaa, le fils d'Esay nommé Oza lors vnique Roy des Israëlites, delibera d'emporter les reliques, & les colloquer en sa ville & maison, car il luy sembla estre grande infamie, luy estant Prince mortel, ayant quantité de Palais pour ses delices, & qu'il y. eust faute d'vn temple, pour metre les reliquaires de Dieu. Ceste conclusion prinse, notifiant le iour de la translation d'icelles reliques de Gribaa en Betheleem, plus de trente mille hómes Israëllites s'assemblerent, & le Roy & les grands Seigneurs du pays, & auec eux aussi accoururent maints estrangers: Car à semblables festes il y a plus de gens qui y viennent de leur bon gré, que d'autres qui si trouuent par commandement. Aduint qu'estât tous les Seigneurs à pied, chantans auec le populaire, & le Roy mesme ballant & psalmodiant, la rouë du chariot renuersa vn peu, à laquelle Oza par fortune mit la main, l'apuiant de l'espaule à ce que le char ne renuersast: mais deuant toute l'assemble il mourut. N'est-ce donc pas vn chastiment digne de noter, & à la verité espouuentable, que pour mettre la main à la rouë, cuidant sauuer le char de tomber, c'est Oza finit si promptement ses iours.

DE BRENNE ROY des Gots.

BRéne fut l'vn des plus fameux Capitaines qu'eurēt oncques les Gots. Apres qu'il eust vaincu les Grecs, delibera de sacager tous les temples, disant que les Dieux deuoient donner aux hommes, & non pas les hommes aux Dieux, & que c'estoit vn honneur tres grād aux diuins, de ce que les hommes s'enrichissoient , par le moyen des tresors qu'ils prendroient en leurs temples. Ce que voulant essayer au temple d'Appollon Delphien, où il commençoit à piller, vindrent tant de sagettes du Ciel, qu'il y fut occis, non luy seul, mais tout le reste de son excercite, sans nul reseruer.

D'EVRIPIDES.

Le cinquiesme Roy des Macedoniens estoit appellé Archelaus, lequel on dict auoir esté grād pere du Roy Philippes pere du grand Alexandre, & ce Roy se vantoit descendre du Roy Menelaus, ancien Roy de Grece, & principal qui fut en la destruction de Troye. Cestuy Archelaus estoit grand amy des sages, & entre les autres il eust vn Poëte auec luy appellé Euripides, lequel de son téps ne tenoit moindre gloire en son genre de poësie, qu'Archelaus à estre Roy de Macedoine : pource que nous estimōs plus aujourd huy plusieurs sages par les liures qu'ils escriuent, que nous n'exaltons les Roys par les royaumes & batailles qu'ils gaignēt. La priuauté & familiarité qu'auoit Euripides auec le Roy

Archelaus, estoit tant estroitte, la reputation qu'auoit Archelaus d'Euripides tant grande, qu'au Royaume de Macedoine ne s'expedioit aucune chose sans estre premierement examinee par les mains de cestuy Philosophe. Il aduint qu'vne nuict que ce Philosophe Euripides, fut longuement parlant auec le Roy, luy contant des histoires anciennes, & lors que le pauure Poëte se voulut partir pour s'en aller en sa maison, ses ennemis l'espioyent, & luy lacherent des chiens affamez, lesquels non seulement le meirent par pieces, mais encore le mangerent, de maniere que son corps fut enseuely és entrailles des chiens. Le Roy Archelaus auerty de ce triste cas, en fut tant courroucé, qu'il sembloit estre hors du sens: Comme l'amour que le Roy porta à Euripides en sa vie fut grand, aussi

C v

le mal qu'il en sentit à la mort fut tres grand: car il plora plusieurs larmes, se couppa les cheueux, se tódit la barbe, & chāgea d'habillemens. Il fit faire vn tres solemnel enterement à Euripides, aussi magnifique que si l'on eust enterré le Gregeois Vlisses. Et non contant d'icelles choses, l'on ne vit iamais le Roy Archelaus faire bonne chere, iusques à ce qu'il eust faict trescruelle iustice, de tous les malfaicteurs. Apres que la iustice fut faicte des homicides, & que les ossements d'Euripides estāt tous rongez des chiens furēt enterrez, vn Cheualier Grec dict au Roy Archelaus, ie te fais sçauoir excellent Roy, que tout la Macedoine est de toy scandalisee, pource que pour vne tant petite perte as montré tres grande tristesse. Auquel le Roy Archelaus respondit, c'est vne chose pratiquee entre les sages, que les nobles cœurs ne se doiuent montrer tristes és cas fortuits & soudains. I'ay ouy dire à mon pere que iamais les Princes ne doiuent espandre larmes, si ce n'est de la mort des hommes sages de leur Republique.

DE CYRVS.

ENtre les excellents Roys du monde & grands Princes, Cyrus fut le premier Monarque des Persans. Son pere fut Prince des Persans, issu des posteres de Sem, sa mere fut du noble sang Royal des Medes. Apres que Cyrus eust assubiety les Medes & Babiloniēs à son Empire, les Scithes gēs barbares & cruels firent entree dās les limites de son Royaume. Mais Cyrus cependant apres auoir recommandé son Empire à son fils Cambises, auec son exercite chemina au deuant pour repousser la violence de ses ennemis. Et à son cō-mancement il desconfit les Scythes, & print leur ieune Roy prisonnier. Mais Herodote escrit que les Persans par apres furēt deffaits par les Scythes, & le Roy Cyrus fut tué en ceste bataille. Lors la Royne Tomiris luy fit couper le chef, & le mit dans vn vaisseau de sang humain, disant auec grand reproche, Cyrus saoule toy maintenant de sang, duquel tu n'auois esté auparauant rassasié. Ce fut vn cas bien cruel, qui deteste plus la cruauté de ceste gent barbare, qu'il ne souille l'honneur du bō Roy Cyrus, lequel pour garder ses terres auoit prins iustement les armes, à l'encontre des Scithes.

DE SISARA.

IAbin Roy de Chanaan, ayant commandé à Sisara Lieutenant de sa gendarmerie, de destruire le peuple Iudaïque : lequel mettant à execution son vouloir, tyranisa inhumainement les Iuifs, & entrant dedans le pauillon de Iahel, femme d'Haber, elle print vn clou d'airain, qu'elle fit entrer à grãds coups de marteau, par la temple de Sisara, qui luy trauersa la teste tout outre.

DE CRESVS ROY
de Lydie.

CResus fut Roy de Lidie en l'ã du monde 3402. auant la natiuité de Iesus Christ 560. ans. Luy estant fort abondant en tresors, secourut les Babiloniens contre Cyrus : toutefois vaincu se retira en son Royaume de Lidie. Mais Cresus venu au dessus de ses affaires contre les Babiloniens, se iette en armes sur la Lidie, ou il deffeit facillement l'armée de Cresus, ia affoiblie & estonnée du mauuais choc de la fortune, qui auoit fauorisé Cyrus. Ainsi Cyrus prend Cresus, le feit lier & mettre sur vn grand tas de bois pour le brusler tout vif auec 14. ieunes enfans Lidiens. Lors Cresus s'escria par trois fois à haute voix: *O Solon, Solon, Solon.* Ce que Cyrus entendāt voulut sçauoir que signifioit ceste voix: & Cresus respondit, que sus l'heure luy estoit souuenu, que Solon luy dict vne fois, que nul n'est bien heureux en ce monde auant la mort. Adonc Cyrus se repentit, recognoissant que luy aussi estoit homme, & que la fortune luy pourroit vn iour autant mal dire. Si commanda que le feu ia allumé fut toſt eſteint : & depuis euſt Creſus en grand honneur, & le fit l'vn des principaux de ſon Conſeil.

DE PRIAM. D'HECTOR
& Paris.

LEs anciens Poëtes, diſent que Hecube enceinte ſongea vne nuict, qu'elle auoit enfanté vne torche allumee, qui emflammoit toute l'Aſie, laquelle propoſant ſon ſonge aux deuins, ils luy pronoſtiquerent, que le fils qu'elle auoit au ventre, cauſeroit la ruyne de ſa patrie. Quand donc l'enfant fut né, le Roy Priam le donna à Archelas pour l'expoſer emmy les bois, à la mercy des beſtes ſauuages, lequel Archelas le nourrit cōme ſien. Or cē Paris croiſſant de iour en iour, de beauté, de corps, & d'excellence d'eſprit, eſtāt droiturier & equitable : comme de fait les Pastres luy rapportoient ordinairement, tous les diferents qui suruenoient entre eux, ils l'en cõstituoient Iuge & arbitre, lesquels il appointoit auec beaucoup de Iustice & equité. Estant estimé & reueré par tout le pays : vne Nymphe de ceste côtree nõmée Oenone fut amoureuse de luy, & en eust deux enfans. Sur ces entrefaictes il fit preuue de son courage & valeur, vn iour que certains bandoulliers & volleurs se saisirent des haras & troupeaux du Roy Priam, & comme ils les touchoient deuãt eux, Paris auerty du vol r'allia ce qu'il peut des Pastres, poursuiuit les brigans, & les mit à mort, & recouura le butin. Partant fut-il nommé Alexandre, qui vaut autant à dire que, chas-hommes, selõ le tesmoignage que luy mesme en donne en son Epistre à Helene:

Ie n'eſtois qu'vn enfant alors qu'en-
tre les mains,
I'arachay nos troupeaux des brigans
inhumains,
Et pour auoir oſé ſi haut faict entre-
prendre.
Ie fus qualifié du ſurnom d'Alexandre.

Aduint peu de tēps apres que les nopces de Peleé & de Thetis ſe celebrerēt, lesquelles toute la cour celeſte fut inuitee, hormis Diſcorde que perſonne ny conuia. Elle donc mal contente de ce meſpris, ietta par le trou d'vne porte de la ſalle, où le feſtin s'appreſtoit, vne treſ belle & treſ exellente pomme d'or, ayant ceſte inſcription, LA PLVS BELLE LA PRENNE, Mercure la recueillit & leut le dicton. Alors pluſieurs entre les Deeſſes ſe la voulurēt approprier: mais en fin elles cederent toutes à ces trois, Iunon, Pallas, & Venus, lesquelles chacune la briguant, entrerent en grande noise & contestation sur la preexcellēce de leurs beautez. Iupiter donc ordonna qu'elle s'en rapporteroient au iugement de Paris. Strabon au 13. liure dict que Paris iugea ces trois Deesses sur la montaigne d'Atandre pres d'Alexandrie, combien qu'Ouide dict que cela fut faict sur le mont Ida. Ces trois Deesses les pratiquerent chacune particulierement, luy faisans de belles promesses. Iunon luy promit l'Empire d'Asie & d'Europe: Pallas de le rendre le plus sage & vertueux de toute la Grece, mais Venus le chatoüilla bien mieux que les autres, luy faisans promesse de luy bailler la plus belle femme du monde, s'il vouloit donner sentence à son aduentage, cómme il en discourt luy mesme en l'Epistre susdite:

Tant de soucis ardens de vaincre les
 agitent,
Qui par maint riche don elles me solli-
 citent,
A leur donner ma voix. La femme à
 Iupiter,
Des couronnes me vient & sceptres pre-
 senter,
Mais sa fille me faict de vertu si grand
 feste,
Que doubteux ie ne sçay sur lequel ie
 m'arreste.

Euripide adiouste és Troades, que Pallas outre la promesse de sagesse & vertu, luy promit la conqueste de toute la Grece. Or en ce temps là Helene auoit la reputatiõ d'estre la plus belle femme de toute la Grece, surpassant toutes les autres en richesses & noblesse de race. Car elle estoit fille de Tindare Roy d'Oebolie & de Leda : toutesfois d'autres feignent qu'elle estoit fille de Iupiter, lors que deguisé en Cigne il engrossit Leda, dont elle conceut deux œufs, de l'vn desquels nasquit Castor & Helene, de l'autre Pollux & Cliténestre Reprenás nos brisees, Diogene en l'histoire de Smirne dit, q̃ Paris par l'aduis de Venus, suiuant le dessein de laquelle Hermonidas luy fit la galiote dans laquelle il fit le voyage de Lacedemone & que des qu'il eust ietté sa veüe sur Helene, il en deuint esperdüement amoureux, & la rauit lors que Ino Sacrifioit auec les religieuses de Bacchus sur le riuage de la mer: où le peuple auec grande affluence auoir acoustumé de conuoller: si qui luy fut aisé d'enleuer Helene, & quant & quãt les plus precieux meubles qui fussent au palais de Menelaus. lequel reuenant de Cãdie, où il estoit allé pour vne affaire de consequence, courroucé &

despité du rauissement de sa femme, manda à tous les Princes de Grece qui delibererét faire le voyage de Troye, pour en tirer raison. Et apres auoir tenu le siege dix ans entiers mirent à mort Priam, & ses enfans, entre lesquels furent tuez le valeureux Hector, & Paris, qui tua par trahison Achilles fils de Licomedes Roy de Trace. En fin le Royaume des Troyens fut esteint, la ville arse & consommee en cendre. Peu de temps auparauant elle auoit esté presque ruinee par Hercules, regnant en Troye Laomedon pere de Priam. Le curieux Lecteur qui voudra voir ceste histoire plus amplement, lise l'Illiade d'Homere, les Methamorphoses d'Ouide, la Theogene d'Hesiode, les Eneides de Virgile, les Carmes & sermons d'Horace, le cōmentateur de Licophron, Dares Phrigien. Bref, vn nombre infiny de Poëtes & d'Hiſtoriographes ont traicté de la guerre de Troye. Quãt au reſte ceſte hiſtoire ſuſdicte, n'eſt autre choſe que fiction Poëtique, cachee ſoubs vn ſens moral.

DE DEVX FRERES
Etheocles, & Polinices.

Non pas beaucoup auant la guerre de Troye, plus cruel le bataille fut faicte à Thebes. Or comme le Royaume fut eſcheu par droict hereditaire, à deux freres, c'eſt aſſçauoir, Etheocles, & Polinices, firent accord par enſẽble à ceſte condition que l'vn regneroit vn an, & l'autre l'an conſequent. Mais quant Etheocles fut entré à l'Empire, contreuenant à leur accord voulut touiours dominer, ce que voyant Polinices ſon frere, contraint de cedder s'enfuit en Arges au Roy Adraste, lequel luy bailla sa fille en mariage, & par force d'armes le voulut restituer au Royaume de Thebes. Mais Adraste y fut tué deuãt Thebes auec autres Princes. Etheocles & Polinices freres, courans l'vn sur l'autre par cas de fortuit, tous deux s'entreoccirent.

D'AGAMENON, DE CLI-
stemnestre sa femme, & d'Orestes.

AGamenon estoit frere de Menelaus mary d'Helene, & fils d'Atreus Roy de Micenes, lequel print à femme Clitemnestre, laquelle voyant que son mary estoit au siege de Troye, s'abandõna à vn certain Ægistus, lequel tua Agamenon, apres son retour de la guerre Troyenne. Mais comme tel peché ne demeure point impuny, d'autant que la vengeance vient des Cieux. Orestes fils d'Agamemnon, par le conseil de sa sœur Electra, vengea la mort de son pere, & tua sa propre mere Clitemnestre auec son paillard Ægestus sur le faict; Et combien que tel acte fut prodigieux, & contre nature, que le fils occit de ses propres mains celle qui l'auoit porté en son ventre, toutesfois puis que la vēgeance vient d'enhaut, le Ciel, vēgeur des iniures & malefices, fit que telle meschanceté fut punie. Quant à Orestes il se tua, de regret d'auoir tué sa mere.

D'HERCVLES.

NOn fort long temps auant que Saul fut faict Roy de Iuda, Hercule regnoit en Grece, qui fut fils d'Amphitrió, & d'Almena, tous deux natifs de Tirinthe, qui
est vne

est vne ville située non fort loing d'Arges, Amphitrion s'en estoit fuy à Thebes: pource que par quelque discord meu entre son frere & luy, il auoit occis sódit frere; & à cette occasion aduint que Hercules nasquit au pays des Thebeins, & là fit le premier coup d'essay de son preux & magnanime courage. Lequel apres auoir dompté vne infinité de monstres de voleurs & Brigans, & tiré le triple Cerbere des manoirs infernaux. Il print à femme Dejanire, & selon que disent les Poëtes fut Roy d'Etolie. Aduint que Hercules quelque temps apres, voulant auec Dejanire, passer le fleuue Euenus, qui est au pays d'Etolie, le Centaure Nessus se presenta sur le riuage, pour les passer à l'autre riue : mais Hercules courageux, se mettant le premier en l'eau qui estoit impetueuse, recommanda sa femme

D

à Nessus pour la passer, ce Centaure Nessus faisant semblant de le suiure, & le voyant desia de l'autre costé, se mit en deuoir de vouloir forcer Dejanire, ce qu'ayant apperceu Hercules luy tira vn coup de flesche, teinte au sang & venin du dragon, dont la blessure en estoit mortelle & incurable. Nessus par ceste playe se sentant proche de la mort, couua son maltalent contre Hercules, ne se pouuant plus venger, donna à Dejanire vne chemise, laquelle il disoit auoir ceste proprieté de retirer vn homme de folles & estrágeres amours, mais c'estoit le contraire, car elle causoit mort subite & soudaine. Quelque temps apres Dejanire desirant de retirer son mary Hercules, qui s'estoit amouraché d'vne autre femme nõmee Iole, fille d'vn certain Euritus Roy d'Eubœde, pensant que par le moyen de cste chemise que Nessus luy auoit donnee, elle viendroit à chef de son entreprise, luy enuoya ceste chemise en present par son seruiteur Lichas, le iour qu'il sacrifioit sur le mont Cenee: mais l'ayant vestuë, il se sentit incontinent saisir de griefs tourmens & douleurs, en tout son corps, & pensant arracher ladite chemise, il arrachoit sa peau & sa chair, iusques aux os, comme tesmoigne Ouide au 9. des Metamorphoses.

Et tant estoit en ses membres fichee,
Qu'elle n'auoit moyen d'estre arrachee
 Et plus bas il dict.
Le feu ardent que ce mal luy fait ore,
Fort viuement ses entrailles deuore,
Et au tourment qui l'afflige ainsi fort,
Noire sueur de tout le corps luy sort.
Ses nerfs bruslez font bruict par telle
 flamme,
Que griefuement ses moëlles enflâme.

Le feu du sacrifice estant desia allumé, ne pouuans plus endurer tant de tourmens se ietta dans iceluy, & mourut ainsi miserablemēt. Ouide dict qu'il ietta Lichas dans la mer Eubode, qui passe aupres ces Thermophiles : il dict :

En ce lançant en la mer Eubodique,
Plus roidement que d'vn engin bellique.

DE CAMBISES.

Cambises fils de Cirus, fut second Roy de perse, en l'an du monde 3433. auant la natiuité de Iesus Christ, 529. ans Esdras liure premier, Chap. quattiesme, l'appelle Artaxerxes, & dict qu'il fit cesser l'entreprise de la reedification du temple, & cité de Hierusalem, que son pere auoit permise. Soubs cestuy les Hebrieux disent auoir esté, ce que nous lisons en l'histoire de Hester, les autres le remettent au regne de Darius, fils d'Histaspes. Il vainquit Psammenit, dernier Roy d'Egypte, & adiousta ce Royaume au sien, estant fasché des supersticiõs des Egyptiens, commanda d'abatre le temple d'Apis, & de leurs autres Dieux ou Idoles. Aussi il enuoya son armee pour destruire le temple de leur Dieu Ammon : mais icelle sienne armee fut toute perie, dans les sablons mouuans de Libie la deserte. Il fit tuer son frere Smerdis : print sa sœur en mariage, laquelle aussi puis apres il occit. En fin se tua soy mesme de sa propre espee, come il assiegeoit Adabane en Egypte, de son regne huict ans.

DE PIRRHVS.

PIrrhus Roy des Epirotes, ayāt assiegé la ville des Argines, & estant pres de la muraille, vne tuille luy tomba sur la teste, qui l'offencea iusques à grande effusiō de sang, qui l'aueugla tellement qu'il fut tué d'vn de ses soldats nómé Zopirrhus. Sa vie est amplement descrite, par le Philosophe Plutarque, en ses vies des hommes Illustres.

DE MIDAS.

MIdas Roy de Lidie (ou Phrigie) fut fils de Gordius, Elian au liure de l'histoire diuerse, dict que Midas s'estant troublé & fasché pour quelques songes, se desespera, & se fit volontairement mourir, en beuuant du sang de

Thoreau, qui a esté suffoqué. Or la raison naturelle que l'on peut donner, pourquoy le sang chaut d'vn Thoreau fait mourir celuy qui en boit, est desduite par Aristote, Pline, & Dioscoride, disant que c'est pource que le sãg du Thoreau se caille & enduroit incontinent, voire beaucoup plutost que le sang de nulle autre beste, tellement que paruenu en quantité dans l'estomac, il se congelle, & cause euanoüissement & suffocation, estoupant les voyes aspiratiues & sensitiues, dont soudainemẽt s'ensuit la mort. Pline dit que les choux cuits en sang de Thoreau, guarissent de l'opilation : par ainsi ce sang seul est de soy mesme venimeux : mais mis en cõpositiõ auec autre chose il porte medecine. Plutarque escrit que Themistocles Athenien excellent Capitaine, qui auoit deffendu la Grece des iuuasions de Xerxes, estant banny de son pays s'en alla en la Cour du Roy Artaxerces, auquel (par le couroux & indignation qu'il auoit à sa patrie) fit promesse de luy dõner le moyen de surmonter toute la Grece: mais quand le Roy le sõma d'y satisfaire, il ayma mieux mourir: car en feignant sacrifier à la Deesse Diane, il beut le sang du Thoreau qu'il auoit sacrifié, dont il mourut incontinent. Ce qui est certifié par Plutarque.

DE POLICRATES.

Policrates Roy Samien, estoit tant heureux selon le monde, que quelque chose qu'il sçeut faire il ne pouuoit sçauoir que c'estoit de tristesse, tout luy sucedant encores mieux qu'il ne desiroit comme il luy aduint, apres auoir ietté en la mer vn anneau de grand prix, qu'il aymoit vniquement, ce qu'il auoit faict pour en auoir dueil & regret: Et toutesfois il se trouua incontinent apres, au ventre d'vn poisson qui fut pris par des pescheurs, & lequel auoit esté achepté pour sa cuisine. Mais côme toutes choses sont instables, Policrates fut peu de temps apres priué de son Royaume, & pendu ignominieusement seruant ainsi à vn chacun d'exemple notable de l'instabilité & varieté des grandeurs de la terre, & que c'est chose trop asseuree, de mettre son heur en la prosperité des choses mondaines. Aussi Apolonius Thianee, eust bône raison de dire, apres auoir tournoyé toute l'Asie, l'Affrique, & l'Europe, que deux choses il auoit trouué, dont il s'estoit le plus esmerueillé par le monde. La premiere estoit, qu'il auoit tousiours veu le superbe cômander à l'hum-

D v

ble; le querelleux, au pacifique, le tyran au iuste, le cruel, au pitoyable, le coüard, au hardy, l'ignorāt, au sçauant, & les plus grands larrōs pendre les innocens. L'homme temperant & constant, qui sçait moderer la crainte, la fascherie la liesse excessiue, & le desir effrené est bien heureux: mais celuy qui met en sa felicité les autres biens perissables, ne sera iamais en repos d'esprit. Et Platon accompare nostre vie au ieu du tablier, là où il faut le dé die biē, & que le ioüeur mesnage prudemment ce qui luy eschet par le dé, car le sort des choses humaines, n'est en nostre puissance.

D'ARISTODEME.

Aristodeme Roy des Messeniens, estant en guerre contre ses sujects, il aduint que les chiens heurlerent comme Loups, & creut de l'herbe de chien dent à l'étour de sõ hautel domestique. Ce qu'entẽdant les deuins estre vn mauuais presage, il entra en telle peur & aprehension, qu'il se deffit soy mesme. Le Capitaine Cassius eust biẽ meilleure grace, quãd il respondit à vn Astrologue chaldean, qui luy conseilloit de ne combatre point les Parthes, iusques à ce que la Lune eust passé le Scorpion? Ie ne crains point (dict il) les Scorpions, mais bien les archers. Et ce disoit il, d'autant que l'armee des Romains auoit esté auparauant deffaicte en la plaine de chaldee, par les Archers des Parthes. Or ce que nous auons dit d'Aristodeme, est ordinairement peu souuẽt suiuy, voire se trouue fort rare entre les hõmes lasches & pusillanimes Speron en ses dialogues raconte d'vn Gentil hom-

D vj

me de Padoüe, qui monſtre bien la merueilleuſe force de l'apprehēſion de mourir, laquelle n'eſtent pas ſeulement ſa puiſſance ſur les eſprits, mais auſſi change la nature des corps, de ceux qui n'ont la cōſtance de ſuporter vne petite & legere douleur, pour iouyr des biēs eternels. Car ce Gentil homme ieune d'aage, eſtát priſonnier pour quelque accuſation, il luy fut rapporté que pour certain le l'endemain on luy trācheroit la teſte. Ce qui le changea tellement, qu'en vne nuict ſeule il deuint tout blāc & chenu, (dont parauant il n'auoit aucune apparence) & veſcut ainſi long temps apres.

D'ESOPE.

Eſope fut vn homme fort laid, de corps & de viſage : mais d'eſprit fin & ruzé, & de propos ioyeux & recreatifs : fut serf de condition & estat. viuoit du temps de Cresus Roy des Lidiens : estoit natif de Phrygie. Il a escrit des fables qu'Aristote ne desdaigne point d'alleguer, au deuzieſme liure de ſa Rethorique, ne Platon auſſi en ſon Phedre : & Apuleius de Deo. Som. Qui voudra voir ſa vie liſe Raphaël Volaterran, au liure 13 & 38. & la vie d'Eſope deſcripte en Grec, par Maximus Planudes, qui a auſſi eſté traduite en Latin. Il fut par enuie fauſſement accuſé de larcin en la ville de Delphes : & luy auoit on mis ſecrettement en ſa mallette vne fiolle d'or, dont puis apres ſurprins & accuſé, quoy qu'innocent, fut ietté du haut d'vn rocher : & ainſi mourut.

D'ESCHILE.

LE Poëte Eschile, sortant vn iour de bon matin d'vne ville de Sicille où il demeuroit, pour prendre de l'esbat. Et luy qui estoit vieil & chauue, à qui la teste blanchissoit, s'assit sur vn lieu haut, & luy ayant la teste nuë, vn Aygle voloit dauenture par dessus luy en l'air, tenant de ses griffes vne tortuë, & voyant la teste blanche du Poëte Eschile, luy fut aduis que c'estoit vne pierre, parquoy la laissa tomber de bien haut, afin que la tortuë se rompit contre, & qu'il en peut apres manger la chair de dedans, & tomba ceste tortuë sur le chef du Poëte, qui luy fendit par le milieu, dont il mourut incontinent, chose qui est fort esmerueillable, veu qu'il s'estoit assis si haut & à descouuert, qu'il sembloit impossible que chose quelconque, luy peust tomber d'enhaut pour l'offencer.

DE SALMONEE.

Salmonee fut fils d'Eolus Roy d'Elide lequel ne se côtâtât pas de sa royalle maiesté, presuma tant que de vouloir obtenir entre ses subjects le tiltre de Dieu. Si fit construire vn pont d'airain, haut esleué, de façon qu'il couuroit le dessus d'vne partie de la ville, sur lequel il faisoit rouler impetueusement son coche, contre-faisant le bruict du tonnerre : tenoit en sa main vn flambeau allumé, s'il l'eslançoit contre quelqu'vn, il estoit mis à mort par gês appostez. Dieu irrité de si grâd orgueil, d'vn coup de foudre l'enfondra dans les enfers.

DE MEMNON.

Pansanias és Phocaïques, dict que Memnon, fut Roy d'Ethiopie & qu'il en partit pour aller au secours des Troyens contre les Grecs. Car Priam Roy de Phrigie, se voyant fondre sur les bras vne si grosse armee, conduite par Agamenon, demanda secours au Roy Tendarus, duquel il tenoit sa couronne en foy & hommage: qui luy enuoya dix mille Ethiopiens, auec autant de Susiens, & deux cens chariots armez en guerre, le tout soubs la conduite du Prince Memnon, estant lors en fleur d'aage, & vaillant de sa personne tout ce qui se peut. Il fit à son arriuée tout plain de beaux exploits d'armes, en faueur des Troyens: iusques à ce que finablement les Thessaliens luy dresserent vne embuscade & le tuerent.

DE CORVS, ET DE
Calamus Gymnesophistes.

CE que fit Codrus Roy d'Athenes est notable, car ayant entendu que la fortune auoit promis & asseuré la victoire aux Thraces, ennemis des Atheniens, pourueu qu'ils sauuassent leur Roy, il s'en alla en leur camp deguisé en manœuure, & tua vn de leurs gens: dont il fut incontinẽt tué par d'autres sans estre cogneu, & ainsi les Thraces furent priuez de la victoire qu'ils tenoient pour certaine, & qui fut obtenuë par les Atheniens. Les anciens ont esté si zelez à leur patrie, que ie ne croy pas que nos modernes se puissent aucunement paragonner à eux: mesmes enuers leurs Dieux comme nous lisons de

Calamus, Gimnosophistes Indien, lequel se voyant vieil, apres qu'il eut faict vn sacrifice aux Dieux, vint a dire Adieu à Alexandre le grand, auec lequel il estoit venu en Babilone & print aussi congé de tous ses autres amis. Puis à la coustume des Gymnosophistes de son pays, se coucha de son long sur vn grand monceau de bois, qu'il auoit faict aprester y faisant mettre le feu & ainsi se brusla en Holaucoste a ses Dieux, sans se remuët aucunement auec vne constance tant admirable qu'Alexandre le grand qui y estoit present, se cõfessa vaincu par iceluy en grandeur de coeur & magnanimité de courage, de mesme les Iuifs, estans sommez par Cajus Calicula Empereur Romain de receuoir son image au téple de Hierusalem, a cest effect il y enuoya Petronius son Lieutenant ce qu'ils refuserent, & quant &

quant se iettans en terre deuāt Petronius presenterent leurs gorges à couper, ce qui causa que Petronius disera l'execution de sa charge, lequel enuoya vers Calicula: la mort duquel mit les Iuifs hors de danger.

DE PHOCION.

Phocion, apres auoir esté esleu quarante cinq fois capitaine general des Atheniens, & faict infinis seruices à sa republique, estāt succombé par quelques partialitez & diuisions, auec la partie plus foible qu'il auoit maintenuë, & condamné à boire le poisson: luy estant demandé à dire ie te cōmande (dit-il lors) addressant sa parolle a sō fils de ne point porter de rácune pour ma mort aux Atheniens. Et vn peu auparauant ce propos, voyant vn de ceux qui estoit condamné à mourir auec luy, se crucifier d'impatience? que dis tu pauure homme (luy dict-il) ne te tient tu pas bien heureux de mourir auec Rhocion: la crainte & apprehension de la mort [comme l'on dict communement] estonne les plus asseurez mais nõ pas les plus vertueux. Car ils sçauent (comme dit Plaute) que celuy ne meurt point qui par vertu perit.

DE DIAGORE ET
d'autres.

Diagore Rhodiot, & Chilon, oyant dire que leurs enfans auoient gaigné le prix aux jeux Olimpiques, sentirẽt vne telle emotion de ratte: qu'ils estoufferent de rire. Herenne Sicillien, estant mené prisonnier, pour auoir esté des associez en la conspiration de Cayus Gracchus estonné du iugement futur, & saisi de peur tomba tout mort dés l'entree de la prison. Plautius Numide voyant sa femme deceddee en print si grand ennuy, que s'estant ietté sur le corps mort, n'en releua iamais ains fut estouffé de tristesse. Zeuzis Peintre excellent mourut de trop & exessiuement rire.

DE CYMON.

CYmon Capitaine Athenien, ayant tant de fois combatu, pour la liberté du pays. Et mesmement ayant faict acte tant vertueux que iamais homme peut estre & ne peut atteindre. C'est qu'il gaigna par mer la bataille contre les Perses où il print deux cens galeres, puis le mesme iour n'ayant à peine obtenu ceste victoire, fit descendre son armee en terre laquelle estant en bon ordre : il presenta bataille contre le reste des Perses, qui auoient auparauant print terre en grand nombre, & neantmoins les vainquit & rompit demeurant victorieux & sur mer & sur terre, outre lesquelles choses vertueuses, il estoit fort liberal de ses biens, en quoy fortune l'auoit grandement enrichy : car il faisoit ouurir ses iardins & mestairies, afin que chacun peut librement prendre des biens qui y estoient & si faisoit doner secrettement de grandes aumosnes aux pauures de la ville. Il auoit encor expressement ordonné à tous ses seruiteurs, que si en chemin il rencontroiet quelqu'vn plus vieil qu'eux mal vestu, ils se despoüillassēt de leurs habits neufs & les changeassent aux autres. Dauantage il faisoit tous les iours le festin aux pauvres mandians de la ville, en quoy il despensoit toutes les richesses que luy avoit laissees son pere Miltiades. Toutesfois les liberalitez, & vertus ne le peurent deffendre & sauver : car par l'ingratitude de ces Concitoyens, il fut banny d'Athenes, & mourut pauvrement en exil. Aussi Aristides sage & prudent Capitaine Athenien, fut banny, par la loy de l'Ostrasisme, dix ans, mais les Atheniens, ayans besoing de son Conseil, le rappellerent au bout des six ans.

DE NICEAS.

Niceas Capitaine General des Atheniens, pour la crainte qu'il eust d'vne eclipse de Lune, ignorant la cause d'icelle, attendit que l'ennemy le vint enueloper, & enceindre tout à l'entour: dont il tomba vif entre les mains de ses ennemis, qui le firent mourir, apres la perte de quarente mille hômes des siens, que morts que pris. Niceas eust bien faict, s'il eust retenu ce que disoit le Philosophe Anaxagore, qu'il falloit chasser hors de soy, & mettre soubs les pieds toute superstieuse crainte des signes celestes, & des impressions qui se forment en l'air, lesquelles apportent grande terreur à ceux qui en ignorent les causes, & qui craignent les Dieux d'vne frayeur esperduë, pource qu'ils n'ont aucune cognoissance certaine de la diuinité.

D'ARISTOTE.

ARIstote pour l'excellence de son sçauoir en Phisique, fut appellé de plusieurs le Demon de la terla terre, il brusla de telle curiosité, en l'intelligence des causes des choses naturelles, que ne pouuant cognoistre & entendre la nature de l'Euripe, qui est en Chalcide cité d'Eubode, (c'est à dire, du flux & reflux de la mer, qui tournoye & enuironne ce lieu là) n'y n'en pouuant rendre raison suffisante, de honte, dueil, & fascherie qu'il prit, alla de vie à trespas. Tout ainsi que celuy qui ne se contentât pas de la lumiere du Soleil, voudroit penetrer de ses yeux la clarté d'iceluy, iusques au milieu mesme du cercle de son corps, sans doute s'aueugleroit: Il en est autant aduenu à la pluspart de ceux qui ont voulu s'enquerir trop curieusemét de ce qui n'estoit licite de sçauoir.

E

DE THEMISTOCLES
& d'autres.

Themistocles banny iniustement d'Athenes; s'estant retiré pardeuers le Roy de Perse, en receut de telle faueurs & aduentages, qu'il en print sujet de dire à ses enfans. Nous estiós perdus, si nous n'eussions esté perdus : qui plus est cela fut cause de promettre à ce Prince de s'employer pour son seruice : Mais voyant la guerre encōmencée entre luy & les Atheniés, en laquelle il luy presentoit de belles charges, Themistocles ayma mieux auancer sa mort par vn poison que luy mesme se donna, que non pas se monstrer piqué ny irrité par rancune à l'encontre de ses ingrats Citoyens, de peur d'obscurcir ou maculer la gloire de tant de beaux faits triomphes & victoires qu'il auoit obtenuës. Que si la mort ne peut pas empescher le cours de sa vertu, combien moins ce fera tout autre accident plus foible? La vieillesse qui diminuë & aneantit tout les forces du corps, n'eust pas le pouuoir d'affoiblir la vertu grande d'Agesilaus, Roy de Lacedemone ; lequel en l'aage de quatre vingt ans, voyant la gloire de son pays anihilee, par la victoire que les Thebains auoient obtenuë contre luy, se retira au seruice d'vn Roy Egyptien, & print charge de Capitaine soubs luy, afin que par ses seruices, il meritast de luy, comme il l'en asseuroit secours pour les affaires de sa patrie. Calicratide, Capitaine general des Lacedemoniens, estant pres de donner vne bataille côtre les Atheniés le deuin, apres le sacrifice faict aux Dieux, luy dict, que les entrailles de victimes promettoient la victoire à l'exercité. Mais la mort au Capitaine, à quoy il feit responce sans aucunemēt s'en effrayer, ores qu'il creut cela pour oracle certain, Sparte n'est pas à vn homme pres: Et quand seray mort, mon pays n'en sera de rien moindre, mais si ie recule maintenant il sera desnué de reputation, parquoy substituànt Cleandre en son lieu pour successeur en sa charge, il dōna la bataille: où il luy aduint, que comme le deuin luy auoit promis, Darius, Monarque des Perses, entendant la continence dont Alexandre son ennemy auoit vsé à l'ēdroit de sa femme, belle en perfection, & l'humanité qu'il exercea depuis aux obseques d'icelle estāt morte: les Perses (dict-il lors) n'ont occasion de perdre cœur, ny de s'estimer lasches & effeminez pour auoir esté vaincus par tel aduersaire. Et ie ne demande aux Dieux victoire, que pour surmonter Alexandre en benefice. Que si ie dois succomber, ie prie ne permettre qu'vn autre que luy soit assis au trosne & siege Royal de Cyrus. Voulons nous au reste des tesmoignages de la force inuincible de la vertu, & de ses puissans & loüables effects és choses les plus sinistres: L'histoire nous monstre qu'entre tous les actes de vertu qui ont acquis de la renómee aux anciens, les plus remarquables & recommandez sont ceux qui l'ont faict paroistre, lors que la fortune les auoit de tous points abatus. Pelopide, Capitaine general des Thebains, & qui les diliura de la seruitude des Lacedemoniens, est pl'loüé & estimé de la grande & insigne vertu qu'il monstra estant prisonnier entre les mains d'Alexandre, Tyran de Phere, que de toutes ses precedentes victoires, car lors tant s'en faut que sa vertu cedast aucunement à sa calamité, qu'au contraire d'vne constance indicible il reconfortoit les habitās de la ville qui l'alloiēt visiter, les exortoit d'auoir bon courage, & que l'heure estoit venuë, que le Tyran seroit tout en vn coup puny de ses meschancetez. Et mesmes luy enuoya dire vn iour, qu'il estoit bien despourueu de iugement & raison, en ce qu'il gehennoit & faisoit mourir en tourmens ces pauures Citoyens qui ne l'auoient point offencé, & cependāt il le laissoit en repos, luy duquel il ne pouuoit ignorer, que eschappant de ses mains il ne se vangeast bien de luy. Le Tyran s'esmerueillant de ceste grandeur de courage, demanda pourquoy il auoit si grād haste de mourir. Et c'est afin (dict il) que tu perisses plustost, en estat hay de Dieu & des hommes encores plus que tu n'est maintenant. Philocle l'vn des plus fameux Capitaines Atheniens de son temps, & qui fut cause d'ordonner qu'à tous les prisonniers de guerre d'oresnauant on couperoit le poulce de la main droicte, afin qu'ils ne peussent plus manier la pique, mais bien leur seruir à tirer la rame; ayāt esté pris prisoniers auec trois mille Atheniens en vne bataille que gaigna contre luy Lysander Admiral des Lacedemoniens, & estant tous condamnez à mourir, Lysander luy demandant de quelle peine il se iugeoit digne pour auoir conseillé à ses Citoyens vne chose tant meschante & si cruelle. Philocle, d'vne vertu inflexible, luy respondit seulement : N'accuse point ceux qui n'ont point de iuge pour cognoistre de leur faict : Mais puis que les Dieux t'ont faict la grace d'estre vainqueur, faict de nous ce que nous eussions faict de toy, si nous t'eussions vaincu. Cela dict il s'en alla lauer & estuuer: puis vestit vn riche manteau, comme s'il eust deu aller à quelque festin, & se presenta le premier à la boucherie monstrant le chemin de vraye constance à ses Concitoyens. Lysander s'appelloit (sans raison) vertueux temeraire. Mais à propos de temerité, il me vient de venir en memoire vn exemple tiré de la saincte Escriture. Sénacherib auec grosse armee, auoit pillé la Iudee, & assiegé la ville de Hierusalem, dequoy le Roy Ezechias estoit fort troublé, voyant que par dons, prieres, & presens il ne pouuoit appaiser l'Assirien, tant estoit le barbare endurcy, & ce par la volonté de Dieu, qui vouloit en luy illustrer sa gloire. Et ce qui plus troubloit le bon Roy Ezechias, c’estoit que le peuple de Hierusalem se vouloit rendre à ce barbare. En si grande pertubatiõ Esaye enuoya dire au Roy Ezechias qu’il eut bonne esperance. A quoy Ezechias se print, par instante oraison, à demander l’ayde de Dieu. Derechef Dieu par Esaye enuoya dire au Roy que son oraison estoit exaucee, & que la grande armee des Assiriens seroit mise à neant, & seruiroit de risee au peuple d’Israël & que leur Roy s’en retourneroit bien tost d’où il estoit venu. Ce qui aduint, car soudain l’Ange de Dieu venant de nuict en l’Ost des Assiriens, y tua cent quatre vingt cinq mille hommes. dequoy le Tyran effrayé, se sauua par fuitte, & se retira en la cité de Niniue, & là il fut occis par ses propres enfans, Adramelec & Sarecher, estant puny de sa temerité. Ceste histoire est non seulement en Esaye, ains

E v

au 4. des Roys 18. & 19. chap. & au 2. du Paral. Chap. 32. La temerité est le vice qui conduit l'hôme à se ietter de gayeté de cœur, & pour chose friuolle, és perils qu'il voit tout certains, & les luy faict desirer, entreprenant toute chose imprudemment, & se precipitant sans contrainte aux dangers qu'il cognoist luy deuoir aduenir. Et pource l'ancien Caton oyāt quelques vns qui loüoient fort vn personnage hazardeux outre mesure, & hardy sans discretion és perils de la guerre, leur dict: qu'il y auoit grande difference entre estimer beaucoup sa vertu & peu sa vie: comme s'il eust voulu dire, que souhaiter à viure pour estre heureux, & louable. Isadas Lacedemonien, voyant Epaminōde auec l'armée des Thebains estre aux mains contre les Spartes pour forcer leur ville, se despouilla tout nud, oſtant meſme ſa chemiſe: puis prenāt vne pertuyſane en vne main, vne eſpee en l'autre, va donner de pied & de teſte contre les ennemis, ou il fit de grandes proüeſſes. Mais combien que la ſeigneurie recogneuſt ſa vaillance d'vne couronne, ſelon la couſtume qui eſtoit entre eux, il fut neātmoins condamné à l'amēde, pour auoir ſi temerairement expoſé ſa vie. Iſocrate dict que la force auec la prudēce profite, mais qu'autrement elle fait plus de prejudice que de bien.

DE LICVRGVE LEGISlateur des Lacedemoniens.

Licurgue leſgiſlateur des Lacedemoniens qui leur bailla les loix & la forme de bien viure, cōbien qu'il fut homme de Saincte vie, & loüable en mœurs, & du-

E vj

quel pour ses vertus (selon Valere le Grand,) l'Oracle d'Apollon Pithien, respondit ne sçauoir s'il le deuoit mettre au nombre des hommes, ou des Dieux. Neantmoins fut poursuiuy par ses Citoyens à coups de pierres, & chassé hors de leur ville : & finallement ayant vn œil creué, fut expulsé au pays, & mourut bien pauurement. De mesme les Romains bannirent Catilina, à l'instance de son ennemy Claude, lequel exil fut tant ploré à Rome, qu'il si trouua vingt mille persónes qui chāgerēt d'habits, & se vestirent en dueil, qui fut cause de le restituer en sa premiere liberté, en grand ioye, & à son grand honneur.

DE SOLON, LEGISLA-
teur des Atheniens.

Solô Legiflateur des Atheniës, qui leur auoit inſtitué tant de bonnes & ſainctes loix, & deſquelles s'ils euſſent touſiours voulu vſer. leur Empire, euſt poſſible eſté immortel, ce neantmoins pour leur auoir cōquis & recouuré la ville de Salamine, & ſemblablement les auoir auertis de l'entrepriſe de Piſiſtrate, qui ſe vouloit faire leur Roy & Tiran, luy en ſa caduque vieilleſſe, fut banny, & ne peut tant impetrer enuers eux, que de luy octroyer vn certain lieu en leurs terres, pour finir le reſte de ſes iours, ains pour toute remuneration l'exillerent en l'iſle de Pré, ou il finit ſes iours. De meſme Seruille Halla, aprés auoir conſerué la liberté de Rome, de

Spurius Emilius, maistre des Chevaliers, qui se vouloit faire Roy, lequel il tua, fut banny & exillé de Rome, & mourut en estrãge pays.

DE DEMOSTHENE,
Orateur excellent.

DEmosthene, Prince de l'eloquence Greque, deffenseur de son pays d'Athenes, fut banny par les Atheniens, & encor qu'ils en eussent eu occasion, si n'estoit elle suffisante pour se priver eux mesmes de la presence d'vn tel hõme. Il fut extremement dolent de se voir banny du pays, tellement qu'il s'en partit en grande melancolie, & rẽcontrãs à la sortie quelques Atheniens ses Capitaux ennemis, il se doubta fort d'eux, mais ils ne luy feirent aucun mal, au cõtraire le consolerent, & luy ayderent à leur pouuoir de ce qui luy estoit necessaire, ce que consideré par luy, & le voyant repris de ce qu'il plaignoit fort le partement de son pays, il dict à ceux qui luy faisoient ces remonstrances: comme ne voulez vous que ie ne pleure, me cognoissant banny de mon pays, où les ennemis sont tels que l'homme seroit bien heureux, qui trouueroit en autre part des amis pareils à eux.

DE SCIPION NASIQVE.

SCipiõ Nasica qui fut esleu pour le plus homme de bien de Rome, & qui ne meritoit pas moins en l'administration & gouuernement de la Republique, que les autres Scipions auec leurs armes en campagne Ce neantmoins apres qu'il eust deliuré Rome de la tyrannie & subjection des Grecs, cognoissant les enuies d'aucuns

Citoyens, & mauuaises opinions qu'ils auoient de ses vertus, feignāt d'aller en ambassade, se retira volontairement en Pergame, où sans aucune mauuaise volonté à son ingrate patrie, paracheua le reste de ses iours miserablement. Aussi Metelle nommé Numidique, pour recompence de la victoire qu'il eust contre Iugurthe Roy de Numidie, fut banny de Rome, parce qu'il ne vouloit pas accorder vne loy que l'on vouloit faire.

D'HANNIBAL, CAPITAIne des Carthaginois.

Hannibal chef tant renommé des Carthaginois & ennemy fort craint des Romains apres plusieurs victoires par luy obtenuës, fut finalement du tout vaincu, & banny par la malice de ceux de Carthage, & contraint de finir là,

& là eust recours aux Princes estrãgers, se iettant maintefois entre leurs bras pour seureté de sa personne. Et apres auoir longuement erré, il s'arresta vieil & caduc auec le Roy de la Bithinie. Mais Tite Flamin, Ambassadeur vers le Roy, le luy demanda pour le faire mourir, disant, que tant qu'il viuroit, ce seroit vn feu pour l'Empire de Rome, qui n'auoit besoing que de quelqu'vn qui le souflast, & qu'estãt en la vigueur de son aage, ny sa main, ny son corps, n'auoiẽt porté tant de dõmage aux Romains, que son bon sens & suffisance en l'art de la guerre, ioinct la haine qu'il leur portoit, ce que la vieillesse n'oste ny diminuë aucunement, ny le changement d'estat, & de fortune, pource que la nature & la qualité des mœurs demeure tousiours. Mais Hannibal auerty de ceste requeste, destrempa dãs vne coupe du poison, que long temps il gardoit, pour vne extremité, puis auant que de boire, dict. Or sus deliurons le peuple de Rome de ce grand soucy, puis qu'ainsi est qui luy poise tant, & luy semble le temps trop long, d'attendre la mort naturelle d'vn pauure vieillard, que tant il hait: Combien que Tite liue n'en raconte rien neantmoins il est vray que le peuple de Rome en fit feux de ioye. Et ainsi finit ce grand Capitaine, ses iours, de tout point ruyné & foulé aux pieds par la fortune.

DE VIRIAT, ROY DE Luzitanie.

Viriat roy des Luzitains, grád Competiteur des Romains, fut tant aduantureux en la guerre, & tant vaillant de sa personne que les Romains (par l'experiance de ses faicts) le trouuerēt inuincible: parce que par l'espace de treize ans ne sceurent auoir vne victoire sur luy, parquoy les Romains deliberent de le vaincre, d'vne autre façon : Et corrompirent à force d'argent vn des subjects, du Roy Viriat, qui l'empoisonna. Ieune Rustic en son Epitome, dict que cestuy Viriat en son enfance fut noutry pasteur guardāt les vaches sur la riuiere de Guadiane, & apres qu'il fut deuenu plus grand, se mit à desrober & gueter les chemins, & depuis qu'il fut paruenu en l'aage de quarente ans, fut Roy des Luzitains, & ce, non par force, mais par eux fut esleu : pource que quand le peuple se voit assiegé & enuironné des ennemis, il eslit plustost des hómes vertueux forts & hardis, pour leurs Capitaines, que nó ceux qui sont plus sages, & de moindre effort & hardiesse. Si les Hystoriographes anciens ne me deceurent, quand Viriat estoit larron, il menoit auec luy, pour le moins cent larrons, lesquels alloient chauffez de souliers de plōb, de maniere que quand aucun d'iceux deuoit courir, il portoit auec luy ses souliers, au moyen dequoy tout ainsi que de iour, ils portoiēt leurs pieds chargez de plomb, ils couroient de nuict comme cerfs, les ayans quitez : car c'est vne reigle generalle, que tant plus seront denuées les iointures, de tant plus demoureront les iambes legeres pour courrir Les Romains auertis de sa mort firent feux de ioye, & tout l'Empire s'en esiouyt, autant que s'ils eussent eu la domination mesme des Lusitains.

DE SERVIVS TVLLIVS
VI. Roy des Romains.

SEruius Tullius fut 6. Roy des Romains, en l'an du monde, 3387. auant la natiuité de Iesus Christ 575. Estant ieune enfant vne flamme de feu apparut sur sa teste sans luy faire aucun mal : qui signifioit que quelque iour il seroit Roy, comme Tanaquil interpreta, laquelle depuis le nourrit soigneusement auec ses enfans, & puis il espousa la fille de Tarquin, & de Tanaquil apres la mort duquel Tarquin Prisque, ledict Seruius Tullius fut esleu Roy des Romains, par les Senateurs, & puis par le peuple. Il surmonta les Sabins, vainquit les Etrusques contre lesquels il eut guerre par l'espace de vingt ans, dont les plus rebelles estoient les Certans & Vegens il fut le premier qui ordonna les sens, c'est a dire que chacun bailleroit le denombrement de ses biés pardeuant les Censeurs, pour selon la valleur d'iceux, estre cotizé chose (côme dict Tite Liue) tresvtile à vn si grand Empire futur. Lors se trouua quatre vingts quatre mille chefs, tant de la ville de Rome que des châps, il amplifia la ville de trois monts, Quirinnal, Viminal, & Esquilin, & fit des fossez à l'entour des murailles, & fut tué l'an 40. de son regne par Tarquin l'orgueilleux qui estoit son gendre, à la persuasion mesme de Tullie sa propre fille, laquelle feit passer son cocher, ses cheuaux, & son char par dessus le corps mort de son Pere, Voyez Tite Liue, liure premier, de la premiere Decade. Eutrope aussi liure premier de Denis Hali, liure quatriesme.

DE LVCE PIE, CONsul Romain.

EN l'an de la fondation de Rome 118. Les Romains delibererent d'enuoyer côtre les Sarmates, & autres barbares nations, vn Consul appellé Luce Pie, & comme entre eux fut la fortune variable, lors que la guerre estoit fort emflamee, finallement fut fait vne trefue, durant laquelle le Consul les saoulla de vin, parquoy ils se rendirent subiects & tributaires à l'Empire de Rome, apres que la guerre fut passee, & que toute la terre de Sarmatie eut esté rendue subiecte, le Consul vint à Rome, & en remuneration de son trauail il requist que l'on luy donnast le triomphe accoustumé, lequel ne luy fut seulement denié, mais en-

PAGINATION DECALEE

lire PAGE 120
au lieu de PAGE 200

cores pour peine de son malefice, il fut publiquement decapité & fut mis autour de son sepulchre cet Epithaphe, par la sentence & volonté de tout le Senat. *Icy gist Luce Pie, Consul, lequel vainquit les Samarthes, plus par infamie que par honneur, en l'an trois cens dixhuict de la fondation de Rome*, il les vainquit non comme les Romains ont accoustumé de vaincre, mais comme les tirans ont accoustumé de deceuoir, non en la guerre par armes, mais en la table par viandes, non en combattant aux perils, mais en prenant leur repas, non par les láces en plain camp mais en pleine table les enyurant de vin, & ainsi le iour mesme que Luce Pie demanda le triomphe il fut soudain decapité.

D'EMPE-

D'EMPEDOCLE PHIlosophe.

LE Philosophe Empedocle, Poëte & naturaliste, fit bastir vne tour auprès de Montgibel ou Ethna en Sicille, afin qu'il peut mieux a son aise contempler les merueilles de ce mont & tirer les causes de ses feux continuels, lequel en fin se precipita au goufre, d'ou les plus grandes flammes sortent, de desespoir (peut estre) qu'il ne sçeut atteindre, à ce qu'il desiroit entendre sur les causes de ces feux, ou bien comme aucuns disent) afin que s'estant ainsi esuanouy on l'estimast auoir esté rauy au ciel, & que par ainsi il fut mis au catalogue des Dieux, & qu'on luy offrist sacrifices, car voicy cóme de celuy parle Horace.

*La mort ie vous diray du Poëte de
  Sicille,
Lequel voulant auoir le nom (O mal-
  habille)
D'vn grand Dieu immortel, se lancea
  froidureux,
Au gouffre flamboyant de l'Ethna cha-
  leureux.*

Mais la sottise de ce Philosophe, fut manifestee par ses patins, qu'on trouua au bord du gouffre, ou vase de cet abisme flamboyant, si bien qu'au lieu de le reputer pour celeste on le mit au rang des fols, & des ambitieux sans raison ny iugement quelconque. Durant les guerres ciuilles de Cæsar & de Pompee ce Montgibel vomit des feux en abondance, lesquels endommagerent grandement le pays circonuoisin : Pline racompte que de son temps, ce mont s'enflamma de telle sorte, qu'il ietta de son abisme de gros monceaux de sable a plus de mille loing.

D'ATTILLIVS REGVLVS,
Romain.

Attillius Regulus grand personnage Romain, prisonnier en guerre des Carthaginois, & enuoyé à Rome sur sa foy, pour traitter de la paix & de l'eschange des Captifs, arriué qu'il fut, donna tout autre conseil au Senat: remonstrant que ce n'estoit pas le profit de la Republique, que de faire vn tel appointement. Puis resolu qu'il falloit garder la foy a l'énemy, s'en retourna à Carthage: ou on le fit mourir à force de veiller, apres qu'on luy eust coupé les paupieres des yeux.

DE MARC QUINTE CURce, Chevalier Romain.

MArc Quinte Curce, Chevalier Romain, qui gaigna vne iournee notable contre les Cimbres: estant consul, se precipita (monté sur vn cheual) dans vn gouffre profond, qui s'estoit faict au milieu de Rome, par vn tremblement de terre dont la ville auoit esté fort endommagee: Et la raison qui l'esmeut à ce faire, fut, que les Deuins disoient les Dieux, ne se pouuoir appaiser contre Rome, que ladite fosse n'eust englouty vn homme tout vif. Ce que Curce desireux du bien & repos public, voulut luy mesme accomplir, dont aussi tost qu'il si fust precipité ce gouffre se renferma, au grand estonnement de tout le peuple.

DE CATON D'VTIQVE.

CAton le ieune, estant reduit à telle extremité en la ville d'Vtique, que selon l'aduis de tous ceux qui estoient auec luy, il falloit enuoyer Ambassadeurs deuers Cesar victorieux, pour traitter d'appointement en se soubmettāt à sa mercy: il y consentit pour le regard des autres, mais deffendant qu'on ne fit aucune mention de luy. C'est à faire [disoit-il] à ceux qui sont vaincus, de prier? & à ceux qui ont failly, de demander pardon. Quand à moy, ie me reputeray inuincible, tant que ie seray pl' puissant que Cesar en droit & iustice. C'est luy maintenant qui est prins & vaincu, pource que ce qu'il auoit iusques icy nié, machiner contre la chose publique, est à present bié aueré & descouuert.

Et ne veux point sçauoir gré, ny estre obligé à vn Tiran pour vne iniustice. Car c'est iniustice à luy, d'vsurper la puissance de sauuer la vie comme Seigneur, à ceux ausquels il n'a nul droict de commander. Apres donc plusieurs autres propos tenus par Caton, de la Philosophie, insistant fort sur ceste opinion Stoïque: Qu'il n'y a que le sage & homme de bien, qui soit franc & libre, & que tous les meschans sont serfs & esclaues, il se retira seul en sa chambre, & se trauersa le corps de son espee. Aussi Cassius, l'vn des compagnons de Brutus, en la mort de Cesar, se fit trécher la teste par vn de ses serfs affranchis, qu'il entretenoit dés long temps aupres de luy, pour vne telle necessité.

D'OCTAVIUS, PERE
d'Auguste César, Empereur de Rome.

OCtauius, pere de l'Empereur Auguste, fut grād persōnage & de faict & de reputation. En premier lieu, il fut fort abondant en biens, nourry & esleué fort soigneusement, puis facilement paruint aux honneurs & offices, qu'il excercea tres bien & dignement, il fut Preteur de Macedoine, en quoy il se porta fort vertueusemēt & vaillamment, mesme contre les serfs fugitifs (asçauoir le reste des conjurez de Spartacus & Catilina, qu'il deffit en chemin) que Cicerō en ses Epistres admoneste son frere Quintus, Proconsul d'Asie, qu'il suiue & prenne exemple sur Octauius au gouuernement de sa charge, & entretenemēt des alliez des

Romains. Il mourut de foudre, au retour de Macedoine, laiſſant Octauia laiſnee fille de luy, & d'Ancharia, & Octauia puiſnee auec Octauius, qui depuis fut Empereur de Rome, qui fut nommé Auguſte, il eſtoit iſſu de luy, auec vne autre femme nommée Acia. Pluſieurs hommes Illuſtres ont finy leurs iours par le tõnerre, Zoroaſtes Roy des Bractiẽs mourut de tempeſte, Capanus ſemblablement à la guerre de Thebes, Anaſtaſius Empereur fut ſemblablement tué du tonnerre. A Taracine, Marc Claudius Preteur, fut bruſlé dans ſon nauire, par le foudre qui tomba deſſus. Le Pape Alexandre, celebrant la Meſſe vn iour de Paſques à Sienne, vn eſclair vint à penetrer le temple, auec telle impetuoſité, que le Pape fut contraint de s'enfuyr.

DE QVINTILLIVS VARrus, Colomnel d'Auguste.

Qvintillius Varrus, noble hõme natif de Cremone, fut Colomnel d'Auguste, qui luy dõna charge de trois legions pour aller en guerre, contre les Allemans & Saxons: Mais surprins par embusches par Arminius, leur chef, il fut tué, & desconfit luy & les siens pour laquelle perte quasi extreme, l'on dict que l'Empereur Auguste fut tellement trouble & fasché que durant quelques mois, laissant croistre sa barbe & ses cheueux longs en signe de tristesse, frappoit de sa teste contre les portes, s'escriant tout haut. *Quintillus Varrus, rends moy mes legions:* Icelui fut grand amy de Virgille, qui faict mention de lui honnorablement en ses Eglogues, tixtem die

& neufuiesme, Seruius dict que le Capitaine Quintillius Varrus, auoit premierement eu victoire sur les Allemans (appellez pour lors, Germains) mais puis apres, comme i'ay dict fut par eux deffaict, en l'an du monde, trois mille, neuf cens septante sept apres la natiuité de Iesus-Christ, dix ans. Voyez Suetone en la vie d'Auguste.

DE PLINE LE PHILO-
sophe & Naturaliste.

LA trop grande curiosité fut cause de la mort de Pline, grãd Philosophe, qui a escrit l'histoire naturelle, car il fut suffoqué des flammes & vapeurs du môt Vesuue proche de Naples, voulant rechercher les causes d'icelles, & d'où estoit precedé ce grand feu qui gasta tellement tout le pays voisin, du temps de l'Empereur Tite, que sept ou huict villes en furent arses, & plusieurs personnes allans par pays, & voguans sur mer, suffoquez des cendres d'vn tel embrazement portées par l'impetuosité des vents. Le monde maintenant est si curieux, de sçauoir ce que mesme est caché au plus haut des Anges, voire aucuns se rendent tant obseruateurs des choses naturelles, que par questiós friuoles & in-vtiles, ils sont tombez en telle impieté, que de vouloir trouuer vn autre commencement de tout, ce que Dieu à faict, que : dont est venu ce prouerbe trop veritable, *de trois Phisiciens, vn Atheiste.* Socrate interrogé que c'estoit du monde, respondit que depuis qu'il auoit eu iugement, il s'estoit mis à se chercher soy-mesme, pour se bien cognoistre. Ce qu'il n'auoit peu encores faire. Et quand il y seroit paruenu, alors il chercheroit les autres choses qui ne luy seruiroient de rien. Et au temps de la mort de Pline, Andebout Roy d'Angleterre, farcit si bien son corps de liqueurs & viandes en vn souper, que faisant cession à nature, il fut incontinent estouffé.

D'HERACLITE ET DE
Democrite Philosophes.

Diogenes Laerce dit qu'Heraclite auoit accoustumé de pleurer toutes les fois qu'il sortoit pour aller parmy les ruës, & incessamēt il respādoit des larmes pour la compassiō qu'il auoit pour l'humaine nature, car il luy estoit aduis que toute nostre vie ne consistoit qu'en miseres, & tous les trauaux à quoy les hommes s'exer-

coient luy sembloiēt digne de cō-
passion, tant pour les peines que
pour les pechez par eux commis,
ce qui est mieux & plus amplemēt
certifié par vne lettre qu'il enuoya
au Roy Darius, ou il dit ces mots.
(Tous les hommes qui vont sur la
terre sont fort esloignez de Iustice : ils seruent tous à l'auarice & à
la vaine gloire, auec trop de cupi-
dité & paresse perduë : & moy ie
n'ay iamais pensé choses mauuaises, & afin d'euiter la peine que ie
sens en voyant & cognoissant ces
choses, ie voudois me tenir en lieu
ou ie neuisse les hommes, veu aussi que ie me contēte de ce qui m'est
necessaire seulement) Ce Philosophe, viuoit la plus grāde partie
du temps, se nourrissant d'herbes
& de viandes de peu de substance
cependant qu'il estoit ieune, & depuis qu'il fut grād il disoit sçauoir
tout, & que nulle autre chose ne

l'auoit enseigne que la contemplation. Finablement pour ne menger que des herbes, & autres viandes mourut etique, & tout plain de goutes, estant enueloppé en vne peau de bœuf, ou il s'estoit fait mettre pour se medeciner : & disent aucuns, qu'estant ainsi enueloppé il fut mâgé des chiens qu'ils ne le cognoissoient pour homme, il fit neantmoins des liures de grãde doctrine esquels se fit si obscur, que peu le peurent entendre, qui est vn vice ou plusieurs grãds personnages ont peché par presomption & arrogance. Deuant que mettre fin à ce discours il nous sera permis de parler de Democrite, duquel la complexiõ ne fut moins estrãge que ceste cy : toute les fois qu'il sortoit de son logis, & qu'il frequentoit les hommes, il se rioit demesurement de toutes les œuures & actions humaines, disant la vie des hommes estre vanité & folie, & que touts appetits & desirs estoient fols, & vrays subiects & maniere de risee Et fut telle l'imagination de ce Philosophe, que c'estoit assez pour le faire aller riāt par les ruës: comme l'autre alloit pleurant en considerant les peines & trauaux des hômes. Il sembloit que chacun d'eux eust raison sufisante de faire ce qu'ils faisoient. Seneque au liure de la tranquillité de la vie, parle de ces deux Philosophes, aprouuant plus l'opinion de Democrite riant, & si conseille d'imiter plustost son ris, que le pleur d'Heraclite. Il semble que Iuuenal soit de ceste mesme opinion, quand il parle d'eux, disant qu'il s'esbahit d'ou & commēt ceſt Heraclite peut auoir pris tāt d humeur pour satisfaire à tant de larmes, il mengeoit fort souuent du miel, & vn iour estās enquis qu'elle chose estoit bonne pour conseruer l'homme en santé, il respondit, le miel dedans, & l'huille dehors: donnant à entendre par cela, qu'il estoit bon máger du miel, & s'oindre d'huille. Diogenes Laerce dict qu'vn iour on luy porta du laict, & apres qu'il eust regardé, dict, ce laict est de cheure qui a faict ses petits, & si est la premiere portee: & la verité estoit telle. Vne autrefois il rencontra vne ieune fille en son chemin, à laquelle (en luy faisant la reuerence) il dict: Dieu te gard fillette; & l'autre iour en suiuant la rencontrant encore, il luy dict, Dieu te gard femme. Dequoy esmerueillez ceux qui auoiēt ouy l'vne & l'autre salutatiō, sceurent que ceste nuict elle auoit eu compagnie d'homme, ce que Democrite cogneust au visage de la femme seulement. Tertullian dict aussi de ce Democrite q̃ qu'il se creua les yeux, afin de n'estre tenté de concuspiscences charnelles, qui sont ordinairement causees par la veuë des femmes. Et Aulugelle dict que ce fut pour mieux s'adonner à la contemplation des choses naturelles, pour lesquelles ce Philosophe fut fort estimé des Doctes, Ciceron, Pline, & Solin, l'ont escrit de luy.

DE CICERON, ORAteur Romain.

M. T. Ciceron nasquit l'an du monde 3851. le 3. iour du mois de Ianuier. Marcus estoit son prenom, Tullius son nom propre, Ciceron son surnom: qui est tiré du mot Latin Cicer, signifiant vn pois ciche, parce qu'il auoit vn seing de ceste figure là au bout du nez. Il a esté le premier de sa race, qui a porté ce surnom. Son pere estoit issu d'vn cheualier descendu du sang Royal des Volsques. Sa mere se nómoit Olbia, ou bien Holuia, il a faict métion aux oraisons qu'il à faictes pour Manlius, & pour Flacus, de la bataille des Romains contre Mithridates en l'an du monde 3875. lequel ayant mis soubs sa puissance, tout le pays d'Assie, fit mourir en vn mesme iour, tous les Romains qu'il rencontra és villes. De son temps Catilina mourut estant deffaict en vne bataille, par Antonius. En l'annee 3884. Ciceron fit sa premiere oraison, qui se nomme pro Quintillio, estant aagé seulement de vingt six ans. Et l'an suiuant il fit celle de pro Roscio. Il demeura en la ville d'Athenes six moys, puis il s'en retourna à Rome: mais n'osant se hazarder de briguer hóneurs & dignitez, se voyant lors comme en mespris & peu estimé,

des Hom. Illustres. 219

tellement qu'on l'appelloit par moquerie petit Gregeois & faineant. En fin estant encouragé par ses pere, parens, & amis, il print la hardiesse à s'aduácer à faire oraisons ou plaidoiers au Palais, ou il aquit le bruict d'estre le plus excellent des Orateurs, & Aduocats, en l'aage de trente & vn an, l'an du monde 3887. Plus il obtint la dignité de questeur en Sicille : puis ayant paracheué l'annee de sa questure, il retourna à Rome, où il recommança à plaider, aagé de quarente cinq ans, où là il obtint la dignité de Preteur. Peu de temps apres il fut Consul, puis pour quelques seditions populaires, fut enuoyé en exil, ou il demeura 16. moys l'an 3915. ayant l'aage de 52 ans : puis il fut rappellé, & entra en Rome le 4. Septembre, auec grande resiouyssance du peuple. En ceste mesme annee le

Poëte Catulus mourut, estant tôbé dans vn profond fossé, en ce mesme temps, Caton s'enfuiant deuant Cesar qui le poursuiuoit, se retira en la ville d'Vtique, ou de crainte qu'il eust d'estre prins, & reduit en la puissance de Cesar, se tua luy mesme. Finablement Ciceron ayant prononcé sa philipique contre Marc Anthoine, auec les neuf autres suiuantes, en la faueur d'Auguste Cesar, parquoy Marc Anthoine indigné le fit tuer au complot du Triumuirat.

DE POMPEE, COMPEtiteur de Cesar.

POmpee nasquit l'an du monde 3851 le 3. iour du moys de Feurier, il triompha pour la victoire qu'il eust contre le Roy Hiarbas, & lors fut surnommé le Grand. En l'an 3892. il obtint la dignité de son premier consulat, il print la ville & temple de Hierusalem, il remit Hircanus en la dignité de grand Pontife, dont Aristobulus l'auoit priué, lequel il enuoya prisonnier à Rome, se retirant en Egypte, apres qu'il eust perdu la bataille côtre Iules Cesar, en la plaine de Pharsalle, il fut occis par Photinus, procureur de Ptolomee Roy d'Egypte, aagé de 58. ans. Le Conseil dudit Ptolomee auoit esté auparauāt assemblé sur ce point : si Pompee deuoit estre receu, s'enfuiant pour se sauuer au pays d'Egypte, là où apres y auoir longuement debattu, en fin l'opinion d'vn nommé Theodatus Orateur fut suiuie, qui fut d'aduis que Pompee fut mis à mort : vsant de ce brocard, vn chien mort ne mor plus. Or Pompee ne sçachant rien de ceste resolution, sortant de son nauire, pensant aller saluër Ptolomee, prononça les vers d'Euripide, contenans en substance, quiconque entre en la maison d'vn grand Prince, il se rend son esclaue & pert sa liberté.

DE CRASSVS CAPItaine Romain.

CRassus faisant la guerre contre les Parthes, son armee fut deffaicte, & luy tué: pour lors vn nommé Surina, estoit Lieutenant en l'armee des Parthes, homme d'ancienne Noblesse, & le second en reputation apres le Roy, vaillant & redouté aux armes, par son experience, sagesse & bon Conseil: & si estoit de belle corpulence & beau visage. Mais quoy? Crassus auãt qu'il entreprist ceste guerre, ne cognoissant les chemins, print aduis des siens: ou se presenta Arianus Duc d'Arabie, lequel s'offrit à luy pour estre son guidõ, qui luy fut traistre, car il luy promettoit le cõduire par voyes plus comodes & asseurees pour son armeé : neantmoins il le conduit par les deserts d'Arabie, piereux, & sabloneux : ou Crassus & ses gens furent rompus & lassez : de façon qu'ils perdirẽt tout courage, il cogneut biẽ puis apres, qu'il y auoit vn autre chemin pl⁹ propres & aduantageux, pour la conduite de son armee, sçauoir est, par des lieux de terres & coliues, esquels ses gens de guerre eussent eu l'aduentage au combat. Voyla comme Crassus fut trahy pour sa trop bonne foy : son armee deffaicte & luy tué, estant aagé de soixante & dix ans.

DE IVLES CESAR PRE-
mier Empereur de Rome.

TRois mille huict cens quatre vingt dix sept apres la creatiõ du monde, six cens six ans apres la fondation de Rome, Iules Cesar fut creé le premier Empereur du monde. Il nasquit a Rome sous le Consulat de Cajus Marius & Valerius Flaccus. Son pere auoit nom L. Iulus Cesar, qui estoit Preteur: Sa mere se nommoit Aurelia, on l'appelloit Iules, parce qu'il estoit de la race des Iules, issuë de Iulus fils d'Eneas. Cesar s'estant faict aymer du peuple, fut incontinent Preteur, & eust pour Collegue Marcus Bibulus: il subjugua les Gaules, il assubiectit l'Angleterre à l'Empire Romain, apres auoir vaincu Cassinalanus leur Roy. Il dompta les Espagnes, & deffit son
Com-

Competiteur Pompee en la plaine de Pharsale, consequément aprés auoir rendu toutes regions paisibles, il s'en retourna à Rome au mois d'Octobre, & puis au Ides de Mars, il fut tué au milieu du Senat, de vingt-trois coups de poignard, par Cassius, Brutus, & leurs complices.

D'ANTIGONVS, ROY des Parthes.

Antigonus fils d'Aristobole, estât aydé des Parthes, s'empara du Royaume de Iudee: mais à la parfin son armee fut deffaicte, & luy mis à mort par Marc-Anthoine, Lieutenant des Romains, au pays de Iudee, il fut le dernier Roy des Asmondes. Herodes Ascalonite fils d'Herodes Antipas, fut declaré Roy de Iudee par le Senat Romain,

DE MARC-ANTHOINE,
Competiteur de Cesar en l'Empire de Rome.

Marc Anthoine, l'vne des successeurs en l'Empire de Cesar, procura sa ruyne par son intemperance & lubricité, suscitāt contre luy l'enuie & le murmure des Romains, pour sa nonchalance au faict des armes, en la guerre où il estoit chef contre les Parthes, laquelle il precipita tellement, afin de retourner vers Cleopatre sa concubine, Royne d'Egyte, que sans faire chose digne de sa premiere reputation, il perdit plus de vingt mille hommes des siens. Et depuis Octauian son compagnon en l'Empire s'estant armé contre luy, pour se venger de ce qu'il auoit quitté sa femme (sœur d'Octauian) pour viure en son adultere, il luy donna bataille, en laquelle Anthoine voyant fuyr s'amie Cleopatre, qui l'auoit accompagné en ceste guerre, il la suiuit auec soixante galeres siennes, encores que le combat fut esgal & la victoire en doubte, trahissant ainsi ceux qui combatoient pour luy, afin de suiure celle qui l'auoit commencé desia à ruyner, & qui le deuoit bien tost du tout destruire, comme il luy aduint. Car estant assiegé dans Alexandrie par ledict Octauian, sans esperance de salut, il se donna de son espee au trauers du corps, dót il mourut : & Cleopatre se fit aussi mourir par la morsure d'vn aspic. Voyla comme ce grand Marc-Anthoine finit ainsi miserablement ses iours, s'estant laissé emporter à la volupté cause de tous maux.

DE BRVTVS CONSVL
Romain.

BRutus l'vn des meurtriers de Iules Cesar, estant vaincu & mis en route par l'armee d'octauiã, surpris de la nuict fut contraint de se tenir caché en vn vallon ou cõ-templant de nuict le Ciel & les estoilles, il fit vn vers Latin, contenant en substance, ô Iupiter, tu n'es ignorant de ma iuste querelle, ny pareillement de celuy qui est cause de mon infortune, entendãt Marc Anthoine qui s'estoit rengé du party d'Auguste, lequel selon le dessein de Brutus, se deuoit ioindre auec luy, afin de soustenir vne si iuste querelle, auec les gens de bien, qui auoiẽt combatu pour la liberté du pays : mais auoit mieux aymé se laisser laschement aller au party d'Octauian. Or voyant qu'il ny auoit plus de remede, entre en defefpoir fe tuant foy mefme, fe laiffa cheoir fur la pointe de fon efpee, eftant aagé de quarente ans. Porcie fa femme entédant fa mort, & voyant que fes parens luy oftoient tout moyen de fe tuër, tira du feu quelques charbós ardens, les iettans dedans fa bouche, qu'elle tint fi eftroitemét fermee qu'elle s'en eftouffa.

D'HERODES AGRIPA,
Roy de Iudee.

HErodes Agripa Roy des Iuifs s'eftant eliouy & glorifié, de ce que le peuple le voyant monté fur la tribune aux harengues, en grande pompe & orgueil, s'efcria à fa loüange, voix de Dieu, & non pas d'hommes, il fut foudainemét frappé du ciel, & fe fentir confumer de vermine, & contraint de dite au peuple! Voicy celuy qui n'agueres vous appelliez Dieu, qui meurt auec douleurs incroyables.

DE TIBERE, TROISIES-
me Empereur de Rome.

Tibere ne fut fils d'Auguste, mais apres la mort des vrais heritiers d'Auguste, ledict Auguste l'adopta pour son fils, à cause qu'il estoit fils du premier mary de sa femme Liuie, & pource que Tibere fut bon gendarme, tousiours Auguste s'en seruit au lieu de Capitaine & Lieutenant en ses guerres. Cestuy Tibere fut le premier Empereur, à qui se rendit le Senat subiect & obeyssant. Il regna vingt trois ans. Puis ayant faict d'estranges & nompareilles cruautez, fut suffoqué auec vn oreiller, par ses subjects, qui ietterent son corps dans le Tibre. Toutefois Suetone dict qu'il fut empoisonné, cestuy Tibre fut grand yurogne, ayant gaigné ce vice d'vne nourrice qui l'auoit allaité. Cest exemple nous aprēd qu'il faut que ceux qui commandent au móde fuient la cruauté, & embrassent la clemēce, afin qu'ils soient bien aymez de leurs subiects & vassaux : Car la plus grande asseurance d'vn Roy, est d'auoir l'amitié des siens.

DE VENONES, FILS DE
Pharotes Roy des Parthes.

Venones fils de Pharotes Roy des Parthes, qui auoit esté baillé en ostage aux Romains par son pere, lequel estant mort, fut demandé de ses subiects, qui toutefois bien tost apres le plindrent en hayne : Si biē qu'ils le despouillerent de son Royaume, & fut cōtraint se retirer en Antioche soubs la protection des Romains. Lors les Parthes, appellerent le Roy des Medes Artabanus pour estre leur Roy, lequel fut desconfit en chemin par Venones: mais ayant redressé, vne nouuelle armee alla trouuer Venones, auquel il donna bataille si furieusement, qu'il demeura victorieux, & entierement deffit & tua Venones.

DE GERMANICVS, PERE
de Caligula Empereur de Rome.

GErmanicus Cesar fils de Drusus, beau fils d'Auguste, & de Iunine Antonie, fille d'Octaue, fut pere de Caligula Empereur Romain, & adopté pour fils par son oncle Tibere, frere de son pere Drusus; il obtint la dignité de Questeur en Rome, estant dispensé de l'aage, parce que selon les loix Romaines, il s'en falloit cinq ans, qu'il eust atteint l'aage requis, pour estre admis à telle dignité. Le temps de sa Questure finy, il fut faict Consul, & commis Lieutenant des Romains pour la conduite d'vne armee en Allemagne, (estant pour lors Auguste decedé) ou il apaisa le different des legiōs Romaines, qui ne vouloient receuoir Tibere pour Empereur. Il obtint victoire contre les Allemās, anciennemēt nommez Germains, qui s'estoient reuoltez contre les Romains, soubs la conduite d'Arminius leur chef qui fut tué. Puis apres il passa au pays d'Armenie, ou il deffit en bataille le Roy, & rendit le pays de Capadoce en prouince, subiecte au peuple Romain. Il fut empoissōné en Sirie, aagé de vingt quatre ans, par les menees de Tibere Empereur, qui pour ce faire s'ayda de Piso, gouuerneur

G v

audict pays de Sirie.

DE CALIGVLA, QVAtriesme Empereur de Rome.

CAjus Caligula quatriesme Empereur Romain, regna trois ans & dix moys. Il fut de tres disoluë vie, il deflora ses sœurs, finablement fut tué par conjuration domestique du Lieutenant de sa gendarmerie. Cestuy Caligula commanda que l'on mit son image au temple, afin qu'il fut adoré: ce qui auoit esté prophetisé par Daniel, disant, quand Israël verra vne Idole posee au temple, à cest heure la Hierusalem sera bien prest de sa ruyne.

D'ALBOVYN ROY DES
Lombards.

ENtre les peuples belliqueux qui sont sortis d'Allemaigne, & de ces parties Septemtrionales pour descendre en Italie, furent les Lombards, qui occuperent par l'espace de deux cens ans & plus, tout ce qui est pour le iourd'huy nommé Lombardie, & iusques à ce que Charlemaigne les en chassa dont l'histoire est emplement declaree par Paul Diacre en son particulier liure qu'il en à faict. Car il dict que quand ils laisserent la Hógrie, ou ils auoiēt habité quelque temps, pour venir en Italie, ils auoiēt pour leur Roy vn nomé Albouyn, homme de grand esprit & vaillant au faict de la guerre, car il vainquist en bataille Guuimond

G vj

Roy des Girpides: puis luy ayant faict trancher la teste, fit faire de son test vne tasse, en laquelle il beuuoit pour triomphe de sa victoire. Et tenāt encor prisonniere la fille de ce Roy, nommee Rosemonde, il la print a femme, puis vint conquerir l'Italie, ayant ceste femme auec luy, l'an huict cēs soixante & deux. Et apres auoir prins plusieurs villes & citez paruint finablement en la ville de Pauie ou depuis ces successeurs Roys ont faict leur siege & continuelle residence, comme la principalle ville de leur Royaume. Or ayant regné trois ans & trois mois, & se trouuant à Veronne ordonna vn solemnel festin, auquel il fit boire la Royne dans la tasse, faicte du test du chef de son pere. Dont elle print tant de honte & desplaisir, que toute l'amitié qu'elle loy auoit porté auparauant, fut couertie en

vne hayne mortelle, concluant de
le tuer pour venger la mort de son
pere & pour ce faire s'en conseilla
auec vn nommé Ermige, qui luy
dict qu'a telle executiō elle deuoit
appeller vn puissant cheualier nōmé Paradee, ce qu'elle fit mais il
ny voulut consentir. Toutefois
elle pour paruenir à son entreprise
postposa toute honnesteté, car e-
stant aduertie que ce Paradee aymoit vne de ses damoiselles elle
se mit vne nuict secrettement au
lieu ou Paradee & la Damoiselle se
deuoient rencontrer. Ou arriué, il
fut long temps auec la Royne, pē-
sant que ce fust sa mye. Parquoy la
Royne qui n'auoit encore parlé
voyant à son aduis l'heure propre,
luy dict, sçays tu bien auec qui tu
es maintenant Paradée, a laquelle
il respondit, ouy bien vous estes
telle, & nomma le nom de sa mye
Adont la Royne luy dict: Tu faux

Paradee, ie suis la Royne Rosemonde, & non pas celle que tu penses. Tu as faict chose de laquelle il te conuient mourir de la main d'Albouyn, ou toy mesmes le tueras, & pourtant aduise lequel tu aymeras le mieux. Quand Paradee considera les termes ou il estoit cóclud de tuër le Roy, & pour ce faire, luy, la Royne & Ermige ensémblement auiserent le moyen, qui fut tel, que le Roy sentant la grande chaleur du iour, voulut dormir & la Royne faisant semblant de le laisser reposer plus à son aise commanda que chacun se retirast de la chambre, puis print l'espee du Roy qu'elle lia en sorte que quand il s'é fut voulu ayder, il n'eust peu. Ce faict Paradee, & Ermige, qui n'attendoient que l'heure, entrerent en la chambre: toutefois ils ne sçeurent marcher si doucement, que le Roy ne les ouyt & se leua à l'in-

prouiste & si d'aguet, il eut par grãde fureur recours à sõ espee, pour
le soupçon qu'il auoit de la verité
toutesfois ne pouuans s'en ayder,
les deux qui estoient armez commencerent à le frapper de toutes
parts parquoy il print vn scabeau
auec lequel il se deffendit quelque
peu, ce neantmoins il fut en fin
tué par eux, sans qu'aucun s'en ap-
perceust. Au moyen de laquelle
mort, Ermige s'empara du Palais,
pensant se faire Roy, en prenant
la Royne à femme, comme il feit
incontinent, mais quand les Lombards ententdirent la forme de la
mort de leur Rpy, ils empescherent leur dessein. A ceste cause, a-
pres auoir faict vn paquet des plus
riches bagues & ioyaux du thresor
Royal, furent contraint s'enfuyr,
emmenant auec eux Aluisinde fille d'Albouyn & de sa premiere fẽme : & pour seureté se retirerent à

Rauenne, ou lors estoit vn Lieutenant de l'Empire nommé Longin, qui tenoit le lieu pour Thibere fils de Constantin Empereur de Constantinople, lequel Lieutenāt les receut courtoisement, mais quelque temps apres volonté luy print de se marier auec Rosemonde, & ayant accordé auec elle, luy conseilla de faire mourir Ermige, & puis qu'il l'espouseroit. Elle qui auoit perdu l'amour de Dieu, & la honte des hommes, desirant se voir Dame, luy donna au sortir d'vn bain vn breuuage empoisonné, luy disant qu'il estoit fort bon pour sa santé, à la persuation de laquelle il print le breuuage, duquel se trouuant peu apres trauaillé dans le corps il ẽ cogneust qu'il estoit empoisonn, parquoy tirāt son espee de grande colere, contraignit Rosemonde à boire le demeurant, par ainsi en vn mesme temps ils payerent tous deux l'offence de la mort du Roy Albouin. Quoy entendu par Longin, il fit prendre Aluifinde la fille, qu'il enuoya vers l'Empereur Tybere, auec fon threfor en Conftantinople, & y fut pareillement conduit Paradee, qui y vefcut & finit miferablement fa vie, apres y auoir eu les yeux creuez.

DE CLAVDIVS CINquiefme Empereur de Rome.

Claude cinquiefme Empereur Romain, fut fils de Drufus, frere de Tibere, il fut crée Empereur eftát aagé de 50. ans, il efpoufa Meffalina qui fut vne putain desbordee, à cefte caufe il la fit mourir. Puis apres il efpoufa Agripine mere de Neron, & au retour d'Angleterre il fut empoifoné, par aucuns malueillans (ou felon Suetone) par sa femme Agripine. Le second an du regne de Claude, sainct Pierre Apostre vint à Rome, qui quelque temps auparauant y auoit presché, & en cest endroit print son commencement l'Eglise Romaine. Aussi du mesme regne, vn certain Egyptien enchanteur, lequel se vantant d'estre prophete, persuada au commun peuple de la ville de Hierusalem, de le suiure au mont des Oliues, là où ils verroient que par son commandemēt les murs de ladite ville tomberoient, & par les bresches il entreroient dans la ville, mais ils furēt suiuis par Felix lors gouuerneur, qui les mit la pluspart en pieces, les autres pris & constituez prisonniers : quant à l'Egyptien il se sauua à la fuite.

DE GONDERICVS, ROY d'Angleterre, & de Mythridates Roy d'Armenie.

Gondericus Roy d'Angleterre, fils de Cimbalus, refusa de payer le tribut aux Romains. Au moyen dequoy l'Empereur Claudius auec vne grande & forte armee descendit au pays d'Angleterre, en laquelle finallement il fut victorieux; mais ce fut par la trahison de Lolius Hamon Romain, qui feignit se rendre du costé des Anglois : auquel se fiant, eust le moyē d'aprocher de Guinderitus, lequel il tua, ne se donnāt garde de luy. Au mesme temps Rhadamistus, fils de Pharasmanis Roy d'Hiberie, fit mourir par trahisō Mithridates Roy d'Armenie, auec sa femme & ses enfans.

DE TEVDAS, ROY
des Hermondois.

TEudas fils de Iubillius, Roy des Hermondois, fut enchâteur, lequel auoit seduit vn grand nombre de peuples, ausquels il fit prendre leurs cheuances pour le suiure au fleuue du Iourdain, leur promettant qu'a ces paroles il en departiroit le cours, afin de leur faire voye pour y passer au trauers sans danger, mais ils furent poursuiuis par Caspius Fadus, lors gouuerneur de Iudee auec sa gendarmerie, qui le retint, & print Teudas leur conducteur, auquel il fit trencher la teste.

DE NERON, SIXIESME
Empereur de Rome, & de Tygranes Roy de Syrie.

Neron sixiesme empereur Romain regna quatorze ans. Il vesquit honnestemēt l'espace de cinq ans à son commencement, puis apres fut tref vicieux, pour son intemperance de viure & sa cruelle tyrānie. Il fit mourir sa mere, sa femme, & plusieurs bons & honnestes personnages entre lesquels fut Seneque son precepteur. Finablement abondonné des ses Lieutenās & chefs de guerre, comme le Senat le cherchoit pour en faire la punition, s'enfuit & se tua, ainsi qu'il fut trouué des soldats qu'on y auoit enuoyé, & ce cas aduint l'an de son aage trente deux. Suetone dict, que Neron ne pouuant trouuer personne pour le faire mourir, s'escria: commét? n'ay-ie donc point à ce besoing quelqu'vn qui me soit amy ou ennemy? Or ma vie a esté honteuse & ignomieuse, que ma mort le soit pareillement. Ce dict, aydé de son Eunuque Saporus, il se trauersa le corps de son espee. De son temps Tigranes Roy d'Armenie, fut tué par Corbulus Lieutenant des Romains au pays de Sirie.

DE SENEQVE PHILOsophe.

Seneque Senateur, & excellent Philosophe, qui se voyant mesprisé en la Cour de l'Empereur Neron, là où tous gens de bien estoient mal receus à l'occasion de la corruption des mœurs des courtisans, prenans exemple à la vie de l'Empereur (cóme il se practique ordinairement) delibera se retirer en son priué, & se deporter du manimēt de toutes affaires publiques afin de viure desormais en Philosophe, au moyen dequoy s'adressa à Neron, pour luy descouurir sa deliberation, & luy dressa vn discours de son faict pour obtenir cógé de luy, luy remonstrant sa vieillesse, à raison de laquelle le temps l'appelloit à se deposer d'affaires publiques : luy mettant en auant les exemples d'autres precedēs Empereurs, qui à cas semblable auoiēt donné congé à d'autres ainsi lassez de vieillesse comme luy : mais Neron d'vn naturel malin & dissimulé, luy monstra vn visage plain d'amitié, luy rendāt graces de tant de bons seruices qu'il auoit receuz de luy, mesmement pour auoir esté si biē par luy instruit en toutes bōnes mœurs & lettres, & aydé par son prudent conseil au gouuernemēt de l'Empire, retenans difois il cela, si auant en sa memoire, qui luy estoit impossible de l'oublier: que de luy permettre sortir hors d'auec luy, il ne le pouuoit faire, quelque grande vieillesse qui luy peut mettre en auant: faisant prieres aux Dieux (car il estoit Payen) de luy prolonger la vie auec santé, afin qu'il demeurast tousiours pres de sa personne pour continuer à luy seruir de conseiller en affaires d'Estat, qu'il n'estoit raisonnable, pour le bas aage où il estoit de le licentier, veu que c'estoit lors qu'il auoit le plus affaire de son conseil, atestant les Dieux immortels qu'en tout & par tout il luy seroit amy, & qu'il auroit plus de soing de son bien & aduancement, que du sien propre, qu'il se reposast du tout sur luy, sans auoir crainte ne frayeur, luy baillant l'acollade en luy estreignant la main pour le plus grand tesmoignage d'amitié asseuree.

ree. Ainsi voyla le beau semblant de la bône affection que Neron luy monstra : mais Seneque cognoissoit trop mieux son infidellité & malice interieure, laquelle il experimenta bien tost apres au peril de sa vie, car en bref Neron fit mettre le feu en la ville de Rome, qui incontinent l'embraza. Or afin de couurir sa meschanceté, il fit courrir le bruict que c'estoit Seneque, & les Chrestiens qui lors estoient à Rome, & les Iuifs qui auoient commis le faict, dont il les fit faussement accuser, de façon qu'ils furent hays d'vn chacun, & s'en ensuiuit vne grande persecution contre les Chrestiēs. Il s'ayda pour tesmoignage d'vn nommé Natalis, qu'il suborna pour deposer contre eux, mesmement contre Seneque, ce que de sa part fit volontiers ledict Natalis, pour estre en la bonne grace de Neron:

H

à raison de laquelle accusation, Neron luy mesme condamna Seneque à la mort, ne se souuenant du serment d'amitié qui luy auoit n'agueres faict, imitât en cela tous perfides & frauduleux, qui pour quelque serment que ce soit, ne laissent à chercher toutes occasiōs, pour faire mourir qui bon leur sēble. Or Seneque ayant entendu sa sentence de mort, ne changea aucunement de contenance, ains d'vn visage asseuré, endura constamment la mort. Seulement il demanda au Capitaine des gardes, qui en auoit la cōmission, qui luy permist de faire son testament, ce qu'il luy refusa, ce que voyant adressa sa parole à sa femme, & à ses amis, leur disant : puis que ie n'ay autre moyen de vous remercier, de tant de plaisirs que i'ay receus de vous, tout ce que ie puis faire, c'est que ie vous laisse le plus precieux de mon vaillant, qui est l'idee ou l'image de mes actions, desquelles par vostre tesmoignage, vous pouuez laisser la memoire a la posterité. Puis adjousta qu'il ne restoit plus à Neron apres auoir faict mourir sa mere, sa femme, & son frere, que de faire aussi mourir son precepteur, finallement il baisa sa femme, en la priant d'affection de ne trop se contrister, de peur d'irriter Dieu, qui la condamnast en peine eternelle, mais qu'elle se mit deuant les yeux la vie vertueuse de son mary, en cela elle prédroit sa consolation. Suetone dict qu'il fut decapité, autres, que Neron luy fit ouurir les veines dans vn bain, & que Pauline sa femme s'ouura les veines pour mourir auec son mary.

D'OTHON, EMPEREVR de Rome, de d'Ordanus Roy d'Escosse, & de Roderic Roy des Pictes.

Siluius Othon se fit Empereur par force, & ne regna que 95. iours. Auparauant qu'estre Empereur il estoit si endebté, qu'il disoit luy estre impossible de s'aquiter, sans estre Empereur, qu'il aymoit mieux estre tué en combatãt à la guerre pour le faict de l'Empire, qu'estre miserablement deschiré par ses crediteurs en plain marché. Au mesme iour qu'il eust tué Galba, les legions Germaniques au camp des Romains, saluerent Vitellius Empereur, lequel incontinent fit guerre a Othon, en laquelle Vitellius ayant eu la victoire, Othon se tua soy mesme, en l'aage de trente huict ans, combié qu'auparauant ses soldats lu y voulurēt persuader de ne perdre courage pour la perte d'vne bataille, & que derechef il tantast la fortune; mais il leur fit responce, qu'il ne valloit pas la peine, que pour son occasion il se fit vne guerre ciuile. De son temps Dordanus Roy d'Escosse, fut pour sa mauuaise vié, tué par ses propres suiects. Aussi en ce mesme temps Roderic Roy des Pictes, fut deffaict & tué par Marius Roy d'Angleterre, appellee pour lors la grande Bretaigne.

DE GALBA, EMPEREVR,
de Rome, & de Pacore Roy des Medes.

SErgius Sulpitius Galba, fut Empereur sept moys, il succeda à Neron, combien qu'il ne fut de la race des Cesars, toutefois de famille noble. Il fut nay aux Calendes de Ianuier, & fut esleu Empereur par les legions Espagnolles & Gauloises en l'aage de septante trois ans, d'arriuee qu'il fut Empereur chacun estimoit qu'il changeroit les Senateurs & Cheualiers Romains de deux ans en deux ans, & encores que ceux qui brigueroient telles dignitez, ny seroient admis, mais seulement y seroient mis ceux qui les refuseroient & ny aspireroient aucunement: mais il en arriua tout autrement. Car il se laissa gouuerner par quelques vns de ses fauorits courtisans & libertins. à la volonté desquels tous Estats se concedoient par argent ou faueur. A raison dequoy il se rendit odieux, & irrita tous ses subjects; il fut aussi mal voulu des gens de guerre, car le Conestable auoit aduisé qu'on leur haufast la Solde accoustumee, dont il ne fut d'aduis, disant qu'il vouloit eslire le soldat, & non pas l'acheter. Ce que les soldats ayant entendu se rendirent ses ennemis. Il fut donc enfin hay & mesprisé d'vn chacun, le voyant mesme en l'aage de vieillesse decrepite si luxurieux, iusques à estre Sodomiste, tellement qu'entre autres Othon son successeur, se voyant frustré de l'attente qu'il auoit d'estre adopté par luy, le print en haine, & le fit tuer en la cour Romaine, aagé de septante trois ans. De son temps Pacore Roy des Medes, fut dejetté de son royaume, par les Alains & Scithes, demeurans pres le fleuue Tanais, & le Marais appellez Meotides, qui sortirent des limites de leur pays: de façon qu'il fut contraint se sauuer à la fuitte par les deserts, desquels neantmoins il racheta par rançon de cent talens, sa femme, & ses cōcubines qu'ils tenoiēt prisonnieres.

DE VITELLIVS, EMPEreur de Rome.

Vitellius fut Empereur huict moys, son pere avoit nom Lucius Vitellius, il estoit sorty de race plus honnorable que d'anciēne Noblesse. Il fut crée Empereur par les legions Germaniques, & adonné à toutes gourmandises, friandise, & luxure, estoit d'vn naturel cruel, car pour quelque occasion legere, ou soubs couleur de faux pretexte, il en faisoit mettre plusieurs au suplice, tellement que chacun estoit en danger de sa vie. Bref, il administra l'Empire, en tout opprobre & deshonneur, entre les superflus banquets qui furent faits de son temps, celuy que son frere Vitellius luy fit est remarqué par les Historiens : auquel outre les autres despences excessiues & incredibles, y se rapporte y auoir eu deux mille especes de poissõs, & sept mille especes d'oyseaux, par chacun iour il prenoit cinq repas, & chasque disner ou souper coustoit pour le moins quatre mille deniers, reuenans à 700. liures tournois. Vaspasian son Lieutenant, print par armes le pays de Iudee, puis apres à l'instigation des chefs de son armee, fit guerre ciuille côtre Vitellius, qu'il deffit en vne bataille aupres des murs de la ville de Rome : Lequel Vitellius apres la perte de la bataille, s'estant retiré en la maison imperialle, y fut poursuiuy par les soldats de Vespasian, qui l'en tirerent, puis luy lierent les mains par derriere, & demy nud le firent marcher pour en faire les môstres par toutes les ruës de la ville de Rome, ayant la corde au col, & la pointe d'vn cousteau soubs son

H v

mentõ pour luy faire leuer la teste, afin qu'il fut cogneu, là où le populaire luy iettoit la fange au visage. En fin il fut trainé par les degrez, appellez en Latin Scalæ gemoniæ, ou il fut meurtry d'infinis coups, puis trainé auec vn crochet, & ietté en la riuiere du Tibre, aagé de 57. ans de son regne 8. mois & vn iour.

DE RODERICVS, CHEF
des Pictes & de Festus Lieutenant de Domitian Empereur de Rome.

Rodericus chef d'vne nation appellee les Pictes, qui descendirẽt du pays des Scithes pour aborder en Hibernie, la où ils suplierent les habitans de ceste Isle, de leur donner quelque place, attendu mesmes que les ancestres d'iceux habitans, estoient pareils lement descendus dudit pays des Scithes, toutefois ils ne les voulurent receuoir, ains leur firent prēdre le chemin en la Bretaigne, maintenant appellee Angletterre, voisine des Hibernois, la où Marius Roy dudit pays de Bretaigne, alla au deuant d'eux, qui leur donna bataille, en laquelle il fut victorieux, & y fut tué ledit Rodericus Roy des Pictes. Toutefois le reste qui demeura, ne laisserent d'occuper vne partie de ladite Isle de Bretaigne nommee en Latin Cathanelia. Or ils se nõmoiẽt Pictes, parce qu'ils se couuroient si bien les membres de peintures, que par quelque lauement que ce fut, elle demeuroit tousiours. Il y a quelques vns qui estiment que ce sont ceux qui nomment en Latin Agatirsos. Polidore Virgille en l'Histoire d'Angletterre liure 2. De ce temps Dropanens Roy des Daces,

H vj

ou des Gots, deffit l'armee de Cornelius Festus, Lieutenant de Domitian Empereur Romain, apres quelle fut passée au de-là de la riuiere du Rhin, en laquelle bataille ledit Festus fut tué Et peu de téps apres Dropaneus fut deffait & tué, par l'armee de Dardanne Roy d'Escosse. Eutrope liure sixiesme, Iornades en son histoire des Germains.

DE CARACALLA, EMpereur de Rome.

AVrelius Antoninus Bassianus Caracalla fils d'Alexandre Seuere, qui fut nay a Lyon & fut de la religion des Payens ou gentils, il regna en l'Empire 7. ans fut nommé Bassiannus du nom de son oncle du costé de sa mere, & surnommé Caracalla du nom de son habillement qui donnoit iusques aux talons, duquel il voulut que ceux qui le viendroient saluër au matin fussent vestus. Le nõ d'Antoninus luy fut aussi donné en l'hõneur & memoire de Marc-Antonin : car le nom d'Antonin estoit si recommandé, & comme engraué au cœur des Romains, que lors il n'estoit moins prisé qu'auoit esté auparauant celuy d'Auguste. Cest Empereur Caracalla fut du tout cruel, iusques à faire mourir son propre frere Geta, soubs pretexte qu'il l'accusa d'auoir conspiré contre luy, & pour cacher son faict il fit incontinẽt tuër ceux qui auoiẽt entendu son entreprise, par ces cruautez il rendit l'Empire si troublé qu'il fut hay d'vn chacun, si biẽ qu'il s'aquist à iuste tiltre le nom de tyran, quelque beau semblant qu'il fit d'estre doux & clement : parce qu'on cognust son naturel estre tout autre au dedans, c'est à sçauoir cruel, barbare & inhumain: tellement que quelque iour descendant de cheual, pour aller à ses affaires particulieres, son Prefect pretoriē luy dressa des embuscades qui le tuerent, se saisit de l'Empire. Il fit mourir le iurisconsulte Papinian, pour auoir fauorisé son frere Geta, lors qu'il estoit en vie, & fut en son viuant luxurieux, & incestueux, iusques à espouser sa marastre.

DE PATROCLE CAPItaine de Grece, grand Mignon d'Achilles.

Grand espace de temps s'abstint Achilles de retourner à la guerre de Troye, apres la perte de sa maistresse Briseys que le chef de l'armee Agamemnon luy auoit fait rauir, & demeura luy sa compagnie & soldats dans les nefs prenant plaisir d'entêdre que les Troyẽs donnoient la chasseaux Grecs & causoient de l'ennuy merueilleux au Prince Agamemnon, qui se trouuant en ce piteux desarroy, l'enuoya par diuerses fois prier par Nector, Aiax, & Vlisse de retourner au camp pour secourir les Princes de son pays ce que n'ayãt voulu faire, en fin son grand amy Patrocle fort triste de demeurer inutile sans exercer son courage ou la necessité des affaires des Grecs le requeroit, & sur tout entendãs les prouësses du valeureux & magnanime Hector, qui s'aduãçoit pour brusler les Nauires & tuer les soldats Gregeois, fit tant enuers son cher Achilles qu'il luy donne toutes les compagnies des Mirmidõs, & autres gens de guerre qu'il auoit amenez, & non seulemẽt cela mais encore Achilles luy donne ses propres armes tant redoutees, des Troyens, ainsi armé Patrocle paroist genereusement entre les Princes Gregeois, entre au camp, & de premier abord effroye de telle sorte ses ennemis croyans qu'il fut Achilles, qu'eux fuyans n'eurent la hardiesse de resister aux exploits de son genereux courage, il mit à mort plusieurs chefs de renō & entr'autres, Sarpedon Roy de Lydie qu'on disoit estre fils de Iupiter, dont Hector receut vn desplaisir extreme, & desirant s'en vanger trouue façon de rencōtrer ledict Patrocle à son aduātage qui n'ayant moindre volonté que luy l'attend genereusement au combat, Hector ayant recogneu que c'estoit vn autre qu'Achilles paré de ses armes, s'aduance contre luy s'entrechamaillēt quelque temps, mais finallement Hector luy pesse sa iaueline à trauers le corps & le renuerse sur le sable, apres ce faict le desarme des armes d'Achilles qu'il portoit, & luy mesme s'en voulut parer au reste de la guerre. Achille aduerty de la mort de son amy Patrocle, s'arracha les cheueux & la barbe, proteste de s'en vanger & mene vn dueil deplorable: recommande ses funerailles, faict apprester vn haut bucher de bois, sur lequel il fit mettre le corps dudict Patrocle, non seulement cela mais il se coupe la barbe & les cheueux & les expose sur son corps, & fait choisir entre les prisonniers de guerre douze ieunes Gentils-hommes Troyens, qu'il fit esgorger par grãde cruauté, & mettre leur corps sur le bois dudit bucher, ainsi finit Patrocle, dont Homere faict de mention en ses Iliades.

DE CLEOMENES ROY
de Lacedemone.

Cleomedes Roy de Lacedemone ayant faict trefue pour sept iours auec les Argines, la troisiesme nuict qu'il sçeut qu'ils estoient bien endormis, il les alla charger, & les deffeit, soubs ceste subtilité cauteleuse qu'il disoit n'auoir parlé esdictes trefues que du iour, & non pas de la nuict. Mais entre les Grecs fut noté pour iuste iugement de son pariure & foy violee, de ce qu'il fut miraculeusement frustré de sa principalle intétion, de surprendre par vne telle deffaicte la ville d'Argos, car les fēmes transportees d'ire & de iuste douleur pour la perte de leur maris par si grande perfidie prindrent les armes, & le respousserent de leurs murailles auec meurtre de la pluſpart de ses gens. Dont quelque temps apres deuenu furieux, il print vn cousteau duquel il se fendict le corps en riāt, & en mourut. Mort certes biē digne de sa trahison. Cesar Auguste oyant Rimetalces, Roy de Thrace qui auoit laissé Anthoine pour se ioindre à luy, & se glorifier de son faict : le Monarque beuuant à d'autres, dit tout haut. *J'ayme bien la trahison, mais ie n'ayme point les traistres.* Et de faict qui sera l'homme de bō iugement lequel si puisse fier : Celuy qui trahit son Prince, son bienfacteur, sa ville, son pays ses parens & amys es mains de ceux ausquels il n'est de rien tant obligé, comment ne les pourra il pas aussi bien trahir vne autre fois? Les perfides ordinairement ne craignent pas a se trahir eux mesmes pour trahir les autres & leur patrie, dont aussi ils demeurent odieux à vn chacun, voire mesme a ceux qui se sôt seruis d'eux en actes desloyaux & meschans, leur retribuãs le plus souuent le salaire deu à leurs perfidies & trahisons.

DE PAVSANIAS CAPItaine des Lacedemoniens.

PAusanias Capitaine des Lacedemoniens, ayant receu du Roy Xerxes cinq cens tallens d'or, luy auoit promis de luy trahir la ville de Sparte. Mais son entreprise descouuerte, Agesilaus son pere le poursuiuit iusques au dedans d'vn temple ou il se sauua, & en fit murer les portes, le laissãt la mourir de faim: puis sa mere ietta son corps aux chiens sans luy bailler sepulture. Autãt en aduint il à Cassius Brutus, qui vouloit vẽdre Rome. Car son pere le traicta tout de mesme. Darius roy de Perse, fit trencher la teste à son fils Ariobarzanes, lequel auoit entrepris de trahir son armee à Alexandre. Brutus en fit autant à ses enfans, qui auoit conspiré côtre leur patrie, pour faire rentrer le Roy Tarquin dedans Rome. Nous ne deuons encores icy passer soubs silence, le faict Heroïque de Sultã Soliman Empereur des Turcs, ains le proposer aux Princes pour exemple de hayr & punir toute perfidie & trahison. Car comme il eut enuoyé vn sien Baccha, en la Valonne pour passer en Italie, le chef prit terre au port de Castro : dont les habitans estonnez se rendirent soubs son serment & foy qu'ils s'en iroient leurs vies & bagues sauues. Toutefois le Barbare les occit tous, forts ceux qu'il veit propres à seruir d'esclaues. Mais luy de retour à Constantinople, le Grand Seigneur aduerty de sa desloyauté, le fit estrangler, & renuoya tous les prisonniers auec leurs biens en Italie: acte certe digne d'vn tel Prince lequel s'il eust eu la vraye cognoissance de Dieu & de son Eglise, meritoit le premier lieu entre les grands de son temps. Ledict Bascha se nommoit Hibrahim, natif de la ville de Memphis, maintenant le Caire.

DE CAMMA FEMME
Grecque, & de Sinorix son concubinaire.

CAmma femme Grecque, du pays de Galatie, porta telle amour à son mary, mesme apres sa mort, que pour le venger d'vn grand Seigneur (nommé Synorix) qui pour l'espouser auoit fait mourir sondict mary, elle luy vsa du commancement de petits refus, & puis par laps de temps consentit à sa demande. Et venus ensemble au temple de Diane pour en solemniser le mariage, elle respandit deuant l'Autel de la Deesse vn peu de breuuage, qu'elle auoit preparé dans vne coupe: puis en beut vne partie, & bailla l'autre à Sinorix, estant ce breuuage d'Hydromel empoisonné. Et des lors iettāt vn gemissemēt haut & clair deuāt l'ierle: ie t'apelle à tesmoing luy dit elle, que ie n'ay suruescu Sinatus mon mary a autre intention: que pour voir ceste iournee, n'ayant eu ny bien ny plaisir, en tout ce temps que i'ay vescu depuis, que l'esperance de pouuoir vn iour faire la vengence de sa mort, laquelle ayant maintenant faicte, ie m'en vais gayement devers luy. Mais toy le plus meschāt homme du monde (dict elle à Synorix) donne ordre maintenant que tels amys & parens, au lieu de lict nuptial, te preparent vne sepulture. Et ainsi finirent peu apres leurs iours dans le temple de Diane. Nous lisons aussi de plusieurs femmes Lacedemoniennes, qu'estant leurs maris condamnez à la mort par coniuration faicte contre leur patrie, elle veindrent le soir vestues de robes noires en la prison feignant leur vouloir dire le dernier Adieu: puis changeant d'habit, & les couurant de leurs voiles, ils sortirent de la prison, laissant leurs femmes en leur lieu; lesquelles portans la peine de leur delict furent inhumainement decapitees.

DE MACRIN, EMPEREVR Romain, & d'Othodius Roy d'Ecosse.

OPilius Macrinus fut Empereur Romain 14. moys, auec son fils Diadumene qui vsurpa l'Empire, apres auoir faict tuër Bassian il estoit nay de bas lieu, & incontinent enuoya lettres au Senat, par lesquelles il s'excusoit dudit assasin. Estant paruenu à l'Empire, le Senat le voulut honorer de deux tiltres ou qualitez, pieux & heureux, desquels il accepta le tiltre d'heureux, mais il refusa le tiltre de pieux. A raison dequoy luy fut faict cest Epigramme par vn certain Poëte.

Macrinus ja vieillard, sale, inique,
   & felon,
Meschāt heureux encor voudroit qu'on
   le peut dire.

I

Refusant pieté, au Senat il desire,
D'estre heureux, neantmoins contraire à la raison,
A la nature aussi, car comment pourroit
on
Tenir celuy heureux, duquel n'est tel
l'Empire.

Il fut si cruel aux soldats, que sans misericorde il les faisoit brancher, ou mettre en croix, & lors qu'il sentoit qu'ils se vouloiët reuolter, il les comdamnoit aux peines plus indignes & abjectes, de celles dōt coustumierement on punissoit les serfs, il fut tellement inexorable, que ses domestiques disoient de luy, qu'il deuoit plustost estre nō-mé vray boucher, que Macrin, d'autant que sa maison estoit tou-te infeste de sang pour sa trop grā-de cruauté, iusques là, que ses domestiques ne le pouuans plus souffrir, n'y pareillement ces soldats tous d'vn commun consentement conspirerent contre luy, & le tuerent auec son fils Diadumene. Ethodius Roy d'Escosse, qui regnoit du têps du susdit Macrin, fut massacré par ses domestiques auaritieux.

D'HELIOGABALE, EMpereur de Rome.

Antonin Heliogabale, adjoignant auec soy la plus grande part de l'armee Romaine, s'estant acquis reputation en ceste armee, pour s'estre donné le nom d'Antonin, tât celebré à Rome, fut incontinent apres la mort de Macrin, esleu Empereur par la gédarmerie. Ce qu'il accepta, & aussi tost enuoya ses lettres à Rome, ou il fut confirmé par le Senat, soubs esperâce qu'il seroit bon Prince. Depuis retourné en la ville, ou le voyant bien receu & obey, ne tarda gueires à descouurir sa vitieuse humeur. Ce Prince Lubrique fut si depraué en ses concuspiscences & charnelles affections, & autres abominations en luxure, que ie ne pense pas qu'il y eust homme si copieux en paroles, qui les peut toutes reciter. Mais laissant de parler d'vn si meschant homme, ie veux dire qu'elle fut sa fin, bien qu'il eust determiné de se donner la mort, autremēt qu'elle luy aduint, pource qu'il s'estoit appareillé de precieux instrumens, auec lesquels il se deuoit faire mourir, lors qu'il se trouueroit en necessité de le faire : car il disoit que comme sa vie estoit extreme, aussi vouloit il que sa mort le fut : afin que l'on peut dire que iamais homme n'estoit mort de la sorte. Il auoit premierement faict faire des licols de soye pour se pendre quand il en seroit besoing, d'autant que les meschás sont tousiours en crainte. Il auoit aussi faict apprester vn venin pour se faire mourir, & le tenoit enclos en des phioles faites d'esmeraudes & de Iacinthes, par grand excellēce. Encor auoit faict faire vne tour fort haute, toute couuerte & enuironnee de feüilles, ou plates d'or ou d'argent, & par le dedans auoit faict accouſtrer des pointes de riches & inneſtimables pierres precieuses, pour se precipiter dessus, si d'auanture il estoit reduit à ceste extremité: & toutefois ces choses ne luy seruirent de rien, pource qu'estant de longue main faicte conjuration côtre luy, apres que les soldats de sa gendarmerie mesme, eurent tué tous ses adherans par le palais, ils le trouuerent caché, dans vne petite salle, en vn coin d'icelle couché, ou sans luy donner le loisir de dire sa mort, le tuerent: puis l'ayans trayné comme vn chien par les ruës, & carrefours de Rome, & autres places, ils luy attacherēt des grosses pierres au col, & le ietterent dans le Tibre, afin que son corps ne fut iamais trouué apres, & demeurast sans sepulture: ce qui fut faict du consentement de tout le peuple. Et quant au Senat, il commanda qu'on luy ostat ce nom d'Antonin, qu'il s'estoit attribué, & que quand on voudroit parler de luy, on le nommast le Tiberin, ou le traisné, pource que tels noms feroiēt memoire de sa mort, vrayement digne & conforme à sa vie. En son viuant il auoit erigé vn Senat de femmes, lesquelles laisserent à la posterité le liure des quenoüilles. Il fit mourir Vulpian (l'vn des plus fameux & renómé iurisconsultes) seulement pource qu'il estoit trop homme de bien. Sa mere estoit nommée Semiamira d'excellente beauté, & estoit si paillarde, qu'elle se prostituoit à tous venans. Ce nom d'Heliogabale luy vint, pour auoir faict construire vn superbe temple à Rome, à l'honneur & seruice d'vn Dieu des Payens appellé de ce nõ Heliogabalus, qu'il auoit en telle reuerence, qu'il mit toute peine de faire abolir le seruice qu'on faisoit aux autres Dieux des Payens, pour le transferer au nom de ce Dieu Heliogabale, mesme il vouloit que les Iuifs & Chrestiens l'adorassent.

DE PISCA, DAME PER-
sienne, & de plusieurs autres.

PIsca Dame Persienne, voyant son mary diminuer tous les iours par vne grande & estrange maladie, laquelle de long temps il luy auoit celee, prit telle pitié du mal qu'enduroit celuy qu'elle aymoit plus que soy mesme, que d'vn cœur genereux elle luy conseilla d'appaiser par la mort ceste douleur, s'offrant pour l'inciter à luy tenir compagnie. A quoy s'estát le mary accordé s'embrassants, se precipiterent tous deux du haut d'vn rocher en la mer. Aussi la fēme de Pandœre Roy de la petite Asie, prise prisonniere du Roy de Perse, qui auoit vaincu & tué son mary, il la voulut espouser : mais elle se tua, disants ces mots : ja à Dieu ne plaise, que pour estre Royne de Perse, i'espouse iamais celuy qui a esté le meurtrier de mō cher mary Pādœre. Aria femme de Cecinna, le suiuit en vn petit bateau, estant faict prisonnier pour auoir porté les armes contre l'Empereur Claude, & comme il fut condamné dans Rome à la mort, elle se resolut de luy tenir compagnie en ce passage, mais voyant que son gendre, mary de sa fille l'en empeschoit, elle se donna si grand coup de la teste contre la muraille, qu'elle tõba esuanouye, puis reuenuë à soy, leur dict. Vous voyez que ne me sçauriez garder de mourir cruellement, si vous m'empeschez vn trespas pl° doux. Dont eux estonnez la laisserent faire, lors s'encourrant ou son mary estoit, elle se donna d'vn poignard dans le sein, apres auoir dict ces mots : ie ne suis point marrie de chose qui soit aduenuë, mais bien de ce qu'il faut (ô Cecinna) que t'on cours soit parfaict.

DE LEOSTHENE, ORAteur d'Athenes.

PHhocion grand Capitaine Athenien, s'efforça d'empescher la guerre, que le peuple d'Athenes

I v

à la suscitation de Leosthenes Orateur, decreta contre les Macedoniens. Et quelques vns luy demãdans, quand il voudroit conseiller aux Atheniens de guerroyer: quãd ie verray (dict-il) les ieunes hommes bien deliberez de n'abandonner point leurs rangs, les riches contribuer argent volontairemẽt, & les Orateurs s'abstenir de desrober la chose publique. Nonobstãt son conseil Leosthene leua vne armee, & plusieurs s'emerueillans de la grandeur & beauté d'icelle, demanderent à Phocion ce qui luy sembloit de tel preparatif. Il est beau (dict il) pour vne course de carriere, mais ie crains le retour, & la duree de ce dessein, pource que ie ne voy point que ceste ville ayt plus d'autre moyen, de recouurer argent ny autres vaisseaux, ny autres gens de guerre que ceux là. Laquelle sage preuoyance fut tesmoignee par l'euenement, car combien que Leosthene, prosperast du commencemēt en son entreprise, & que la dessus quelques vns demandassent à Phocion, s'il voudroit pas bien auoir faict toutes ces choses là tant grandes & excellentes? Ouy vrayement (respondit-il) ie les voudrois bien auoir faictes, mais non pas n'auoir conseillé ce que ie dis. Et de faict cest ambitieux & seditieux Orateur Leosthene, qu'on auoit faict chef de l'armee, fut en fin tué, & l'armée deffaicte, par Antipater & Craterus Macedoniens. Qui plus est la ville d'Athenes en fut reduite à telle extremité, qu'elle demeura contrainte de leur enuoyer la carte blanche, pour les capitulations de la paix, & de receuoir garnisons estrangeres.

DE DENIS, TYRAN
de Sicile, & autres Tyrans.

CE qui fit nauiguer Platon de Grece en Sicille, fut pour voir s'il auroit la force d'arrester & côtenir dedans les bornes de la raison, par ses grands discours & sages enseignemens, la ieunesse de Denis, Prince du pays, qui par vne effrenee licence & pouuoir non limité, vagoit sans bride çà & là. Et de faict, s'estant du commencement trouué espris de la beauté des muses, il quitta peu à peu les yurogneries, momeries & paillardises, dont auparauant il faisoit gloire: tellement que sa cour prit bien tost vn autre visage, comme inspirée du Ciel. Mais quelque temps apres Denis prestant l'oreille aux flateurs, chassa Platon: lequel prenant congé de luy, & luy disant le Tyran, ie ne doubte point Philosophe, que tu ne die bien des maux de moy, quand tu seras en l'academie, entre tes compagnós & amis. Mais Platon en se souriāt, luy respondit, auec la franchisse de parler, dont il auoit tousiours vsé en son endroit : *Ia à Dieu ne plaise, Sire, qu'il y ayt si grāde faute de propos en l'academie, que l'on y fasse mention de toy.* Or il ne fut pas plutost débarqué de Sicille, que Denis retourna a ses premieres façons de faire : & au mesme instant les Baladins, menestriers, maquereaux & autres telle vermine (dont il ny a volontiers faute aupres des grāds) furent rappellez : puis veit incontinent sa cour, voire le reste de son peuple fondre en toutes delices & voluptez. Or comme toutes choses ont leur vicissitudes, Dion Capitaine Sicillien, chassa Denis le Tyran de sa Seigneurie : & ainsi descheu de son Estat, s'enfuit à Corinthe, ou il finit le reste de ses iours miserablement, seruant de badin, & bouffon aux petits enfãs. Vn iour Diogene le Sinopien l'ayant rencontré à Corinthe, prit occasion de luy parler ainsi; Vrayement Denis, tu es bien maintenant en vne condition indigne de toy. Le Tyrã s'arresta tout court, luy respondit: ie te sçay certes bon gré, Diogenes, de ce que tu as compassion de ma miserable fortune, comment (luy replique le Philosophe) cuides-tu que i'aye compassion de toy? i'en ay plustost despit, de voir vn esclaue tel que tu es, digne de vieillir & mourir au malheureux estat de Tyran, comme à faict ton pere, se iouer ainsi en seureté & passer son temps parmy nous librement. Aussi à dire vray, c'est vne cõdition si miserable que la tyrannie, que ceux mesmes qui l'exercent, & en font gloire, sont contraints bien souuent de confesser par leur propre bouche, ny auoir nulle sorte de vie plus malheureuse que la leur : comme ce mesme Tyran Denis, estant en la plus grande splēdeur de son Estat, le demonstra à Democles l'vn de ses familliers, qui le disoit tres-heureux: *Veux-tu (luy dict Denis) que pour vn iour seulement ie te face iouyr de mon heur*. Ce que luy ayant accordé Democles, il le fit seruir à table comme il le souloit estre, auec toutes les magnificences dont il se peut aduiser, luy faisant cependant mettre vne espee pendante à plomp sur sa teste, & attachee au planger d'en haut à vn seul poil de queuë de cheual. Ce que Democles apperceuant, fut fort content de faire son disner court, & de passer le reste du iour en son premier estat. Voyla, luy dict lors le Tyran, comment! est heureuse nostre vie, qui auec tous nos fasts lites armez ne pend que d'vn filet. Entre les anciens la tyrranie à esté si detestable, qu'il n'estoit pas iusques aux Escoliers, & aux femmes qui n'ayent voulu gaigner le prix d'honneur à tuer les tyrans, comme fit Aristote (celuy qu'on appelloit le Dialecticien) qui tua vn Tyran de Sicionne, & Thebe, son mary Alexandre, Tyran des Phereans. Trente Tyrans pareillemét furent pour vn iour assasinez en la ville d'Athenes, par Theramenes, Thrasibule, & Archippe, n'ayant que soixante & dix hommes de leur entreprise. Leander, Tyran de Cirene, fut aussi pris vif & cousu dans vn sac de cuir, puis ietté en la mer, & Aristodem, Tyran de Cumes, ayant pris par force Xenocrite, fille d'vn riche Citoyen qu'il auoit banny, & la tenant auec luy comme sa femme, elle incita Thimotelez & autres de se conuier

la liberté du pays, & leur donnant seure entree en la chambre du Tyran, ils le massacrerent. Aussi les anciens auoient ordonné de grands loyers & recompences aux meurtriers des tyrans, comme aux vrays liberateurs de la patrie, c'est à sçauoir les tiltres de Noblesse, de prouësse, de cheualerie, & les Statuës & tiltres honnorables, & de plus encor tous les biens du tyran. A ce propos le sage Thales disoit, que l'on ne sçauroit rien voir plus estrange, ny plus nouueau, qu'vn tyran enuieilly. Mais le pis est, que s'ils viuent miserables en perpetuelle deffiance d'vn chacun, voire de leurs plus proches, leur fin est encore plus malheureuse, car il s'en trouuera peu, qui ne soient morts d'vne mort cruelle & extraordinaire, la pluspart massacrez & meurdriz. Les autres estás persecutez de griefues

& estranges douleurs, sont morts comme enragez & desesperez par le souuenir de leur vie deprauee, & des cruautez par eux executees. Les anciens appelloient du nom de Tyran, celuy qui de sa propre authorité se faisoit Prince Souuerain, sans ellection, ny droit successif, ny sort, ny iuste guerre, ny vocation specialle de Dieu : aussi il se faut bien garder d'en faire ceste consequence, qu'il soit licite de tuer tout Monarque qui exerce tyranie : car au contraire, il n'appartient nullement au subiect en particulier, ny a tous en general, d'attenter à l'honneur, n'y a la vie du Prince. qui est absolument & legitimement souuerain. Ie parleray cy apres plus amplement de quelques tyrans qui ont faict vne fin malheureuse & violente.

DE DOMITIAN EMPEreur Romain.

FLauius Domitian, fils de Vespasian, & frere de Titus, qui luy suceda en l'Empire, fut Empereur presque 15. ans il nasquit en l'à du monde 4022. le 24. iour d'Octobre, ou comme dit Suetone le 9. iour des Calendes de Nouembre. Il à ressemblé en meurs à Neron & Cagigula, ou Tibere, plustost qu'à son pere ou a son frere. Au commencement qu'il fust Empereur il fut moderé, graue gratieux & benin, il entroit en sa chàbre à quelque heure de chaque iour, pour estre en solitude, la ou il ne s'ocupoit a autres choses, sinon qu'à prendre des mouches : De façon que quelque vns interogeant son valet de chambre, nomme Vispius Crisbus, si quelqu'vn estoit auec l'Empereur, qui fit responce (en riant) non pas seulement vne mouche. Il fit bastir à Rome plusieurs, edifices, & fust bon iusticier. Mais peu de temps apres il deuint si vicieux qu'il surpassa Neron en cruauté. Il fit guerre aux Sarmates, & Cutes peuple d'Allemaigne desquels il demeura victorieux. Il tiroit si bien de l'arc que l'vn de ses pages tendoit à longue distance, la paulme de sa main au lieu d'vn blanc l'eslargissant en ses doits, entre lesquels il passoit les fleches tant il estoit seur archer sans l'offencer. A la parfin il fust tellement craint & hay d'vn chacun, que mesmes ses plus domestiques iusques à sa femme conspirerent contre luy, qui le tuerent en l'aage de 45. ans. Il auoit des long temps auparauant soupçó du iour & heure qu'il deuoit mourir, &

de quel genre de mort. Car dés sõ enfance les caldeens le luy auoiẽt predit, de sorte qu'il n'estoit iamais asseuré, ains tousiours estoit craintif à la moindre suspition qui se presentoit, & encores approchãt le iour qui luy auoit esté predict, il deuint plus soupçonneux, iusques la fut si craintif, qu'il fit faire vn porche ou gallerie pour se pourmener, dõt les parols estoiẽt d'vne espece de pierre appellee en Latin Phangis, qui de son naturel est transparente comme vn miroir afin qu'il cogneut si aucun venoit par derriere pour le surprendre Le iour mesme qu'il fut tué il appella vn Mathematicien nõmé Ascelatorion duquel il vouloit sçauoir, comme deuoit finir sa vie, qui luy asseura qu'en bref il seroit deschiré des chiens. A quoy dit Domitian, bien vray est qu'en bref ie seray tué mais que ie sois deschiré des chiens, i'y pouruoyeray bien. A ceste occasion pour rendre le Magicien menteur & monstrer la temerité de son art de diuination, il ordonna que si tost qu'il seroit mort on fit brusler son corps, ce que ceux qui en eurent commandement s'efforcerent de faire, mais soudain suruint vn orage de pluye, & vent si grand, qu'il agita la Piramide de bois & le feu qui estoit allumé, de telle vehemēce qu'il fut esteint: de maniere qu'incontinent à l'odeur du rost, les chiens arriuerent de toutes parts qui d'eschirēt le corps demy bruslé. Comme donc il estoit tout pensif au iour & heure qu'il attendoit d'estre tué, selon qu'il luy auoit esté predict, il demanda qu'elle heure il estoit, tout à propos il luy fut respondu qu'il estoit six heures (combien qu'il n'en fut que cinq) donc il fut tout

resiouy estimant que l'heure de sō
peril estoit passee: Toutefois, incontinent vn de ses valets de chãbre vint a luy comme à la haste,
pour luy dire qu'il y auoit vn cou-
rier qui auoit vn paquet. Adonc il
monta en sa chambre, & feit retirer tous ceux qui y estoient, ou y
demeura neantmoins vn nommé
Sthapanus procureur de l'imperatrice, lequel estoit accusé de l'ar-
cin en sa charge qui se leua contre
luy & le tua. Enuiron son temps S.
Iean l'Apostre & Euangeliste, fust
chassé en exil en l'Isle de Pathmos,
ou il escriuit l'Apocalipse.

DE COMMODE EMPE-
reur Romain.

Lucius Aureill' Antonius Cō-
modus fils de Marc Aurelle,
fut Empereur des Romains 13. ans

il fust du tout meschant dommageable & pernicieux, ne ressemblant aucunement de meurs à Marc Aurelle: Mais au contraire il estoit plain de tout vices entre autres de luxure, & cruauté, ressemblant à Neron duquel la vie est amplement descripte par Lambridius. A la parfin pour estre si detestable fust estranglé par ses sujects. Encores que cet Empereur fut ainsi meschant, si est ce que de son temps il ne s'esmeut aucune persecutió en l'Eglise, par le moyẽ de sa concubine à laquelle il diferoit pour l'amitié qui luy portoit, laquelle fauorisoit les chrestiẽs. Adonc soubs cet Empereur, la fureur des Gentils, ainsi que dict Eusebe, fut appaisée contre les Chrestiens, tellement qu'il y eust paix vniuerselle en l'Eglise: Comme de ce font foy les Sinodes generaux qui lors se faisoient librement mēt en plusieurs endroits de l'Empire. Tertullian dict que la persecution ne fut si biē appaisee, qu'vn Senateur Romain nommé Apolonius ne fut decapité pour s'estre en plain Senat confessé Chrestien: qui auoit esté deferé & accusé par vn sien serf: & Tertullian raporte que les Senateurs furent comme contraints de le condamner, suiuant vne ancienne ordonnance, parlaquelle celuy qui se confessoit Chrestien deuoit estre puny de mort sans remission : mais afin d'obeyr à l'Edict de Marc-Aurelle, ils firent pareillement rompre les iambes & les cuisses à l'accusé.

DE PERTINAX, EMPEreur Romain.

Publius Heluius Pertinax, fut Empereur des Rōmains 15 iours, son pere auoit nom Liber-

K

tinus Heluius, fut nay au village de Mars. Il fut surnommé Pertinax en Latin, qui vaut autant cõme opiniastre, ou aresté en son opinion, lequel surnom luy fut donné, parce qu'il faisoit trafiq' de bois, ou il perseuera sans qu'on l'ẽ peut disuader, par quelque raison que ce fut, & se delectoit si bien à faire ce traffic, & de se tenir en son priué, qu'il refusoit à estre Empereur, estant lors qu'il y fut esleu aagé de soixante & dix ans. Tost apres il voulut se démettre de l'Empire, pour retourner à sa negotiation & marchandise accoustumee, fut neantmoins humain, courtois & non vindicatif, retenant tousiours son naturel d'estre auaritieux & sordide, de maniere que de parolle il estoit affable, mais en effect il estoit questuaire & illiberal, & si chiche en son viure, qu'il mettoit vne letuë & artichaut en deux, pour luy seruir à deux repas. Iamais ne voulut qu'on luy seruit de Faisant à sa table quãd il estoit seul, encores qu'il fut Empereur il auoit des facteurs soubs luy pour excercer l'Estat de marchandise, de maniere qu'il fut hay des soldats & gens de guerre, qui conspirerent contre luy, & le tuerent, puis en porterent la teste par les ruës de la ville, au bout d'vn long bois, toutefois le commun populaire le regreta, pour l'esperance qu'ils auoient que les ruynes qui pour lors estoiẽt en la Republique, seroient par son moyen restaurees & restablies, à raison dequoy il eust vne honnorable sepulture.

D'ALTHERCO ROY
d'escosse, & d'autres.

Altherco Roy d'Escosse, fut puisné d'Etodius, auquel il succeda au Royaume, il fut à son aduenemēt bon Prince: Mais tost apres il se changea, & s'adonna à tout vice, principalement a lubricité & paillardise, tellement qu'il print par force, & deflora deux sœurs, filles d'vn nommé Mathalocus habitant au pays d'Argille, & encores apres en auoir fait à son plaisir, il les bailla entre les mains de ses seruiteurs domestiques, pour en faire de mesme: dont le pere fut à bon droit si offensé, qu'il chercha tous les moyens de s'en venger, & mit des soldats aux champs pour l'espier, & le surprédre, dequoy Altherco estant aduerty, afin de ne venir en la puissance & mercy du pere des filles, qu'il auoit deshonorées, se tua soy mesme ainsi qu'il est escrit en l'histoire d'Escosse. En ce temps Artaxerces Roy des Perses fut vaincu par Alexādre, seuere Empereur des Romains, dont il fit triomphe, & ledit Roy Artaxerces, mourut à Rome, enfermé en estroite prison. Aussi enuiron ce mesme tēps saincte Apoline vierge fut martirée, à laquelle les tyrans arracherent les dents, puis apres firent vn grand feu, la menaçant de la mettre dedans, si elle ne vouloit faire hōmage & seruice à leurs Idoles, sans crainte n'apprehension aucune du martyre, elle mesme si precipita, ou heureusement finit sa vie. Eusebe en son histoire Ecclesiastique, liure 6. chapitre 41. ou il dict encor que peu de temps apres Babillas Euesque d'Antioche fut martiré, en la ville d'Alexādrie.

K iij

DE DECIVS, EMPEREVR
de Rome.

DEcius Empereur Romain, estoit issu de nobles & illustres parens, né en la ville de Bibulle, és bas pays de la Pannonie. Dés son ieune aage il donna grande esperance de luy, comme il croissoit aussi croissoient ses vertus, il fut prouenu à grandes dignitez, non point par ambition, ny par corruption de voix, ny par faueur d'amis, mais par ses vertus proüesses & bonnes mœurs, il fit son Cónestable Licinius Valeriannus, homme tref-expert au faict de la guerre, vertueux & bien viuant, aagé de 66. ans. Ce Decius estoit paisible, courtois, & ciuil, estoit aussi homme de guerre, iamais ne fit entreprise sans l'aduis du Senat, pour raison dequoy il merite de grãdes loüanges, encores eust-il laissé à la postérité plus grande occasion de le loüer, s'il n'eust esté persecuteur de l'Eglise: Entre autres il fit mourir par martyre Fabian & Corneille Papes, & S. Cyprian en Affrique. La persecution fut si grande contre les Chrestiens, que plus facille seroit (dict Nicephore, liure cinquiesme, chap. 29.) conter le sable de la riue de la mer, que de compter le nombre des martyrs. Il fit la guerre aux Gots au pays de Scithie, en laquelle son armee fut mise en route, il ce perdit en vn gouffre ou bourbier d'vn marests, ou il ne fut iamais possible de trouuer son corps, quelque recherche qu'on peut faire, quand à son fils il demeura en la bataille, lequel estoit collegue en l'Empire auec son pere. Pomponius Leta, Aurelius Victor, & Eusebe en son histoire Ecclesiastique.

DE VALERIAN, EMPEreur Romain.

PVblius Cornelius Licinus Valerianus, surnommé Colobius, fut Empereur des Romains 7. ans auec son fils Galien, & luy seul 8. ans, tellement que tout le temps de leur Empire dura 15. ans, estoit aagé de 70. ans, lors qu'il fut Empereur. Son pere auoit nom Valerius issu d'ancienne Noblesse. Et deuant qu'il fut Empereur, du téps de Decius il auoit esté faict céseur, & si de degré en degré, fut promeu à toutes dignitez en Rome, ne luy restoit plus qu'à estre Empereur, il se porta si bien en ses dignitez & charges publiques auant qu'estre Empereur, qu'il estoit aymé de tous. A raison dequoy son ellection ne fut ny par brigues enuers le populaire, ny par assem-

des Hom. Illustres. 305
blees & pratique enuers les soldats mais pour le seul respect de ses merites, & par vn general consentement de tout le peuple, il vainquit Balere Roy des Caduscens au pays d'Asie, qui fit mourir, apres en auoir triomphé en Roy. Finablement faisant la guerre contre Sapor Roy des Perses, il y perdit la bataille en l'an 7. de son Empire, & fut prins prisonnier, & mis entre les mains de Sapor. Or ce Roy Barbare fut si plain d'insolence, & inhumanité, qu'apres la prinse de Valerian, il vsoit d'iceluy au lieu de selle ou d'escabelle, mettant les pieds sur son dos quand il vouloit monter à cheual. Mais peu de tẽps apres Sapor fut puny comme il meritoit par Odenates Capitaine des Romains.

K v

DE PROBVS, EMPEreur de Rome.

AVrelius Probus fut Empereur Romain 6 ans 4. mois, & si homme de bien, hardy & experimenté au fait de la guerre que le Senat le desira Empereur, les gës de guerre l'esleurent, le peuple Romain par voix publiques le requit, le cognoissant ainsi accomply en toute vertu, soit pour honnorablement gouuerner les affaires priuees, & domestiques, comme aussi l'administration des affaires publiques, de maniere qu'estãt empereur, il fit tel deuoir qu'il rédit l'Empire hors & exempt de toutes guerres. Aprés auoir deffect les nations estrangeres, qui estoient ennemies des Romains, sçauoir est les François en la Gaule Belgique, & les Allemans au pays appellé le Nigre, les Gots au pays de Thrace, & aussi deschassé plusieurs tyrans, qui de son temps, auparauant qu'il fut Empereur, s'estoiët esleuez en plusieurs quartiers de l'Empire, si bien qu'il rēdit tout paisible, tellement que la bōne opinion qu'on auoit eu de luy, fut confirmee par ses heroïques vertus. Or apres auoir ainsi tout pacifié, & mis l'Empire en repos, il dict qu'il n'estoit plus besoing de soldats, puis qu'il ny auoit pl' d'ennemis, laquelle parole luy cousta bien cher, car elle fut cause de sa mort, d'autant que s'estant retiré à Syrinie pays de sa natiuité, ne se doutant de rien, il fut tué par aucuns de ses soldats qui s'estoient mis en ambuscade, viuant il fit mourir deux de ses Lieutenās nōmez Saturuius, & Boursus pour auoir conspiré contre luy.

K vj

DE CARVS, EMPEREVR
Romain.

CArus auec ses enfans Carin & Numerian, fut Empereur Romain 2. ans, il estoit du pays de Narbonne. Il s'estoit si bien aquis la faueur des soldats, qu'apres que Probus fut tué, ils l'esleurent Empereur, comme digne & capable de telle dignité: lequel incontinent qu'il fut Empereur, ne laissa impunie la mort de Probus, entreprint aussi (auec l'aduis de tous les gens de guerre) de faire la guerre aux Perses, ce que Probus auoit entrepris de son viuant. Or Carus auparauant que dresser son armée, fit creer Auguste auec luy ses deux enfans, Carin, & Numerian: en apres il enuoya aux pays des Gaules Carin pour gouuerner, & retint auec luy Numeriá, continua sa deliberation contre les Perses, mais d'autant qu'il auoit ja commencé vne autre guerre contre les Sarmates, il les pourſuiuit premierement & en euſt la victoire, puis s'achemina contre les Perses, ou ſoudain il entra en la Meſopotamie qu'il occupa ſans aucune reſiſtance, & donna iuſques à Ctiſiphonte, ayant lors opportunité de ce faire d'autant qu'il eſtoient diuiſez en guerres ciuilles, entr'eux, à raiſon de laquelle vaillance Carus fut ſurnommé Perſique: eſtoit ardent de pourſuiure plus outre, mais il fut frappé du foudre, par vn grand tonnerre qui ſuruint, le Ciel eſtant tout allumé de feu, tellement que par le moyen de tel orage & tempeſte il mourut ſubitement. Calphure dict que c'eſt vn certain deſtin ou fatalité, qui empeſche les Empereurs Romains de paſſer plus auant en Perſe que

DE NVMERIAN, EMPEreur Romain.

Numerian fils de Carus, fut tresf-digne de la charge & dignité de l'Empire Romain, à raison de ses loüables mœurs & vertus heroïques, eloquant & facond au possible, & grád Poëte: duquel Pomponius Letus à escrit que Mars au faict de la guerre luy a esté propice, Minerue luy a encores plus fauorisé, & Appollon la rēdu bon ioüeur de la harpe & musicié, de façon qu'il estoit homme de guerre, Orateur, & Poëte, pour composer chansons de musique. Or retournant de la guerre contre les Perses, il se faisoit porter en litiere, parce qui luy estoit suruenu mal aux yeux, à raison qu'il auoit trop veillé, ou bien à l'occasion du vent & poussiere qu'il avoit enduré au camp. Apres par subtillité de son beau pere nommé Aper, qui affectoit d'estre Empereur, & duquel il ne se doutoit point. Il fut frauduleusement & par trahison tué, cest Aper mit toute peine de celer le corps mort, iusques à ce que la trahison en fut descouuerte, pour la puanteur d'iceluy. Mais il ne demeura pas long temps sans estre puny: car pareillement il fut tué par Diocletian, qui le frapant dict ces mots, ô Aper tu dois estimer glorieux d'estre frappé de la main du grand Eneas, l'occasion pour laquelle Diocletian le tua, ce fut parce qu'estant taxé d'auarice, pour vne vieille Druide deuinatrice, il luy dict, ie seray liberal, lors que ie seray Empereur, comment dict elle, tu te pense moquer, mais nonobstant ta parolle sera vraye, car tu seras Empereur, lors que tu auras tué Aper, c'estoit vne parole ambigue, car Aper qui estoit vn nom propre d'homme, signifie en François vn sanglier.

DE DIOCLETIAN, EMreur Romain.

Diocletian 35. Empereur Romain, regna 20. ans, il fut Prince meur & sage, & anobly de maints beaux actes. Il restablit l'Egypte à l'Empire, quand au demeurant grand ennemy de la profession Chrestienne, il voulut de son gré, que Maximian en pareille puissance, eust le gouvernement de l'empire comme luy; & cestuy Maximian fit la guerre en Gaule. Ces deux Princes furent appellez Augustes, ils esleurent eux mesmes deux, qui ne furent esgaux à eux en puissance: mais estoient comme leurs successeurs, & n'estoient ceux cy dits Augustes, ains Cesars. Diocletian esluit Galery, & Maximian constant, l'vn & l'autre Auguste, c'est à sçauoir, Diocletian & Maximian, laisserent le gouuernement de l'Empire, & de leur bon gré retournerent à repos & tranquilité de vie priuee & particuliere. Mais Maximian fut volontiers reuenu à la dignité Imperialle, afin qu'il eust pourueu son fils Maxence à l'Empire, & à ceste occasion Constant son gendre fit tuer ledit Maxence. Diocletian vescut plusieurs ans sans charge, puis finablement se tua, pource qu'il estoit menacé de Constantin, auquel il estoit suspect, pour auoir suiuy le party de Maxence son ennemy. Enuiron ce temps là Carassus Roy d'Angleterre, qui estoit né de parens de basse condition, fut tué par Alectus, qui se fit Roy d'Angletterre, lequel fut peu de temps apres tué. Asclepodiat prefect pretorien des Romains, qui s'empara du Royaume, peu de temps ayant regné, il fut tué par Coellus Duc de Cloceftre, qui fit Roy, lequel fut pere d'Helene, mere de Constantin.

DE IVLIAN L'APOSTAT.

IVlian l'Apostat 39. Empereur Romain, ne regna q̃ deux ans, il fut nepueu de constantius & frere de Gallus. Il estoit si sçauant, qu'en son adolesence lisoit publiquement la sainte escriture, il s'en alla en Athenes, ou il estudia en la Philosophie, mais apres qu'il eut occis son frere Gallus, il fut enuoyé par son oncle Constantius és Gaules, & en la Germanie, & non pas loing d'Argentorat, deffit trente mille Allemans: parquoy au mesme lieu soudain par la faueur des des gendarmes, fut designé Empereur. Consequemment cōme grandes dissentions estoient entre les Chrestiens, pour la diuersité de leurs opinions, touchāt leur foy, par lesquelles les vns estoient en doute, les autres se departoient de la religion Chrestiēne, pour seruir au cultiuement des idoles, ainsi fut faict Iulian apostat, sur ces entrefaictes iceluy Iulian ne persecuta les Chrestiens appertement, ains proposa de les abolir subtillement, il defend publiquement qu'ils n'eussent plus d'escoles, afin qu'ils ne receussent aucune doctrine & enseignement touchāt leur foy, pensant que par cela, ou la doctrine seroit ostee, facillement la religion s'aneantiroit. Aussi deffendit que les Chrestiēs, n'eussent droit de guerroyer auec les Romains, & qu'ils n'eussent aucunement l'administration de la Republique. Quelque temps apres comme iceluy eſtoit en Perſe, fut occis en vn lieu ſolitaire, comme il eſtoit courbé à terre, & pour ce coup qui luy auoit eſté dōné, rendant l'eſprit, jetta ſa main au Ciel plaine de ſang, & dict: Or maintenāt tu as la victoire de moy Galilee: par ce mot denotant Ieſus Chriſt, qu'iceluy apelloit Galilee.

DE MAXIMVS SENAteur Romain.

Maximus Senateur Romain apres la mort de Valentiniā s'empara de l'Empire par force, & encores non content de ce, il cōtraignit Eudoxia veufue de Valentinian de l'eſpouſer, laquelle pour s'en venger enuoya ſecrettement en Affrique, vers Genſerie Roy des Vandales, auec riches presents & promesses de plus grandes choses, le suppliant venir incontinât à son secours pour aquoi obeyr, soudainement il dressa vne grande armee, & a l'improuiste vint à Rome, dont les habitans saisis de crainte abandonnerent la ville, & s'enfuirēt en lieux de seureté. Maximus le tyran aussi tout en frayeur, se voulant retirer, fut lapidé des Romains, puis sõ corps mis en pieces, fut ietté en la riuiere du Tibre 77. iours apres l'vsurpation de l'Empire. Voila comme vne tyrānie fut punie par vne autre tyrannie. A donc le douziesme de Iuin ou bien du Iuillet, Gonseric Roy des Vandales entra à Rome sans resistance là où il pilla nõ seulement les maisons priuees, mais les églises, d'où il emporta tout ce qui estoit de precieux, mesme les grands vases d'or que Titus Vespasian auoit apporté de

Hierusalem, & s'en retourna en Affrique, ou il conduisit ladicte Eudoxia, auec ses deux filles, & d'auantage, Iustinian dict, qu'il emporta pareillement tous les habillemens imperiaux. Ainsi Rome ville si renommee, & celebre par dessus toutes les autres, fut mise en la puissance des Vandales, qui y furent quatorze iours entiers au pillage, & s'en allerent tous chargez de despoüilles.

DE ZENON EMPEREVR
Romain.

Zenon gendre de Leon, fut empereur dixsept ans. Il estoit natif du pays d'Iaure, nay de parens de basse condition, en vne bourgade. Il auoit esté appellé à l'empire par Leon deuxiesme. Or ce Zenon se licentiant bien souuent de boire du vin plus que de raison, & que la grauité & degré de son estat ne permettoit, se lascha & se donna à sa concupicence & beut tant qu'il n'auoit plus aucune cognoissance de soy mesme, estant yure & accablé de vin : Ce que voyât sa fême Ariadne outree de despit, commanda à ses seruiteurs qui le portassent tout vif, ainsi noyé de vin en son sepulchre & l'enfermassent pour y digerer son vin à loisir, auquel sepulchre elle le feit tant & si longuemēt demeurer, & dormir, qu'oncques depuis ne se reueilla pour en sortir, & y mourut de faim, & à faute d'air Nicephore liure sixiesme escrit. Qu'estant en ce sepuchre enfermé il s'escria, apres qu'il eust digeré son vin. Qu'on luy redonnast seulement la vie, & non pas l'Empire auquel il renonçoit. Ainsi Dieu le punit, pour auoir esté seducteur de l'heresie d'Eutiche, & de Diosgore, ayant faict de grāds maux à l'Eglise Car il troubla tout l'Estat d'icelle que ces bōs Empereurs Leō & Marcian auoiēt tant mis de peine à pacifier & mettre en repos. Il renuersa aussi & meit à neant tout ce qui auoit esté ordonné au Concile de Calcedoine, & rappella tous les Docteurs turbulans qui auoient esté chassez par ledict concile.

DE MAVRICE EMPEreur de Constantinople.

Maurice empereur de Constantinople, estans deuenu auaricieux, se meit en la grace des siens, retenant la solde de ses gēs de guerre, dissimulant des rapines & meurtres, de maniere que les soldats n'en peurent plus endurer
&

& effectuerent leur entreprise, adonc ils le tuerent, auec Constātia sa femme. Theodose, Tibere & Constantin ses fils, & autant de filles, estant lors aagé de soixante & trois ans, en la vingtiesme annee de son empire : neantmoins auparauant, il auoit plusieurs fois mis peine d'appaiser le peuple, par belles harangues : mais apres qu'il eust apperceu que par tel moyen, il ne pouuoit arrester la furie du peuple, & que les plus grands peu à peu, & tout ouuertement delaissoient son party, il s'abilla en habit deguisé, & secrettement s'embarqua en vn petit vaisseau, luy, sa femme, & ses enfans, pensant se sauuer : mais incontinent il fust suiuy & prins à Calcedoine, village pres de Constantinople, ou il se monstra merueilleusemet constant, car comme il veit deuāt luy massacrer sa femme, & ses en-

L

fans, il ne perdit cœur, ains d'vn esprit asseuré s'ecria, *O Dieu que tu es iuste, & que t s iugemets sōt droits* Voicy vn exemple comme en vn Prince, il ny a rien plus pernicieux que l'auarice, qui est la racine de tous maux: car d'elles sourdēt rapines, meurtres, & ambition de s'accroistre, ça esté par elle que les gens de guerre se sont mutinez contre cet Empereur Maurice, qui autrement estoit homme de bien.

DE PHOCAS.

Apres que l'Empereur Maurice eust esté tué, Phocas fut esleu Empereur, par les gens de guerre, son Empire dura sept ans, du commencement on estimoit beaucoup de luy, à raison qu'il estoit vaillant & adextre aux armes: mais l'esperance en fut vaine, car il ne se chastia par l'exéple de son predeceſſeur Maurice, ains fut encores plus auaritieux, ſe gouuernant pour tenir ſes ſubjects en ſeruitude, à la façon des Perſes, & outre vēdoit les Offices des Eſtats de iudicature, eſtans ſes mieux aymez, ceux qui eſtoient les plus grāds oppreſſeurs du peuple, trouuans l'inuentiō de nouueaux ſubſides, ſi bien qu'il tira tout l'argent de toutes les prouinces de l'Empire. A ceſte cauſe ſes ſubjects s'eſleuerent contre luy, entre autres vn Photinus, homme de grande reputation, grād ennemy de Phocas, parce qu'il luy auoit ſtrupé ſa femme, & pour en auoir vengeance il entra au palais Imperial, bien accompagné, ſi bien qu'il y prit Phocas, le tira hors de ſon ſiege imperial, le deſpoüilla de ſes veſtemens Imperiaux, d'eſcarlate, le veſtit d'vn habilement noir, le lia & mit priſonnier. Apres Heraclius son successeur en l'Empire, luy fit couper les pieds, & les mains, & pour le punir publiquement de lubricité, qui auoit forcé plusieurs femmes mariees: luy fit couper les genitoires, & finallement la teste. Tout ce que Phocas fit de bõ, c'est qu'il ordonna que Rome seroit le chef de l'Eglise, combien qu'auparauant Rome se fut preualué du beau tiltre, à raison que l'Empereur, y auoit son principal siege.

DE IVSTINIAN, EMPEreur Romain.

IVstinian deuxiesme, ou bien Iustin qui fut enuoyé en exil, & auparauant il fut dix ans Empereur: durant son exil Leontius ou Leonitus fut trois ans Empereur, qui semblablement fut enuoyé en exil, & en sa place Absimarus depuis nommé Tiberius, fut Empereur 7. ans, finablement Iustinian fut restitué en son Empire, par le secours de Tribulinus Roy des Bulgares, si bien qu'estant retourné d'exil il fut encores Empereur six ans. Il estoit fils de Constantin quatriesme, & d'Anastase, & fut le dernier de la lignee d'Heraclius estoit seulement aagé de seize ans quand il succeda à l'Empire, il fut cruel, meschant, & malheureux, qui s'ayda de trois insignes meschans; d'vn quidam Eunuque de pays estrange, & d'vn nommé Estienne surnommé Ruffus, lequel il appelloit son chappelain, qu'il fit preuost de l'Hostel : pour le troisiesme d'vn quidam nommé Theodosius moine, qu'il nomma son general. Or ces trois auoient commandement de faire mourir tout le peuple de Constinople en vne nuict : mais Leontius Connestable au pays d'Orient, & Calicinius Patriarche, advertirent le peuple, si bien que tous ensemble entrerēt de furie au palais où estoit Iustinian, lequel ils en tirerent, & luy couperent le nez, la langue, & les oreilles, & l'envoyerent en en exil à Chersonne. Quand audict Eunuque, Estienne, & Theodose moine, ils les lierēt aux pieds auec des cordes, & les trainerent au marché plublic, en apres les bruslerent vifs enfermez en vn Taureau d'airain. Apres laquelle execution, ils esleurent Leontius, qui fut trois ans Empereur, & eust peu de temps apres les narines coupees, & envoyé en exil par Absimare.

DE VALENTINIAN,
Empereur de Rome.

Valentinian le ieune, par sa mere Iustine deuenu & faict

Arrien, lequel estant orphelin de pere & de mere, gouuerné par ses chambellans lors eunuques, comme il estoit colere & impatient, se courouça au premier d'eux nommé Arbogastes, & empesché de le tuer par vn autre de ses gens, pour vne cause de si grande colere, dict, ie me tueray de ma main propre: parce qu'estant Empereur, il ne m'est pas permis de faire ce que ie veux, dôt telle vie m'est facheuse & ennuieuse. C'estoit pour autant que ses gouuerneurs ne luy donnoient libre manimēt de toutes choses, ne le laissant faire tout ce qu'il vouloit. Arbogastes ne sonna mot pour lors; mais peu apres ce pauure Prince, aagé de vingt ans, en s'esbatāt sur le Rhosne à Vienne apres disner, estant seul, le fit meurtrir par ses gens, & les meurtriers craignans estre recognus autheurs du cas, le pendi-

L iiij

rent auec vn linge, ou mouschoir par le col, comme si selon son furieux dire, il se fut desesperé & estranglé luy mesme. Aussi Vuenceslaus Roy de Boheme, deuenu en colere à l'encontre de quelque homme, comme de faict taschoit se mettre à mort, tout à l'instant touché de Paralisie, & priué de sentiment, cheut par terre, dont peu de iours apres alla de vie à trespas. De mesme l'ancien empereur Valentinian, s'estant courroucé côtre les Ambassadeurs des Sarmates, ses veines & arteres se retirerent, & se vuiderent de sang, dont il mourut incontinent.

DE SELIMEL, TEMIN
Mahometans.

L'Experience montre que tous Princes mettent bien souuent

leurs vies & estats en dengers, lors qu'ils appellent à leur ayde pour guerroyer quelque Prince, ou peuple genereux, notammēt s'ils sont necessiteux, & habitans d'vn pauure pays: & sans en amener beaucoup de raisons, pourquoy cela peut aduenir, ie veux seulement descrire vne ou deux histoires, par lesquelles on cognoistra la verité de mon dire; Enuiron l'an mille cinq cés trēte quatre, il y eust deux freres contestás le Royaume d'Alger, situé au pays de Numidie, mores de couleur, l'vn desquels pour mieux surmonter son Competiteur, implora l'ayde d'vn Corsaire nōmé Horuc, qui auoit tousiours vne armee naualle de deux mille hommes, qui tenoit toute la mer Barbarienne, Numidienne, & bonne partie de Moritanie en grand terreur: lequel ne refusa d'estre auxiliaire à ce Prince, qui

L v

l'auoit appellé. Auquel ayant assisté & mis à mort l'ennemy, ayant auparauant contemplé les forces de celuy qui l'auoit appellé : plus l'inconstâce & discord des Mores entr'eux, il ne laissa passer ceste occasion, ains ayant dôné la chasse au Roy Selin Eltemin, en fin le tua, & se rendit Seigneur dudict Royaume d'Alger, & afin de ne laisser en suspends les Lecteurs, ie veux declarer en peu de paroles qui estoit ce Horuc. Il y eust deux freres, enfans d'vn Mahometan, de Metelin, qui se firent marchâds de formages, & se faschans de ce mestier, pour n'estre trop lucratif, se meirent soubs la conduite de ce grand Corsaire Camal. Cependant, se voyans grandement augmentez en forces, nauires, gens, & butin, prindrent la volte de Moritanie, pour de là remporter quelque proye, & firent si bien leurs affaires, que Horuc s'empara (cōme i'ay dict) du Royaume d'Alger: lequel en fin en vne rencontre fut tué, par la cauallerie Espagnolle: & estant mort, son chef fut porté en Espagne, dont plusieurs s'esiouyrēt au possible : mais ceste ioye fut bien tost changee en grande tristesse, parce que son frere Hariaden Barberouse luy succeda, qui soustenu du Turc, qui puis apres fit beaucoup de maux aux Chrestiens. Voyla comme le voleur, qui n'auoit aucune retraite, maison, ny buron, sinon des vaisseaux, desquels vogant à la fortune des vents inconstans, fut faict Roy d'vn assez puissant Royaume, pour auoir esté appellé en ayde. Autant en aduint il en Frāce, ou Philippe Duc de Bourgogne, fit venir vne grosse armee d'Anglois, & leur Roy Henry sixiesme de ce nom, courōné Roy

L vj

de France à Paris, lesquels guerroyerent Charles septiesme, Roy de France, ennemy iuré dudit Duc: Et apres que le remord de conscience eust saisi ledit Duc, de ce qu'il estoit cause de tãt de maux qui se comettoient durant ces guerres, entendãt à vne paix, que plusieurs Princes Chrestiens, & le Pape luy conseilloient faire, & y ayant aquiescé, voulut puis apres renuoyer les Anglois auec beaucoup d'honnestes conditiõs, mais ils ne le voulurent faire, ains persistoient d'vn grand courage, à retenir le Royaume de France, & qui plus est, endommagerent beaucoup les terres dudit Duc, puis apres dont il se repentit bien (mais trop tard) d'auoir introduit les Anglois en France. De fraiche memoire, qui fut l'an 1562. chacun sçait que lors il y auoit grande discorde en France, pour le fait de la religion, les Catholiques appellerent les Espagnols, & Italiens à leur ayde. Ceux du party contraite appellerent les protestans d'Allemagne & les Anglois, dont la Royne donna secours d'hômes, pourueu qu'on luy donnast vne ville pour la seureté & retraitte de ses gens à vn besoing. Ce qui luy fut accordé, & luy bailla on le Haure de Grace, ville forte sur mer : Mais ils n'y furent si tost entrez, qu'ils en chasserent les garnisons Françoises : & premierement le Capitaine, nommé d'Ecrose, Prouencal protestant, vaillant hôme, & qui auoit esté maistre de Cãp en Corse, soubs Henry second : l'an d'apres il y eust vne paix, dont les estrangers appellez vuiderent la France, excepté les Anglois, qui ne voulurent quitter ledit Haure de Grace, ains le vouloient conseruer & fortifier, côtre l'accord: parquoy il falluſt que l'vn & l'autre party y allaſſent pour l'aſſieger. Lequel en fin fut rendu, non de leur bon gré, mais pource que ceux qui eſtoient dedans ny pouuoient plus viure, pour la grãde peſtilence qui y eſtoit, qu'il ny laiſſoit aucun en vie. Voyla le profit qui aduient bien ſouuent à vn Prince, d'appeller des eſtrangers à ſon ayde, qui ſont forts & vaillãs. Auſſi nous trouuons que la calamité d'vne Republique eſt quand vn Prince appelle les eſtrangers à ſon ſecours, car ils ſe rendent maiſtres. C'eſt comme les Germains, appellez par les Seguanois contre ceux d'Autun, les contraignirent de leur bailler la moitié de leur terres: puis à la longue chaſſerent tous les originaires du pays, & ſe firent Seigneurs de la plus grande partie de la Gaule. Et la raiſon pourquoy le ſecours eſtranger ne vaut rien, est premierement ; parce que si vn Prince veut fonder l'asseurance de ses estats sur telles forces, il ne les sçauroit sceuremēt maintenir, car elle ne s'acordent pas facilement entre elles, & font tout pour le profit, & ne sōt point bien ordonnees ny obeyssantes. D'autre part, elle ne sont pas trop fidelles : mais entre amys, fort braues, & entre ennemis, faute de cœur. Puis on ne peut pas dire, qu'elles ayent la crainte de Dieu, ny la foy aux hommes, car on voit appertement, que tels guerriers n'ont autre amour, & chose qui les retienne, que la solde & esperance de butiner, ce qui n'est pas suffisant à faire, qu'ils meurent pour le seruice de celuy auquel ils ne sont point subiects, & duquel ils desireroient plustost la ruyne, que l'augmentation. A ce propos, on peut noter que la destruction derniere de l'Italie, n'est aduenuë d'autre chose, que pour s'estre par longue espace de temps reposee sur les armes estrangeres & souldoyees: lesquelles firent pour aucuns quelque aduácemēt: mais aussi tost qu'il y vint vn autre estranger, elles monstrerent ce qu'elles estoient, car de là vint, que le Roy Charles huictiesme, peut bien courir toute l'Italie (comme l'on dict) auecques la craye: c'est à dire, que sans aucune resistance il ne faisoit que marquer ses logis: ceux qui luy deuoient resister, & que l'on auoit appellez pour la garde du pays, se rangeans volontairement de son party. Il y a plus, c'est que les Capitaines estrangers souldoyez sōt ou tres-excellēs hómes, ou non, s'ils le sont, le Prince ne s'y doit pas fier; car ils tascherōt sans doute a s'y faire grāds eux mesmes, ou en le ruynant (luy qui semble lors estre leur maistre) ou en destruisant quelques autres grands contre sa volonté. Et si les Capitaines ne sont pas vertueux, il n'en peut esperer que la cause de sa perte, mais notammét les armes de secours plus pernicieuses à vn estant sous celle d'vn grād Prince, conduites par luy mesmes. Car il est tousiours à craindre, que auec son armee vnie & accoustumee de luy obeyr, il ne cherche tellemét son aduantage, qu'en fin il ne deschasse de la maison celuy qui luy en ouure la porte. Ces choses dōt consideree, on peut iuger cōbien est perilleuse l'ayde mendiee de l'estranger; & qui bien considerera les choses passees, y conjoignant le discours des presentes, il verra que pour vn qui s'en est bien trouué, il y en a eu infinis autres d'iceux abusez. Car vne Republique ou vn Prince ambitieux, ne sçauroit souhaitter plus grande occasion d'occuper vne Cité, ou Seigneurie, ou Prouince, que quãd on le requiert enuoyer son armee pour la deffẽce d'icelle. Mais quoy? l'ambitiõ, le desir de vengence, ou autre animosité se trouue ordinairement si grande entre les hommes, que pour accomplir vne fois la volonté qui les pousse, ils oublient tout deuoir, & mettẽt en arriere le regard du peril qui leur en peut aduenir. Ce fut par ce moyen de secours estrãger, que les Herulles, les Gots, & les Lombards se firent Seigneurs de l'Italie, le François, de la Gaule, les Anglois, de la grãde Bretagne, les Escotlois d'Escosse, ayans chassé les Bretons & les Pictes, qui les auoient appellez pour leur secours. Les Turcs aussi se firent maistres de l'Empire d'Oriẽt, & du Royaume de Hongrie, apres auoir esté recherchez des Empe-

-eurs de Constantinople, & des estats de Hongrie.

DE IEAN COMENE EMpereur de Constantinople.

CAlo Iean Comenus Empereur de Constantinople, voulant occuper l'Antioche, laquelle il auoit aquise de Reimond Prince dudict lieu, fut empesché & debouté par l'Euesque de Gabolles. Dequoy l'Empereur courroucé ruina tout le pays de Sirie, & donna les fauxbourgs d'Antioche, au pillage à ses soldats. Mais il ne demeura long temps sans en porter la punition : car incontinent qu'il fut de retour sur les limites de Cilicie, termina sa vie malheureusement, ayant esté blessé en vn petit doigt de la main par la reflectió d'vn dard, duquel il auoit frappé vn Sanglier, s'eſlançeant le venit par tout ſon corps.

DE GALEACE DVC DE Mantouë.

Galeace Duc de Mantouë, diſoit ſouuent a vne fille de Pauie, laquelle il courtiſoit, que pour ſon ſeruice il voudroit endurer mille morts, ſi tant eſtoit poſſible, elle luy commanda en riãt de ſe ietter en la Riuiere, ce qu'auſſi toſt il fit & ſe noya.

DE SVLEIMAN OV Soliman Empereur des Turcs.

SVleyman empereur des Turcs ſayant ouy les hautes acclamations & cris de ioye, que feit toute l'armee à Sultan Muſtapha ſon fils, retournant de Perſe : il ſe fit estrangler en son antichambre, puis ietter par les fenestres deuant toute l'armee, faisant crier tout haut, qu'il n'y auoit qu'vn Dieu au Ciel & vn Sultan en terre; & deux ans apres il feit mourir Sultan Gobé, pour auoir ploré son frere, & Sultan Mehemet le troisiesme de ses enfans, pour s'en estre fuy de crainte, & n'en voulut laisser qu'vn seul pour euiter les inconueniens de plusieurs Seigneurs. Ce ne sont que les moindres fruicts de ceste sauuage plante d'ambition, que de faire mourir les Innocens, afin de prendre pied plus ferme pour son accroissement. C'est elle qui bande le fils contre pere, & faict qu'il ose ruiner celuy dont il tient la vie. Henry cinquiesme priua par armes son pere de l'Empire, & le feit mourir miserablement en prison. Federic troisiesme ayant regné trente ans, fut miserablement estranglé par Mainfroy son fils bastard, lequel il auoit fait Prince de Tarere. Et depuis ce parricide, il fit mourir par poison Cōrard, son frere legitime heritier de Federic, pour se faire Roy de Naples, aussi Antonin & Geta freres, successeurs en l'Empire a Seuere leur pere, ne se peurent souffrir l'vn l'autre en la iouyssance d'vne si ample Monarchie, ains Antonin tua Geta d'vn coup de poignard, afin de regner seul.

DE ABDERAME ROY des Sarrasins.

EN l'annee 730. du regne du Roy Theodoric ou Thiery, lors que Charles Martel estoit Maire du Palais, & gouuernoit le Royaume, il vint en France (par l'entremise d'Eudon pretendu

Duc de Guyenne) vne si grande multitude de sarrasins, qui s'estoiēt debordez de l'Asie, Affrique, & Espagne, auec leurs femmes & enfans, pour y vouloir habiter, que le nombre en fut faict de quatorze cens mille combattans. Lesquels occuperent plusieurs belles Prouinces soubs la conduicte de leur Roy Abderames. Il ietta le gros de son armee du costé de la Guyenne, ou ils furent deffaicts par ledict Charles Martel, & leur Roy fut trouué estouffé parmy les morts, qui furent nombrez trois cens soixante & quinze mille personnes. La bataille fut appellee : la iournee de Tours. De ceste belle victoire furent rendues actions de graces par tous les Royaumes Chrestiens. Et ainsi mourut leur Roy Abderame qui pensoit dompter toute la Chrestienté.

DE RICHARD ROY D'AN-
gleterre.

IL se lict dans les Histoires d'Angleterre, que le Roy Richard accusât le Côte Mareschal enuers le peuple, d'estre cause des subcides & larcins des deniers publics, & voulât contêter & appaiser le peuple le bânit lequel ne peut trouuer lieu asseuré en France, ny en Flâdres, ny en Allemaigne, ny mesme en toute l'Europe pour sa demeure. Apres celluy, le Roy cômit a quatre autres tout le gouuernement de son Royaume contre lesquels le peuple conceut vne aussi grande haine, que contre ledict Comte Mareschal, qui furêt cause que ledict Richard fut emprisonné, & lesdicts quatres decapitez, deuant la fenestre de la prisô,
& luy

& luy estranglé puis apres.

D'ADOLPHE, DVC DE Gueldres.

Ceux qui ont leu les histoires de Philippes de Comines qui a escrit les gestes du Roys Louys vnziesme, & de son ennemy Capital, Charles Duc de Bourgogne, trouuent qu'vn Duc de Gueldres, homme de bien, traittant ses subjects humainement ayant la crainte Dieu, auoit vn fils nommé Adolphe, qui auoit espousé nouuellement vne fille du Duc de Bourbon, dont il se tenoit fier d'autant que sa femme estoit du sang Royal de France, & allié du tres-redoutable Duc de Bourgogne, lequel se fachoit de ce que son pere viuoit trop, son ambition s'estendant iusques là, que d'estre Duc de Gueldres, côme son pere, pour à quoy

M

paruenir, ce detestable fils print son pere vn soir, comme il se vouloit coucher, & le fit mener cinq lieuës pieds nuds, puis l'enferma dans la tour d'vn chasteau, qui estoit en vn lieu marescageux & enuironné d'eau, ou il y auoit fort peu de clarté, & le fit demeurer la six mois en cest estat, mal couché: & durant ce temps iamais ne veit feu. Le Duc de Cleues ayant entendu ceste monstrueuse façon de faire, voulut proceder par amitié à la deliurance du prisonnier: Car ledit Duc de Gueldres auoit espousé en secondes Nopces, la sœur dudit Duc de Cleues. Adolphe ny voulut entendre: dont les deux Seigneurs se firent la guerre cruellement, mais en vain. Le Duc de Bourgogne s'y employa aussi, taschant de faire cest accord du pere & du fils: mais il auança aussi peu que l'autre. Le Duc de Bourgogne voyant ce ieune fol s'opiniastrer, & ne vouloir prendre les remonstrances que le pape & luy, luy auoiët faictes, faicts ses apprets pour luy faire la guerre : Adolphe cognoissant qu'il auroit à faire à vn plus terrible & puissant que luy, retira son pere de prison, & le mena audict Duc, qui encor depuis tascha de les appointer. Et pour ces grands exces, le pere ayant perdu tout iugement, pour les insolences de son fils le prouaqua au combat de dueil, mais on luy imposa silence. Le Duc de Bourgogne ordonne en fin (fauorisant le fils comme son allié) que le Duché de Gueldres luy demeureroit, sauf vne petite ville, nommé Graue, ioignant le pays de Brabant, qui valloit de reuenu trois mille Florins, & autres trois mille qu'il prédroit sur le Duché, qui sont en tout six mille Florins, dont le pere de-

M ij

uoit iouyr annuellement, & le fils du reste, auec ce qu'il seroit institué gouuerneur de Bourgogne, auec les gages accoustumez. Philippes de Comines qui a escrit ceste histoire, fut deputé auec d'autres Seigneurs, pour faire sçauoir à Adolphe le fils, ce qu'en auoit déterminé le Duc de Bourgogne. Mais le fils, mal conseillé dict, qu'il n'accepteroit nullement les conditions, & qu'il aymeroit mieux ietter son pere dans vn puits, la teste deuant, & luy apres : & pour ses raisons disoit, que son pere auoit esté vingt quatre ans Duc, & qu'il estoit bien temps qu'il le fust, mais que volótiers luy donneroit trois mille Florins par an, à condition qu'il n'entreroit, ny sa femme, par cy apres, audit Duché, ou qu'il le mettroit en lieu si asseuré, que iamais il n'en bougeroit, & qu'il seroit impossible de iamais l'é pouuoir sortir. Ces choses se traittoient ainsi, comme ceux d'Amiés, & autres villes assises sur la riuiere de Sōme se reuolterēt de l'obeyssance du Duc de Bourgogne : car l'argent de l'hipotheque sur lesdites places auoit esté consigné par le Roy Louys vnziesme, qui ne le voulust prendre, mais taschoit tousiours de garder icelles, cōme à luy necessaires. Le Duc de Bourgogne, estant aduerty de la reuolte desdites villes, estant pour lors à Dorlans, se retira à Hedin, & commanda qu'on print garde à Adolphe : parquoy luy furent incontinent ordonnez gens pour le garder. Et du depuis, le Duc de Bourgogne estāt occupé à ses affaires, oublia cest accord : ce que ne fit pas le ieune Gueldrois, car il laissa son habit d'Allemand, & en print vn à la Françoise, & s'enfuit luy deuxiesme seulement, pour se retirer en son pays. Mais comme il luy conuient passer vn port pres de Namur, il paya vn Florin pour son passage, vn prestre le voyant, se douta que ce fut luy, & le demāda au Nautonnier: & l'ayant derechef auisé de plus pres, le recognut: & fut mené prisonnier au chasteau de Namur, ou il demeura iusques au trespas du Duc de Bourgogne, endurant beaucoup d'ignominies. Le pere mourut vn an apres que le fils fut mis prisonnier, & fit le Duc de Bourgogne son heritier, en desheritant son fils. Les Gantois touchez de mesme vice, se reuolterent apres la mort dudit Duc de Bourgogne, contre son heritiere Marie leur Dame, & ietterent ce ieune enfant ingrat hors des prisons, & l'instituerent leur chef. Mais il ne tarda guiere qu'il ne fut tué, deuant la ville de Tournay, mal accompagné, ou

Dieu accomplit sa parolle, disant. Les desobeissans aux parens, ne paracheueront la moitié de leurs ans. Et voyla la fin de ce meschant garniment, qui a vescu miserable depuis la persecution de son pere, & finit sa vie malheureusement, ne laissant heritier de ses grands biés, que celle qui luy estoit capitalle ennemie : car depuis ceux de la maison de Bourgogne ont iouy par long temps, de ce Duché de Gueldres.

DE BVTES, LIEVTE-
nants du Roy de Perse.

Cimon, Capitaine general des Atheniens, accompagné des Grecs alliez, & confederez, qui s'estoient retirez par deuers luy, fut aduerty comme quelques Persiens gds personnages, & parens du Roy mesme, qui tenoient la ville d'Ejone, assise sur la riuiere de Strymon au pays de la Thrace, faisoient beaucoup d'ennuy & de dommage aux Grecs habitant à l'enuiron. S'y monta sur mer auec son armee, & s'en alla, où d'arriuee il vainquit & deffit les Persiēs en bataille, & les ayant deffaicts, chassa le demeurant iusques dedās la ville, puis alla courrir sus aux Thraciēs qui habitēt de là la riuiere de Strimon, qui fournissiēt des viures à ceux d'Ejone, & leur ayāt faict abandonner le pays, le tint & le garda tout entierement: au moyē dequoy il rangea les assiegez à telle necessité, que Butés Lieutenant pour le Roy de Perse, desesperant de ses affaires mit le feu dedans la ville, & se brusla luy mesme auec ses amis & ses biens. Aussi les Grecs en memoire de ceste deffaicte, engrauerent vne incription sur vne colomne, dont la substance est telle :

Bien furēt gens de magnanime race,
Ceux qui dedans Ejone, la seante,
Le loing des eaux de Strymon en la
   Thrace,
Feirent souffrir famine noircissante,
Aux fiers Medois, & par force effroy-
   ante,
De Mars sanglant, aussi les desconfi-
   rent,
Par tant de fois, qu'à la fin concluan-
   te,
En desespoir eux mesmes se deffirent.

Il ne fut pas faict grand butin à la prise de ceste ville, à cause que les Perses bruslerent quant & quāt eux le plus beau & le meilleur qui y fut. Cimon conquit le pays d'alentour, & y feit peupler & habiter les Atheniens, lesquels furēt bien ayse d'habiter vn pays si fertille, au prix du terroir d'Attique.

M v

D'AMPHICRATES, ORAteur Athenien.

Amphicrates Orateur, natif de la ville d'Athenes, fut banny de son pays, & s'enfuit en la ville de Selencie, celle qui est assise sur la riuiere du Tygre, & les habitans de la ville le priant d'enseigner l'art d'eloquêce en leur païs, il ne daigna, ains leur respondit presomptueusement que le plat estoit trop petit pour tenir vn Dauphin, comme s'il eust voulu dire, que c'estoit trop peu de chose de leur ville pour l'arrester. De là il se retira deuers Cleopatra fille de Mithridates Roy de Pont, & femme de Tigranes Roy d'Armenie, là où il fut bien tost soupçonné & deferé, tellement qu'il luy fut deffendu de plus hanter ny conuerser auec les Grecs, dont il eust si grand regret, que luy mesme se fit mourir à faute de manger. Et fut honnorablemẽt inhumé par la royne Cleopatra, auprés d'vn lieu qui s'appelloit Sapha, comme l'on dict en ce pays là.

DE METRODORVS.

Mithridates Roy de Pont, au commencement de la guerre qu'il eust contre les Romains, enuoya Metrodorus le Spesien, homme de grand sçauoir, Ambassadeur deuers Tigranes, luy requerir secours, & Tigranes demãda audit Ambassadeur. Mais toy mesme, Metrodorus, que m'en conseillerois tu ? Metrodorus, soit qu'il regardast au proffit de Tigranes, ou qu'il ne voulut point que Mithridates eschappast, luy respõdit, Ie te conseilleroys, SIRE, comme Ambassadeur que tu le fisse: mais comme conseiller que tu ne le fisse point. Tigranes en fit le recit à Mithridates, lors qu'il estoit refugié en son Royaume, pensant que pour cela il ne deut point faire de desplaisir en sa personne, mais au contraire il fut incontinent mis à mort par Mithridates, dequoy Tigranes fut bien marry, de l'auoir ainsi trahy, parquoy en recompense il fit ensepulturer son corps magnifiquement.

DE BERENICE, FEMme de Mithridates, Roy de Pont.

Mithridates Roy de Pont, ayant pris la fuitte, Lucullus Consul Romain, prit la ville de Cabira & plusieurs autres chasteaux & fortes places, là où il trouua de grands thresors, & les prisons plaines de pauures prisonniers

Grecs, & de plusieurs Princes parens du Roy mesme, qui se tenoiēt pour morts long temps y auoit, & lors se voyans deliurez de ceste miserable captiuité, par la grace de Lucullus, ne penserent pas estre tirez de prison, mais estre resuscitez & retournez en vne seconde vie. La fut aussi l'vne des sœurs de Mithridates, nommée Nissa à qui la prise fut salutaire, là où les autres sœurs & femmes de Mithridates, qu'on pensoit auoir reculees plus loing du danger, & mises en pays de plus grande seureté, pres la ville de Pharnacie moururent piteusement & miserablement: car Mithridates envoya devers elles vn de ses valets de chambre nōmé Bachilides, leur porter nouuelles qu'il leur conuenoit à toutes mourir. Il y auoit entre plusieurs autres Dames deux sœurs du Roy, Rosane, & Statira, qui auoient bié quarente ans chacune, & toutefois n'auoient iamais esté mariees, & deux de ses femmes espousees, toutes deux du pays d'Ionie, l'vne appellee Berenice, natiue de la ville de Chio, & l'autre de la ville de Milet. Ceste cy estoit fort renommee entre les Grecs, pource que quelques solicitations que luy sçeut faire le Roy en estant amoureux, & qu'il luy eust enuoyé quinze mille escus contant pour vn coup, iamais ne voulut entendre à toutes ses poursuites, iusques à ce qu'il y eust accord de mariage passé entre eux, qu'il luy eust enuoyé le Diademe, ou bandeau royal, & qu'il l'eust appellee Royne. La pauure Dame tout le temps auparauant depuis que le Roy barbare l'eust espousee auoit vescu en grande desplaisance, ne faisant autre chose que deplorer la malheureuse beauté de son corps, laquelle au lieu d'vn mary luy auoit donné vn maistre, & au lieu de compagnie conjugale, que doit auoir vne Dame d'honneur, luy auoit baillé vne garde & garnison d'hōmes barbares, qui la tenoient comme prisonniere, loing du doux pays de la Grece, en lieu ou elle n'auoit qu'vn songe & vmbre de biens qu'elle auoit esperez, & au contraire auoit reallement perdu les veritables, dont parauant elle iouyssoit au pays de sa naissance, & quand le Bachilides fut arriué deuers elles, & leur eust faict commandement de par le Roy, qu'elles eussent à eslire la maniere de mourir, qui leur sembleroit à chacune plus aisee & moins douloureuse, elle s'arracha d'alentour de la teste son bandeau royal, & le noüant à l'entour du col s'en pendit, mais le bandeau ne fut pas assez fort, & se rompit incontinent, & lors elle se print à dire, ô maudit & malheureux tissu, ne me seruiras tu point au moins à ce triste seruice : en disant ces paroles elle cracha côtre la terre, & se iettant dessus, tendit la gorge à Bachilides pour la luy coupper. L'autre Royne secôde fême de Mithridates, print vne coupe plaine de poison, sa mere presente, qui la pria de luy en bailler la moitié : ce qu'elle fit, & le beurent toutes deux ensemble. Si fut la force du poison assez violente, pour esteindre la mere qui estoit affoiblie de vieillesse, mais elle n'eust pas l'efficace de suffoquer si promptemét la fille pource qu'elle n'en auoit pas pris la quantité qui luy en falloit, ains tira longuement aux traits de la mort iusques à ce que Bachilides la hastant d'acheuer, elle mesme finalement s'estouffa. Quand aux deux sœurs qui n'estoient point mariees, on dict que l'vne beut auſſi du poiſon, en maudiſſant & deteſtant fort la cruauté de ſon frere, mais que Statira ne dict iamais mauuaiſe parole, ny qui ſentit ſon cœur failly, ou ayant regret à mourir, ains au contraire loüa & remercia ſon frere de ce que ce voyant en danger de ſa perſonne, il ne les auoit point oubliees, ains auoit eu le ſoin de les faire mourir, auant qu'elles tōbaſſent eſclaues entre les mains des ennemis. Auſſi quelque temps apres Mithridates ſe deffit luy meſme, afin de ne tomber vif entre les mains des Romains. Ce fut luy qui inuenta le Mithridat. Il parloit de 22. ſortes de langues.

DEGEE ROY D'ANGLEterre.

Theſee partāt de l'Iſle de Cādie vint deſcendre en celle

de Delos, où il sacrifia au temple d'Appollon, & y donna vne petite image de Venus, qu'il auoit euë d'Ariadne, fille du Roy Minos: puis auec les autres ieunes garçõs (qu'il auoit deliurez de la gueule du Minataure) dança vne maniere de dance, que les Deliens garderent fort long temps, comme l'on dict: en laquelle y auoit plusieurs tours & retours, a l'imitation du tournoyement du Labirynthe: & appelloient les Ieliens ceste sorte de bransle, la Gruë, ainsi que dict Dicœrchus, & la dança Thesee premieremẽt à l'entour de l'autel qui s'appelloit Ceraton, c'est a dire fait de cornes, pour autant qu'il est composé de cornes seulemẽt toutes du costé gauche, si bien entrelassees ensemble, sans autre liaisõ, qu'elles font vn autel. On dict aussi qu'il fein en ceste mesme isle de Delos, vn ieu de pris auquel fut premieremēt donné au vainqueur la branche de palme, pour loyer de la victoire: mais quand ils approcherent de la coste d'Attique ils furent tant espris de ioye luy & son pilote, qu'ils oublierent de mettre au vent la voile blāche par laquelle ils deuoient donner le signe de leur salut à Egee Roy d'Athenes, lequel voyant de loing la voile noire, & n'esperant plus de voir iamais son fils Thesee, en eut si grand regret, qu'il se precipita du haut en bas d'vn rocher, & se tua. Plusieurs Atheniens l'amenterent amerement la mort inopinee de leur Roy: mais aussi en recompence, plusieurs receurent à grand ioye Thesee, & le voulurent couronner de chapeaux de fleurs, pour leur auoir apporté de si bonnes nouuelles, que les enfans de la ville estoient retournez à sauueté.

D'ACRON ROY DES
Cenniniens.

ACron Roy de Cenniniens, homme courageux bien entendu au faict de la guerre, qui auoit eu suspectes les hardies entreprises de Romulus fondateur de la ville de Rome voyant le rauissement des filles Sabines, estoit qu'il deuoit estre redoutable a tous ces voisins & nō tolerable s'il n'estoit chastié. Si commencea le premier à l'y faire la guerre auec puissante armee. Romulus de l'autre costé luy alla aussi à l'encontre. Quand ils furēt si pres l'vn de l'autre qu'ils se peurent entreuoir, ils se défierent l'vn l'autre à combatre homme à homme, au milieu de leurs deux armees, sans qu'elles se bougeassent. Et Romulus faisant sa

des Hom. Illustres. 365

priere a Iupiter, luy promit & voua, qui luy feroit offrande des armes de son ennemy, s'il luy dônoit la grace de le deffaire. Côme il feit: car il le tua sur le champ: puis donna la bataille à ses gens, qu'il rompit, & apres tout, prit sa ville: la ou il ny fit mal ne d'esplaisir quelconque a ceux qu'il trouua dedans, sinon qu'il leur commanda de destruire & desmolir leurs maisons, & s'en aller auec luy habiter à Rome, la ou ils auroient tous mesmes droits, & mesmes priuileges que les premiers habitans. Il n'y a rien qui ait plus augmenté la ville de Rome, que ceste façô de ioindre & incorporer toujours auec soy ceux qu'elle auoit vaincus. Et Romulus voulant s'aquitter de son vœu, voua en forme de trophee les armes du Roy Acron, à Iupiter Feretrien, pource que ce nom Latin *Ferire*, signise frapper & tuer. Quelque temps auparauant Romulus auoit tué so frere Remus, parce que Romulus faisant des fossez à l'entour de Rome, ou comme dit Plutarque la voulant enfermer de murailles, Remus vouloit empescher l'œuure & s'en mocquoit.

DE CORIOLANVS CAPItaine Romain.

Gaius Martius Coriolanus, Capitaine Romain, pour quelque discord s'en alla de la ville de Rome, & delibera de se venger des Romains. Il se retira vers Tullus Aufidius, chef des Volsques, qui luy fit tres bon racueil. Alors les Volsques ayans Martius auec eux deliberent de faire la guerre aux Romains, & créerent Martius chef de leur armee, auec laquelle il fit de signalez esploits, & fut plus redouté que iamais Tellement q̃ les Romains furẽt d'aduis de le r'appeller, & à cet effect Ambassadeurs furent d'espechez vers luy lesquels il r'enuoya auec vne aigre responce. Et les Volsques ayant veu ces Ambassadeurs Parlementer auec Martius, se douterẽt de quelque trahison : mais Martius pour les asseurer, retourna assieger Rome, & mit la ville en vn merueilleux effroy, incontinent, Volumnia, & Virgilia, mere & fẽme de Martius, estans sollicitees par toutes les Dames Romaines, allerent au camp pour obtenir la paix de Martius, lequel les receut gratieusement, & Volumnia mere de Martius, fit deuant luy vne harangue, ou elle vainquit si bien son courage, que Martius leua son camp de deuant Rome. Finablement Tullus Aufidius ambitieux, accusa faussement Matrius, au conseil des Volsques, lequel voulant rendre conte deuant le peuple de ses actions passees, fut tué par Tullus & ses assosiez sur la place: mais le peuple ne voulant estre ingrat à vn si homme de bien, le firent enterrer & ensepulturer magnifiquement & honnorablement. Tost apres par punition Diuine Tullus Ausidius fut occis en vne bataille, & les Volsques furent desconfits & subjuguez par les Romains.

DE TIMOPHANES, CApitaine de Corynthe.

Timophanes Capitaine Corinthien, fils de Timodemus, & de Demarete & frere de Timoleō, ayant mis en oubly tout deuoir de toute iustice, essaya incontinent & executa tous les moyens, par lesquels il pensa pouuoir paruenir, à se faire se faire entieremêt Seigneur de la ville: & ayāt faict mourir plusieurs des principaux bourgeois, sans y garder aucune forme de iustice ny de procez, se declara finalement tout descouuert tyran. Dequoy Tymoleon son frere fut fort desplaisant en son cœur, reputant la meschāceté de son frere estre malheur & infortune pour luy: si tascha premierement à le reduire par bonnes paroles, en le priant & admonestant qu'il ostat ce furieux appetit de dominer, & ceste malheureuse conuoitise de regner qu'il auoit, & qu'il cherchast les moyens de rabiller & amender les fautes qu'il auoit faites à ces Citoyens. Timophanes reietta bien arriere ces remonstrances, & n'en fit aucun conte: parquoy Tymoleon s'accompagna adonc de l'vn de ses alliez, qui auoit nom Aeschilus, & estoit propre frere de la femme de Timophanes, & d'vn Deuin que l'hiſtorien Theopompus, appelle Satyrus, & Ephorus le nomme Onthagorax, auec leſquels quelques iours apres il s'en retourna vne autrefois deuers ſon frere, & ſe mettans tous apres luy, le ſupplierôt à grande inſtăce de vouloir à tout le moins encores croire leur conſeil, & ſe deporter de la tyrannie : Timophanes du commencement ne ſe fit que rire & moquer de leurs remonſtrăces : mais puis apres il monta en colere, & ſe courouça à bõ eſcient à eux. Quoy voyant Timoleon ſe retira vn peu à l'eſcart, & ſe couurant le viſage ſe print à plorer, & cependant les deux autres deſgainans leurs eſpees occirent Timophanes en la place. Ce faiɛt les gẽs de bien loüerẽt grandemẽt la magnanimité de Timoleon.

DE THESEVS, ROY d'Athenes.

THeseus Roy d'Athenes, estát banny par l'ingratitude de ses Citoyens, monta en mer, & s'en alla en l'Isle de Sciros, là où il auoit des biens, & y pensoit auoir aussi des amis. Licomedes estoit pour lors roy de l'Isle, auquel Theseus demanda ses terres, comme ayant intention de si habituer, combien que les autres disent qu'il le requist de luy donner ayde contre les Atheniēs, Licomedes fut, ou pource qu'il redoutast la renōmee d'vn si grand personnage, ou pource qu'il voulut gratifier à Menesthés, le mena sur des hauts rochers, feignant que c'estoit pour luy monstrer de là ses terres : mais quand il y fut, il le precipita du haut en bas, & le fit ainsi malheureusement mourir. Toutefois les autres disent qu'il tomba de luy mesme par cas fortuit, en se proumenant vn iour apres soupper, ainsi qu'il auoit accoustumé. Il ny eust personne qui fit sur l'heure poursuitte de ceste mort, ains demeura Menesthens paisible Roy d'Athenes: & les enfans de Theseus, comme personnes priuees, seruirent Elphenor en la guerre de Troye: mais apres la mort de Menesthens, les enfãs de Theseus retournerẽt à Athenes, où ils recouurerẽt le Royaume: Et depuis il y a eu beaucoup d'occasions qui ont esmeu les Atheniens à le reuerer & honnorer comme demy Dieu : car en la bataille de Marathon, plusieurs penserent voir son image en armes, combattant contre les barbares : & depuis les guerres Medoises, l'annee que Pheyon fut preuost à Athenes, la religieuse

Pithia, fit enſepulturer les os de Theſeus.

D'ALCIBIADES, CAPI-
taine d'Athenes.

Iſander Capitaine Lacedemonien, ayãt prit la ville d'Athenes, pourſuiuit Alcibiades iuſques en la Bithinie. Il euſt commandement de faire mourir Alcibiades, ayant donc Liſander ce commandement, il enuoya, pour auoir moyen de l'executer, deuers Pharnabazus, lequel en bailla la commiſsion à ſon frere nommé Magens, & à Suſamitre ſon oncle. Or eſtoit pour lors Alcibiades en vn certain bourg de la Phrigie, ayant auec luy vne ſienne concubine, qui s'appelloit Timandra. Si luy fut aduis vne nuict en dormãt, qu'il auoit veſtu la robbe de ceſte ſienne concubine, & qu'elle ſe tenant entre ses bras luy accoustroit la teste, le peignoit, & luy fardoit le visage, comme s'il eust esté femme. Les autres disent qui luy fut aduis, que Magens luy couppoit la teste, & faisoit brusler son corps: & dict on que ce fut bien peu de temps auãt sa mort qu'il eust ceste vision. Ceux qui y furẽt enuoyez pour le tuer, n'eurent pas la hardiesse d'entrer dedãs la maison ou il estoit, ains meirent le feu tout à l'entour, & luy soudain qu'il en ouyt le bruict, assembla ce qu'il peut de vestemens, tapisseries, & autres draps, qu'il ietta dessus le feu pour le cuider estouffer: & entortillant son manteau à l'entour de son bras gauche, prit son espee nuë en la main droicte, & se ietta hors de la maison, sans que le feu luy fit aucun mal, sinon qu'il luy brusla vn peu de ses habillemens. Les Barbares aussi tost qu'ils l'apperceurent en arriere, s'escarterent, & ny en eust pas vn qui l'osast attendre ny le ioindre pour le cõbattre: mais luy tirerent tant de coups de dards & de traicts, qu'ils le tuerent en la place.

DE TATIVS, COMPA-
gnon de Romulus.

TAtius compagnon de Romulus au gouuernemẽt des Romains, ayãs regné cinq ans, aucuns de ses parens & amis rencontrerẽt d'auanture en leur chemin quelques Ambassadeurs venans de la ville de Laurentum à Rome, sur lesquels ils se ruerent, & tascherẽt à leur oster leur argent: & pource que les Ambassadeurs ne leur voulurent pas bailler, ains se meirent en deffence, ils les tuerent. Ce vilain cas ayant esté ainsi commis, Romulus estoit d'aduis, que l'on en devoit faire sur le champ punition exemplaire : mais Tatius le remettoit de iour à autre, & luy vsoit tousiours de quelque deffaicte : ce qui seul fut cause qu'ils entrerent en dissention l'vn contre l'autre, car au demeurant ils s'estoient tousiours comportez le plus honnestemēt qu'il estoit possible l'vn enuers l'autre, en conduisant & gouuernants toutes choses ensemble d'vn commun accord & consentement. Mais les parens de ceux qui auoient esté occis, voyans qu'ils ne pouuoient auoir Iustice à cause de Tatius, l'espierēt vn iour comme il s'acrifioit en la ville de Lauinium, auec Romulus, & le tuerent, sans rien demander à Romulus : ains le loüerent comme Prince iuste & droicturier. Romulus fit bien emporter le corps de Tatius, l'inhuma fort honnorablement au mont Auentin, environ l'endroit qui s'apelloit du temps de Plutarque Armilustrium : mais au reste il ne monstra aucun semblant de vouloir vẽger sa mort. Il y a quelques historiens qui escriuent, que ceux de la ville de Laurentum effroyez de ce meurtre, luy liurerent ceux qui l'auoyent commis, mais que Romulus les laissa aller, disant qu'vn meurtre auoit esté iustement vengé par vn autre.

DE MINDARE, ADMIral du Roy de Perse.

ALcibiades Capitaine general des Atheniens, mena vne flotte de vaisseaux deuant le port de Cyzique, pour attirer au combat Mindare Admiral du Roy de Perse, & Pharnabaze son Lieutenant. Or Alcibiades pour attrapper ses ennemis, fit demeurer la

N v

pluſpart de ces vaiſſeaux derriere, & luy auec quarante vaiſſeaux alla paroiſtre deuant les ennemis, leſquels penſans qu'il ny euſt de vaiſſeaux, que ce qu'ils voyoient, voguerent à l'encontre, & taſcherẽt incontinent à les inueſtir & combatre: mais ils ne furẽt pas pluſtoſt attachez, que ceux qui eſtoient demeurez derierre arriuerent, dont les ennemis s'effroyerent de ſorte, qu'ils ſe tournerent incontinent en fuitte, & Alcibiades ſe iettant hors de toute ſa flotte, auec vingt des meilleures galeres qu'il euſt, pourſuiuit les fuyars iuſques à la coſte, ou il deſcendit encore à terre, & chaſſa ſi viuement & de ſi pres ceux qui eſtoient ſortis des galleres, pour ſe cuider ſauuer de viteſſe, qu'il en tua ſur le chāp vn grand nombre. Et qui plus eſt Mindare, & Pharnabaze, eſtans ſortis de la ville pour ſecourir leurs gens, y les rompit encores tous deux, & y fut Mindare occis sur le champ en combattant fort vertueusemēt, mais Pharnabaze s'enfuyt. Et les Atheniens demeurerēt paisibles possesseurs de la ville de Cyzique, & de la plus part des meilleures villes du pays de l'Hellespont. En ceste annee le vingt quatriesme iour de Ianuier, Philippes Roy de Macedoine, pere d'Alexandre le Grand, fut tué par vn ieune homme nommé Pausanias, qu'iceluy Roy auoit desdaigné de venger de l'iniure, insupportable qui luy auoit esté faicte, voyez Aulugelle, & l'historien Quinte-Curce.

D'ALEXANDRE TYRAN de Pheree.

PElopidas ayant instruit Thebe femme d'Alexandre tyran de Pheree, qu'elle ne deuoit point craindre l'aparance exterieure, ny la puissance de la tyrannie encore quelle fust entre des Satalites armez, parmy des bannis, que le tyrā entretenoit pour sa garde, d'autre costé elle craignant sa cruelle desloyauté conspira sa mort auec ses freres, qui estoient trois Tisiphonus, Pytholaus, & Licophron, elle executa sa conspiratiō en ceste sorte, tout le demeurant du palais ou se tenoit le tyrā estoit plain de gardes & de soldats, qui faisoient le guet toute la nuict aupres de sa personne: mais la chambre ou ils auoient accoustumé de coucher estoit au plus haut estage: à la porte de laquelle il y auoit vn chien attaché qui faifoit le guet, & estoit terrible a tout le monde, ne cognoiſſât perſonne qu'eux deux & vn valet qui luy donnoit à manger. quand donc elle voulut mettre la main a l'œuure pour mettre à execuſió ſon deſſein, elle tint tout vn iour ſes freres enfermez dans vne chambre aſſez pres de la leur, & puis la nuict venuë s'en alla ſeule comme elle auoit accouſtumé en la chambre d'Alexandre, qui dormoit deſia, & bien toſt apres en ſortit, commandant au valet qu'il emmenaſt le chien, quelque part arriere de là, pource que ſon mary vouloit repoſer à ſon ayſe & ſans bruict. On montoit en ceſte châbre par vne eſchelle ſeulement laquelle elle deuala: & de peur que ſes freres en montant ne feiſſent bruict, elle la couurit & fourra de laine premier que la deualer. Les ayant ainsi tiré a mont auec leurs espees, & mis deuant la porte, elle rentra en la chambre la premiere, & osta l'espee du tyran qui estoit attachee au dessus de son cheuet, qu'elle leur montra ayant pris ce signe auec eux, pour leur donner à entendre quand il seroit espris de sommeil, & qu'il dormiroit, les ieunes hommes se trouuerent estonnez, & resisterent vn petit quand ce vint au faict & au prendre, dont elle se courouça aigrement à eux, en les appellant hommes lasches attendu que le cœur leur falloit ainsi au besoin : & quand & quand leur iura en cholere, quelle mesme iroit esueiller le tyran, & luy descouuriroit toute la coniuration : tellement qu'en partie de honte & partie de crainte, elle les contraignit d'entrer & approcher du lict, tenant elle mesme la lampe pour leur esclairer : & puis l'vn deux le prit par les pieds, & les luy serra estroictement : l'autre luy renuersa la teste en arriere, en le tenant par les cheueux : & le troisiesme le tua a coups d'espee. Ainsi mourut il plus soudainemẽt, qu'il ne deuoit : mais au demeurãt il fut tué ainsi comme ces meschãcetez l'auoient merité : car ça esté le premier tyrã occis par la conspiration de sa femme : & aussi pour les outrages qu'on fit à son corps apres l'auoir bien trainé par toute la ville, & foullé aux pieds, le ietterent a la fin, & l'abandonnerent à manger aux chiens.

DE PHILOPOEMEM.

Dinocrates tyran des Messeniens, prit en bataille Philopoemem, capitaine general des

Achaiens. Et le fit porter en vn certain caueau deſſous terre, qu'ils appelloient le Threſor, lequel n'auoit air ny lumiere dehors aucunement, ny n'auoit porte pour entrer ne ſortir ſinó vne groſſe pierre dont on bouſchoit l'entree, ils le deuallerent la dedans, & puis refermerẽt le paſſage auec la pierre, & meirent des hommes à l'entour pour le garder. Or Dinocrates ne craignoit rien plus que le delay du temps, pource qu'il ſe doubtoit bien que c'eſtoit ce qui ſeul pourroit ſauuer la vie à Philophoemẽ. Parquoy pour prenenir aux prouiſions que les Alhayens y pourroient dõner, quand la nuiɕt fut venuë, & q̃ tout le peuple Meſſenien ſe fuſt retiré, il fit ouurir le caueau & fit deualer l'executer de haute iuſtice, auec vn breuuage de poiſon pour luy preſenter, luy commandant de ne partir d'aupres de luy, qu'il ne l'eust beu. Or estoit Philopoemē lors que l'executeur entra, couché sur vn petit māteau, nō qu'il eut enuie de dormir, mais bien le cœur serré de douleur, & l'entendement troublé d'ennuy. Quand il veit de la lumiere, & cest homme aupres de luy, tenant en sa main vn gobelet, ou estoit le breuuage du poison, il se leua en son seant, mais ce fut à grand peine, tant il estoit foible, & prenant le gobelet, demanda à l'executeur s'il auoit rien ouy dire des cheualiers qui estoient venus auec luy à la bataille, principallement de Lycortas. L'executeur luy fit responce, que la plusparr s'estoient sauuez. Adonc il fit vn peu de signe de la teste seulement, & en le regardant d'vn bon visage luy dict, il va bien puis que nous n'auōs pas esté malheureux, en tout & par tout: & sans iamais ietter autre voix, ny dire autre parole, il beut tout le poison, & puis se recoucha cóme deuant: nature ne fit pas grande resistance au poison, tant son corps estoit debille, ains en fut incontinant estouffé & esteint. La nouuelle de ceste mort alla par toutes les villes d'Achaie, lesquelles vniuersellement en eurent gråd regret, & en porterent grand dueil: mais aussi tost tous les ieunes hommes & conseillers de chacune ville, s'assemblérent en la ville de Megalopolis, ou ils conclurent & arresterent, que sans aucun delay il falloit venger ceste mort. Pourquoy ils esleurent Lycortas pour leur Capitaine, soubs la conduite duquel ils entrerent en armes dans le pays des Messeniens, ou ils meirét tout à feu & à sang; de sorte que les Messeniens, effroyez de ceste fureur, se rendirent, & receurent d'vn commun accord les Achayés en leur ville : mais Dinocrates ne leur donna pas le loisir de se faire mourir par iustice, car il se deffit luy mesme, & tous ceux qui auoiēt esté d'aduis qu'il falloit faire mourir Philopœmem, se deffeirēt ainsi ceux mesmes : mais ceux qui auoiēt dict, qu'il luy falloit donner la gehenne, Lycortas les fit tous prendre, pour les faire mourir en diuers tourmens. Ce faict ils bruslerent le corps, & meirent les cendres dans vn vase, puis apres l'inhumerent en la ville de Megalopolis, ou les Citoyens firent de grandes lamentations, ils assōmerent les prisonniers de Messine, à coups de pierres à l'ētour de son sepulchre.

DE SILLA, CONSVL
Romain.

SIlla Consul Romain, auoit continuellement chez soy des menestriers & batelleurs, & comme

aussi des farceurs & plaisans, chan-
tres, & Musiciens, auec lesquels
beuuoit & yurognoit, sur des petits licts bas tout le long du iour,
car ceux qui lors auoient plus de
credit aupres de luy, estoient vn
Roscius ioüeur de farces, vn Sore[x]
maistre bouffon, & vn Metrobi[us]
chantre, duquel il fut tousiou[rs]
tant qu'il vescut, amoureux & n[e]
le dissimuloit pas, (encores qu'[il]
fut hors d'aage) d'aymer ceste vi[e]
dissoluë, qui fut cause de luy fair[e]
venir vne apostume dans le corp[s]
laquelle par succession de temp[s]
vint à corrompre sa chair, de sort[e]
qu'elle la tourna toute en poux,
tellement que combien qu'il y eu[t]
plusieurs personnes apres à l'es-
poüiller iour & nuict, ce n'estoi[t]
encore rien de ce qu'on en ostoit,
au prix de ce qui reuenoit, & n'y
auoit vestement, linge, bain, l'aua-
toire, ny viande mesme, qui ne fu[t]

des Hom. Illustres. 389

incontinent remplie du flux de ceste ordure & vilennie, tant il en sortoit: car il entroit plusieurs fois le iour dans le bain, pour se lauer & nettoyer: mais tout cela ne seruoit de rien, car la mutation de sa chair en ceste pourriture, le gaignoit incontinent de vitesse, & ny auoit moyen qui peut suffire à si grande quantité. Tellement que ne pouuant plus subsister, il mourut tout mangé & pourry de ceste vermine. L'on dict que iamais entre les plus anciens hommes, dont il soit memoire Acastus, fils de Pelias mourut de ceste maladie de poux, & long têps depuis le Poëte Aliman, & Pherecides le Theologien, aussi fit Calisthenes Olinthien, estant detenu en prison, & Mutius homme sçauant és loix, & s'il faut faire mention de ceux qui sont renommez, encore que ce ne soit pour nulle cause bonne, on trouue qu'vn serf fugitif nommé Eunus, celuy qui suscita le premier la guerre des serfs en la Sicille, ayãt esté pris & mené à Rome, mourut aussi de ceste mesme maladie. Au demeurant Silla deux iours auant qu'il mourut, accheua descrire le 22. liure de ses commentaires, auquel liure il dict, que les Deuins de Chaldee luy auoiẽt predit, qu'il falloit apres auoir honnorablement vescu, qu'il decedast en la fleur de ses prosperitez.

D'ICETES.

Timoleon Capitaine des Corinthiens menant son armee deuant la ville des Leontius y prit Icetes, tyran d'icelle, auec son fils Eupolemus, & le general de sa cheualerie, qui luy furent liurez entre les mains par ses soldats. Ou furent Icetes, & son fils punis de mort comme traistres & tyrans, & Euthidemus, quoy qu'il fut vaillāt hōme & hardy à la guerre ne trouua non plus de misericorde, pour quelque iniurieuse parolle qu'on le chargea d'auoir dite contre les Corinthiēs. Car on dict que quād ils vindrent premierement de leur pays en la Sicille, pour y faire la guerre aux tyrans, en vne harangue qu'il fit deuant les Leontius, il dict, qu'il ne sefalloit point estonner ny effroyer, si,

*Dehors estoient femmes Corin-
thiennes.*

Voila comme la pluspart des hōmes bien souuent s'offencent, plus pour des mauuaises parolles, que pour de mauuais effets, & portent plus patiemment vn dommage, qu'ils ne font vne iniure, & pardōnent t'on aux ennemis quand ils le reuengēt de faict, commē ne pouuans faire moins. Mais les parolles iniurieuses semblāt proceder d'vne haine & d'vne malignité trop excessiue. Ce fut iceluy Icetes, qui fit noyer dedās la mer Arete femme de Dion tyran de Siracule, sa sœur Aristomache, & son fils qui estoit encores petit enfant, comme il est escrit en Plutarque en la vie de Dion, Roy de Sicille.

D'HIPPON, ET MAMERCVS.

Mamercus tyran de Catane, estant poursuiuy des Corinthiens, & ayant mauuaise esperance de son faict, s'en voulut aller en Italie pour tascher a esmouuoir les Lucaniens, contre Timoleon, & les Siracusains : mais ceux qui estoient en la compagnie retournerent auec leurs galeres emmy chemin & si tost qu'ils furēt de retour en en Sicille, liurerent la ville de Catane entre les mains de Timoleon tellement que Mamercus fut contraint se sauuer & s'enfuyr à Messine, deuers Hippon qui en estoit Roy: mais Timoleon le poursuiuit & assiegea la ville par mer & par terre: dequoy Hippon eut peur & s'en cuidant fuyr sur vn Nauire, il fut pris à la sortie: & les Messeniens l'ayant entre leurs mains, feirēt venir les enfās de l'escole au theatre, pour y voir vn des plus beaux spectacles qu'ils eussēt sceu voir, c'est à sçauoir la punition du tyran, lequel fut fouëté publiquement, & puis executé à mort. Quāt à Mamercus il se rendit luy mesme à Timoleon, pour estre iugé par les Siracusains, pourueu que Timoleon ne fut point son accusateur. Et voyant qu'on ne vouloit point ouyr sa harangue qu'il auoit de longue main composee, il se print à courir a trauers le theatre & alla donner de la teste tant qu'il peut, contre vn des degrez ou l'õ se sied au theatre, cuidant se froisser la teste pour mourir promptement: mais il n'eut pas l'heur de mourir ainsi car il fut pris estát encore vif, & puny de la sorte qu'on punissoit les brigands & larrons. Voicy comme les tyrans font ce qu'ils peuuent, pour maintenir ou pour eschapper, mais ils demeurent au piege tost ou tard.

DE PELOPIDAS, CAPItaine Thebain.

PElopidas Capitaine Thebain, ayant gaigné la Cime d'vne montagne, & regardant l'armee de ses ennemis, laquelle n'estoit point tournee en fuitte, mais brasloit desia, & estoit en grand desarroy. Il ietta sa veuë ça & là, tout à l'entour pour voir s'il apperceuroit Aleãxdre Tyrã de Pheree, & finallement le choisit parmy les autres en la pointe droicte de la bataille, qui taschoit à rallier & asseurer ses gens, & l'ayant apperceu il ne peut auec la raison maistriser sa cholere, ains s'estant son courroux enflammé pour l'auoir veu, il abandonna & sa personne & la cõduite de son entreprise à son ire, se iettant bien loing deuant, tous ses gens, en criant & appellant le tyrã au combat. Le tyran ne l'attendit pas, ny ne se presenta pas pour le combattre, ains s'enfuit cacher en la troupe de ses gardes, & quand à ses soldats, les premiers qui cuiderent faire teste à Pelopidas, furent par luy mis en pieces, & en demeurerent plusieurs morts sur le chãp: mais les autres se rallierẽt en troupe serree, & luy donnant de loing de grands coups de piques, luy faussèrent son corps de cuirasse, & le blesserēt en l'estomach, iusques à ce que les Thessaliens ayans pitié de le voir ainsi mal mener, accoururent de dessus la mōtagne, pour le secourir: mais il estoit desia mort quand ils y arriuerent, alors eux auec les gens de cheual ensemble, firent vn si grand effort, qu'ils tournerent toute la bataille des ennemis en fuitte, & les poursuiuans iusques bien loing de là, couurirēt toute la plaine de morts: car ils en tuerent plus de trois mille. Les Thebains furent fort desplaisans de la mort de leur Capitaine, particulierement son cōpagnon d'armes Epaminondas, qui fut aussi apres tué en vne rencontre, qu'il eust contre les Spartes.

DE BRIOMATVS, ROY
des Gaules.

BRiomatus Roy des Gaulois, prenant dix mille Gessates auec soy, alla courrir & piller le plat pays d'alentour de la riuiere du Po. Ce qu'entendant Marcellus Capitaine Romain, prenant quelques gens de cheual, & six cens hõmes de pied, se meit en chemin pour aller trouuer ledits Gessates, sans reposer ne iour ne nuict, iusques à ce qu'il les eust attaints, aupres d'vn bourg de la Gaule de deçà les monts, qui se nommoit Cladistion, qui de n'agueres estoit en l'obeissance des Romains. Et Briomatus l'ayant apperceu, se doubta à voir les marques & enseignes qu'il auoit, que ce deuoit estre le chef des ennemis : alors s'aduançant droict à Marcellus, en luy

criant vn deffy, & que c'estoit à
luy qu'il en vouloit, & bransloit
vne grosse iaueline de barde qu'il
tenoit en la main, comme il estoit
le plus bel homme & le plus adroit
de tous les Gaulois, ayant son harnois tout doré & argenté, & si enrichy de toutes sortes d'ouurages
& couleurs, qu'il reluisoit comme
vn esclair, parquoy Marcellus a-
yant ietté sa veuë sur toute la bataille des ennemis, & ny ayant
point apperceu de plus belles armes que celles de ce Roy, iugea
incontinent que c'estoit donc celuy, contre lequel il auoit faict sa
priere & son vœu à Iupiter. Alors
approchant luy donna vn tel coup
de iaueline, aydāt la force & la roideur de la course du cheual, qui
lay faussa sa cuirasse, & le porta par
terre, non encores mort pourtāt :
Mais il redoubla soudain deux ou
trois coups, dont il l'acheua de

tuer, puis se iettant aussi tost à bas de dessus son cheual, & en touchāt les armes du mort, leua les yeux au Ciel en disant: O Iupiter Feretrien, qui eriges les hauts faicts d'armes, te plaise nous donner parelle fortune au demeurant de ceste guerre. Les Gaulois qui estoiēt en Italie, entendans que leur Roy auoit esté tué en bataille, s'en retournerent en leur pays, & la ville de Milan fut prise, apres laquelle toutes les autres se rendirent sans se faire battre.

DE CLEOMEDES PRINce d'Astiapalee.

EN la 701. Olympiade, les iuges osterent le prix à Cleomedes Prince d'Astiapalee, parce qu'en faisant à coups de poing, il escrima si rudement qu'il assomma Icque,

Prince des Epidauriens, puis se voyans frustré de la victoire qu'il auoit esperee, en conceut tant de regret & desplaisir, que de rage il perdit le sens: & quittant les tournois s'en retourna à Astiapalee ou il fit beaucoup d'actes temeraires & plains de violence. Finalement entré en vne Eschole, il empoigna a plain bras vn pillier qui soustenoit le bastiment, lequel secoüant il rõpit par le milieu fit foudroyer dessoubs le toict iusques à soixante ieunes enfans, & trouua neantmoings le moyen deschapper puis comme la iustice le cherchoit pour le faire mourir, & ses citadins le poursuiuoient à coups de pierres, il s'enfuyt en la chappelle de Minerue, & s'enferma dedans vn sepulchre, tenant à belle mains la tombe ou couuercle d'iceluy, si fermement, qu'on ne luy peut iamais faire quitter la prise, sinõ iusques à tant qu'il se fust estouffé luy mesme.

D'OSIRIS ROY D'EGIPTE.

Osiris second fils de Cam premier Roy d'Egipte, que Moïse au 10. de Genese appelle Mesrain (côme aucuns soustiennent) trouua en Affrique l'vsage de semer le froment; puis s'en vint en Egipte, ou il inuenta la charruë, & tout ce qui appartient au labourage. De la se print a voyager par toutes contrees monstrant aux rudes gés qui pour lors ne viuoient que de glāds & autres fruictages, tout ce qui estoit de son inuention, si qu'en recompense de tel benefice ils le laisserent aisement regner sur eux, & par ce moyen se rendit Seigneur & Monarque, presque de tout le mōde, excepté de ceux qui estoient soubs l'Empire des Babiloniens. Et la ou le terroir n'estoit capable, il enseigna la façon du breuuage d'orge, qui du nom de sa sœur Cerés il nomma Ceruoise. Depuis à la requeste des peuples d'Italie, il descôfit vne armee de Geãs, qu'õ appelloit les Titãs, qui tyránisoiẽt au pays. Il tint dés lors le Royaume de Toscane, & regna sur les Italiens l'espace de dix ans, residant pour la plusparc à Viterbe, dicte pour lors *Vetulonia*, de là il passa en Grece, c'est a sçauoir au Peloponese (maintenant la Moree) & regna 35. ans en la ville d'Argos. Et finallement s'en retourna en Egipte, ou son frere Tiphon, en qui la malice de Cam estoit resuscitee l'occit en trahison, & depeça son corps en vingt cinq pieces, desquelles il enuoya a vn chacun de ses associez. Apres sa mort les Egiptiens, l'adorerent, soubs le nõ de Serapis: les Grecs de Bacchus, & autres specifiez en son lieu: les Latins du Pere Liber. Il laissa deux enfans, qui furent Cecrops Roy d'Athenes, dont cy apres sera parlé, & Triptoleme qui fut le premier qui labourra la terre vers Patrés la neufue, en la terre des Eleusiens, & monstra aussi ceste inuention aux Candiots.

D'ANCAEE ROY D'ETOLIE.

ANcaee Roy d'Etolie fut vn homme extrememenent rude austere & rebarbatif enuers ses seruiteurs domestiques: car il les faisoit trauailler iour & nuict à ces vignes. Tellement qu'vn iour l'vn d'iceux s'aduança de luy predire, qu'il n'auoit que faire de les faire fatiguer de la sorte aussi bien ne gousteroit il iamais du fruict qu'elle r'apporteroit. Mais quand elle eut cōmancé de porter, & qu'Ancaee vendanges faictes, se veid prest d'en boire du vin, il se print à baffouër son vallet, & voulut qu'il allast luy mesme tirer du vin, & luy en versast pour en boire en sa presence, & le conuaincre de mensonge. Et comme il fut prest de porter le verre à la bouche, il luy reprocha que sa parolle se trouuoit fausse & mensongere, l'autre repliqua sur le champ:

Entre le verre & la closture,
Des leures vient mainte aduenture.

Sur ces entrefaictes comme Ancaee tenoit le verre pour boire, voicy qu'on luy vint annoncer en grand haste, qu'il y auoit dedans sa vigne vn grand & espouuentable sanglier, qui y faisoit vn merueilleux rauage. Lors Ancaee quittant le hannap, empoigna vne coignee, & l'alla charger, ou il fut tué: car venant de fureur sur le sanglier, la coignee luy tomba des mains, & lors le sanglier se rua sur luy & le meit en pieces. Voyla cóme la prophetie de son seruiteur fut veritable.

DE DIOMEDE, ROY
de Thrace.

Diomede Roy de Thrace, fils de Tydee, & de Deiphile, estant au siege de Troye, sa femme Egiale, deuint esperduëment, voire si furieusement amoureuse de Cilleber, fils de Stenel, si bien que Diomede estát de retour chez soy, apres la prise & sac de Troye, trouua sa femme si bien coiffee de l'amour de ce ieune homme, que mesme peu s'en fallut qu'elle ne luy fit perdre la vie, s'estant auec peine sauué vers l'autel de Iunon Argiue. Luy voyant que tout alloit mal pour sa personne, n'ayant plus d'esperance de pouuoir viure en seureté aupres d'elle, se retira par deuers les Dauniens, peuples de la Poüille en Italie, ou pour lors regnoit Daune. Aduint en mesme temps que Daune fut assiegé par quelques siens ennemis lequel ayant nouuelles de la valeur de Diomede, & de son arriuee en Italie, enuoya au deuant de luy, le prier de le secourir en telle necessité, auec promesse de luy donner vne partie de sa prouince pour luy habituer, en recompense du bon plaisir & seruice qu'il luy feroit. A ces conditions il secourut les Dauniens, & leur fit si bien, qu'ils furent deliurez du siege, & leurs ennemis deffaicts. Puis il batit vne ville en la contree que Daune luy donna, qu'il nomma Argyrippe, ou il establit sa cour. C'est aujourd'huy Benneuent, Comté fortiche au Royaume de Naples. Car Daune desirant luy faire paroistre qu'il vouloit estre recors du bon office qu'il en auoit receu, luy fit option de choisir lequel il aymeroit mieux, ou tout le butin des ennemis, ou tout leur territoire qu'il auoit conquis. Diomede ne voulut choisir ne l'vn ne l'autre, & Daune voulant par quelque digne present recognoistre ses biēs-faicts & offices, en fit iuge Althene frere bastard de Diomede. Mais Althene aymoit Enippe fille de Daune, & taschoit par tous moyēs de gratifier à Daune, si qui luy adiugea tout le pays conquis, & tout le butin à Diomede, lequel fut si mal content de ceste sentence, qu'il requist les Dieux, que toute la semēce qu'on ietteroit sur terre tour nast à neant, & ne rendit aucun fruict, si ce n'estoit quelqu'vn de ses gens ou Citadins qui la semassent. Sa priere fut exaucee, & la terre ne r'apporta plus de fruicts, si elle en poussoit quelque peu, par la malignité de l'air ils cheoient en bas, ou ne pouuoient meurir ne venir en perfection. Le bestail mouroit emmy les champs; les animaux auortoient, Daune bien estonné de tel esclandre, envoya au conseil vers l'Oracle pour sçauoir le sujet de si grande indignation des Dieux à l'encontre de luy & de ses subjects, & qu'elle offence il auoit commise contre leurs Majestez, pour estre si griefuemēt affligé, tant en son particulier, que generallement en tout son Royaume. L'Oracle fit responce que telle calamité procedoit partie de l'imprecation de Diomede; partie de l'ire des Dieux, Daune pour l'heure dissimula son mal talent, & remit l'execution de son dessein à temps plus opportun. Quelques iours apres il dreſſa vne embuſcade à Diomede, & le ſurprenant le meit à mort, comme mal voulu & ennemy des Dieux. Aucuns diſent que Daune l'ayant tué, le fit deuorer par ſes propres cheuaux carnaſiers, qui auoient accouſtumé de manger les paſſans, & ne viuoient que de chair humaine.

D'ANACHARSE, PHIloſophe.

Lors que Ciaxare regnoit entre les Medes, & Tarquin Priſque en Rome, il fut és parties de Scithie, vn Philoſophe appellé Anacharſé, lequel eſtoit natif d'vne cité appellée Epimenide. Ciceron louë grandement la doctrine de ce Philoſophe, & dict qu'il ne ſçait qui exceda le plus en luy, ou la profonde ſcience que les Dieux luy donnerent, ou la cruelle malice par laquelle il fut persecuté par ses mal-veillans: pource, selon ce que dict Pithagoras, ceux qui sont les plus mal voulus, & requis des hommes, sont les plus aymez & bien voulus des Dieux. Ce Philosophe Anacharse, estant comme il estoit Scithe de nation, laquelle entre les Romains estoit tenuë pour barbare, il auint qu'vn Romain malicieux, voulut desplaire par paroles à ce philosophe, ce que de faict il fit. Ce Romain donc commencea à luy dire, il est impossible Anacharse, que tu sois Scithe de nation, pource que l'homme qui est de si grande eloquence, ne peut venir d'vne nation si barbare. Auquel Anacharse respondit, tu as bien dict, en ce cas, ie consens à tes paroles, jaçoit que ie n'accepte ton intention: pource que par raison tu me peux vituperer d'estre de mauuaise nation, & me loüer de bonne vie, & ie te peux par bóne raison, accuser de mauuaise vie, & de te loüer d'estre né de bonne nation, en ce cas sois iuge de tous deux, lequel de nous tiendra plus grande dignité & gloire és siecles aduenir, de toy qui n'asquis Romain, & fais vne vie barbare, ou de moy qui naquit barbare, & fay la vie d'vn Romain. Car en fin aux iardins de ceste vie, i'ayme mieux estre pomier verd & porter fruict, que d'estre Liban sec espandu parmy la terre. Apres qu'Anacharse eust esté long temps en Italie, & en Grece, estant desia deuenu vieil, il delibera de retourner en Scithie, de laquelle estoit Roy vn siē frere appellé Cabdin, lequel auoit nom de Roy, & le faict de Tyran. Comme ce bon Philosophe veit son frere exercer œuures de tyran, & voyant le Royaume tant dissolu, il proposa de conseiller son frere au mieux qu'il pour-

roit, de donner loix au peuple, &
bon ordre pour les gouuerner. Ce
que veu par les barbares, comme
qui inuentoit nouuelles polices de
viure au monde, de l'aduis de tou[s]
il fut publiquement occis.

DE GLAVQVE, PRIN-
ce d'Anthedon.

GLauque Prince d'Anthedon, fut vn tres-excellent nageur, mesmement entre deux eaux. Vn iour entre autres il se ietta dans la mer, à la veuë de ses Citadins, & nagea si long tẽps entre deux eaux que l'ayant perdu de veuë, il vint surgir en vn lieu biẽ loing du port, dõt il estoit party, apres qu'il eut là seiourné quelque tẽps, il reuint vn certain iour aborder à nage à Ha-rue d'Anthedon, en presence de beaucoup de gens, ausquels il fit accroire qu'il auoit iusques alors sejourné dessoubs l'eau. Ce miracle estoit renforcé de ce qu'en hiuer lors que les pescheurs ne prenoiēt rien à la pesche, il recouuroit à ses Citadins, tous les poissons qu'ils luy demandoient, desquels il auoit de longue main faict bonne prouision, les reseruant en vn destroit de mer, duquel il les tiroit quand bon luy sembloit. Mais comme dict le prouerbe, tant va la cruche à l'eau, que finallemēt elle se brize. Aussi Glauque estant si adonné à la nage, & allant si souuent au profōd de la mer, fut englouty par vn mōstre Marin. Ses Citoyens firent courir le bruict, qu'il estoit deuenu Dieu Marin, par le moyen d'vne herbe qu'il auoit mengée. Theophraste au 5. liure dict que Glauque, fut Roy de Beoce, & qu'Anthedon estoit la ville Capitalle de son Royaume, son pere s'appelloit Nopée, Methimeneen l'introduit parlant ainsi de soy mesme:

Pres des flots escumeux est la ville Anthedon,
vis à vis de l'Babode, & du bord Euripee,
C'est là que ie fus né: mon pere estoit Nopee.

A son aduenement à la couronne, il conquit Diee, l'vn des isles Cyclades en l'Archipel.

DE PAVL EMILLE

LA seconde guerre Punique qui fut entre Rome & Carthage, fut l'an 540. de la fondation de Rome, en laquelle furent Capitaines Paul Emille, & Puble Varron, lesquels estans consuls, donnerent la tant grande insigne, & tref-renommee bataille de Çaunes, en la

Prouince d'Apulie: Ie dy tref-renommee pource que iamais Rome ne perdit tant de Nobleſſe & ieuneſſe Romaine, comme elle perdit en ce iour. Et fit encore vne tref-grande perte, pource que l'inuincible Capitaine Romain Paulus Emillius, y fut tué apres auoir aſſuiecty toute la Grece à l'Empire Romain, ayant auſſi triomphé de Perſeus Roy de Macedoine, qui mourut en vne eſtroicte priſon en Rome. Pour retourner a noſtre propos, Puble Varron fut vaincu, & le courageux Hannibal demeura vainqueur, & victorieux du camp auquel moureurent trente Senateurs, & trois cens officiers du Senat, & bien 40. mille hommes de pied, & 3. mille de cheual. Voyez Plutarque en ſes vies des hommes Illuſtres.

D'ARCHABVT MEDECIN.

ISidore au quatriesme liure de ses Etimologies, afferme que les Romains furent quatre cens ans, sans Medecins, car Esculape fils d'Appolon, fut le dernier Medecin en Grece, & au temple d'iceluy Esculape, l'on meit la statuë d'Archabut homme tres-insigne en la Medecine: pource que les Romains estoient tant recognoissans les bontez aux personnes, quand voyant quelqu'vn lequel excedoit les autres en aucunes chose, l'on le payoit en deniers, on l'on faisoit de luy vne statuë pour memoire ou l'on le mettoit en sa liberté planiere en la republique. Et lors que le Medecin Archabut fut deuenu ancien & riche, comme par occasion d'aucunes vlceres & playes perilleuses,

rilleuses, il coupast bras & iambes aux Romains qu'il leur sembla hôme cruel & inhumain parquoy ils le tirerent hors de sa maison & le tuerent de coups de pierres, dans le champ de Mars: & de ce nul ne s'esmerueille, car souuent l'ô souffre moins de mal, en endurant la maladie que non attendre & esperer les cruels remedes, que les Chirrurgiens nous appliquēt. Aussi Rome fut heureuse du temps qu'il ny auoit point de Medecins.

DE LVCIVS.

CAjus Marius, estant venu de fort bas lieu, au maniment des affaires, par le moyen des armes, demanda l'Office d'Edilité grande, & sentant qu'il ny faisoit pas bon, au mesme iour se passa à demander & poursuiure la petite: & neantmoins encore qu'il fut debouté de toute les deux, si ne perdit il point l'esperance de se voir vn iour le premier des Romains. Il auoit vn nepueu appellé Lucius, qui au second consulat de son oncle, voulut forcer vn beau ieune fils, qui ne faisoit lors que commencer à porter les armes soubs sa charge. Ce ieune le tua tout roide, luy enfonça son poignard dans le sein: & comme plusieurs l'accuserent de ce meurtre, il confessa fraîchement qu'il auoit voyrement tué son Capitaine, & en dict & declara la cause tout publiquement. Marius, le faict entendu, se fit apporter vne des couronnes qu'on auoit accoustumé de dóner à ceux qui faisoient quelque bel acte de proüesse à la guerre, & la posa luy mesme de sa propre main, sur la teste du ieune homme.

D'HIPPONAX, POETE.

Hipponax, Poëte Iambique, fut estimé de grande laideur & difformité, parquoy Bulalus & Anthermus, Sculpteurs ou imagers, le contrefeirent, & mirēt en euidence publiquement son image, ou effigie, par maniere de moquerie, pour faire rire le pallais. Ce que le poëte eust à si grand desplaisir, & porta si indignement, & impatiemment cest ouurage, qu'il mit tout le meilleur de sō esprit, à faire des vers contre eux, auec grāde vehemence & vindicatiō, qu'il les contraignit à se pendre : tant ils trouuerent amere & poignante la force desdits vers. Quant à luy de regret & facherie qu'il eust, de se voir moqué, soubs fiction de sa statuë, se fit luy mesme vne maniere de sublimé, dont il mourut au bout d'vne heure, apres l'auoir beu. L'on dict aussi qu'il inuenta le Scazon, qui est vne espece de vers iambic, lequel fut appellé de son nom Hipponactic. Voyez Pline, liure 36. Chapitre 5. cestuy Hipponax viuoit, enuiron auant la natiuité de Iesus Christ 558.

DE TAVRVS, LIEVTE-
nant d'Auguste.

TAurus chef de l'armee d'Auguste, conquist par armes toute la Sicille, & lors Auguste tenoit quarente quatre legions de gens de guerre (la legion estoit de six mille hommes de pied, & cinq cens de cheual pour le moins) lesquels se tenans fiers & arrogans, pour la multitude, firent quelques esmotions, par conuoitises d'auoir des terres & pocessiós, mais l'Empereur Auguste se montrant d'vn grand cœur imperial, en caſſa deux cens mille, en rendit trois cens mille ſerfs à leurs maiſtres, & en fit pendre ſix mille. qui n'auoient maiſtres ny adueu, & leur chef qui eſtoit Taurus fut decapité. Ce fut enuiron l'an du monde 3932. apres la natiuité de Ieſus Chriſt 30. Voyez Suetone en la vie de l'Empereur Auguſte, Vegece, & Bude en ſon troiſieſme liure de Aſſe.

DE PERSEE, ROY DE
Macedoine.

PAul Æmille Conſul Romain, vainquit & triompha de Perſee Roy de Macedoine, & ne peut faire autre choſe pour luy, que de le faire tranſporter de la priſon publique, que les Romains appelloient *Carcer*, en vne maiſon plus nette, & plus douce & gracieuſe demeure: là où eſtant eſtroittemẽt gardé, il se fit luy mesme mourir de faim, à faute de manger, comme la plusparc des historiens l'escriuent. Toutefois il y en a quelques vns qui escriuent vne bien nouuelle & estrāge sorte de mort: car ils disent que les soldats qui le gardoient, ayant conceu quelque despit ou hayne à l'encôtre de luy, & voyans qu'ils ne luy pouuoient faire autre mal, ny autre desplaisir, l'empescherent de dormir, prenās soigneusement garde quant le sōmeil luy venoit; & le gardant de pouuoir fermer l'œil, en le côtraignant par toute voye & tout moyen de veiller & demeurer sans dormir, iusques à ce que ne pouuans plus durer en tel estat, il y mourut.

DE MARCELLVS, CON-
sul Romain.

MArcellus Consul Romain, sçachāt que Hannibal auoit gaigné la mont de Petelie, monta à cheual pour luy donner bataille, & mena quant & luy son compagnon au Consulat, Quintus Cripinius, & son fils aussi qui estoit Capitaine de mille hommes de pied, auec deux cens vingts hommes de cheual, dont ny en auoit pas vn naturel Romain, ains estoiēt tous Toscans, excepté quarante Fregelluiens, qui s'estoient dés le commencement de ceste guerre, tousiours monstrez fort fidelles & fort affectionnez enuers Marcellus: mais estant la bute couuerte d'arbres & de broffailles, les ennemis auoient mis vn homme sur la plus haute guette qui y fut, pour faire le guet & les auertir s'il verroit rien venir. Les Romains ne l'euſſent ſceu apperceuoir, & luy au cõtraire deſcouuroit iuſques dans leur cãp tout ce qui ſi faiſoit, cõme lors il aduiſa ceux qui eſtoient en embuſche de la venuë de Marcellus : & eux le laiſſerent approcher iuſques à ce qu'il fut tout contre eux puis ſoudain ſe leuerent enſemble, & enueloppãs Marcellus, cõmencerent à luy tirer des coups de traict, & de main, les vns pourſuiuans ceux qui fuyoient, & les autres combatãs ceux qui faiſoiẽt teſte, qui eſtoient les quarente Fregellaniens, qui s'eſtoient ſerrez pour deffendre les deux conſuls, iuſques à ce que Criſpinius ayant receu ſur ſon corps deux coups de Iaueline, tourna ſon cheual pour fuyr : mais il mourut toſt apres. Et Marcellus receut d'vn des ennemis vn coup de lance, ayant le fer plat à travers les flancs, dont il le perça de part en part, & mourut. Hannibal envoya son corps à Rome, où le Philosophe Posidonius luy fit ceste Epigramme au pied de sa statuë.

Amy passant, tu vois icy l'image,
De Claudius Marcellus le lignage,
Duquel estant à Rome tres-illustre,
Est esclaircy encore par son lustre,
Pource qu'il fut comme vne estoille claire,
En son pays, où le lieu consulaire,
Il tint sept fois, & à chacune fit
Des ennemis grãd meurtre qu'il deffit.

Posidonius conte les deux qu'il fut Vice Consul, pour deux Consulats entiers: mais sa posterité a continué tousiours en ce grand honneur.

P v

DE IVGVRTHA.

Marius Consul Romain, ramenant son armee de la Libie, en Italie, prit possession du Consulat le premier iour de Ianuier, auquel les Romains commécerent leur annee, & quát & quát entra en triomphe dedans la ville de Rome, monstrát aux Romains ce qu'ils n'auoient cuidé iamais voir: C'estoit Iugurtha roy de Numidie, qu'il amenoit prisónier, lequel estoit vn homme si caut, & qui sçauroit si bien s'accommoder à la fortune, & qui auoit vne astuce & finesse, le courage si grand, que personne de ses ennemis ne pésoit qu'ó le deut iamais auoir vif. Mais on dict qu'apres auoir esté mené au triomphe de Marius, il perdit l'entendement incontinent : & la pompe du triompe finie, il fut mené en prison, là où les sergens de haste qu'ils eurent d'auoir sa despouille, luy deschirerent à force toute sa robbe, & luy voulãs oster des bagues d'or qu'il auoit penduës aux oreilles, luy arracherent quant & quant le bout de l'oreille, puis le ietterent ainsi tout nud au fond d'vne fosse profonde, ayant le sens tout troublé: toutefois ainsi qu'on l'y iettoit en soufriant il dit, ô Hercules, que vos estuues sont froides, si vescut encores là six iours, combatant contre la faim, & desirant tousiours prolonger sa miserable vie, iusques à la derniere heure, qui luy fut vne punition digne des meschancetez, qu'il auoit commises en son viuant. En ce triomphe furent portees, cõme l'on dit, trois mille sept liures d'or pesant, & d'argent non monoyé sept mil sept cens septante cinq, & outre cela en or & argent mõnoyé

P vj

vingt & huict mille sept cens escus.

DE LISANDER, CAPItaine des Lacedemoniens.

Lisander Capitaine general des Lacedemoniens ayant assiegé les Thebains qui estoient dans la ville d'Arliatre, fit mettre ses troupes pres des murailles: ou lors les Thebains firent soudain ouurir les portes, & se ruans sur luy le tuerent auec son deuin, & quelques autres: pource que la pluspart se retira au fort de leur bataille toutefois les Thebains ne les laschenent point, ains les poursuiuirent si viuement & de si pres, qu'ils les meirent tous en route, & leurs firent à tous prendre la fuitte à trauers les montaignes, apres en auoir occis trois mille sur le champ: aussi il en demeura trois

eens des Thebains, qui poursuiuirent les ennemis trop asprement
iusques en lieux aspres, & forts
pour eux. Pausanias Roy de Spar-
the entendant la mort de Lisander
mena son camp dans le territoire
des Panapejens, la ou estant logé
on dict qu'il eut vn Phocien, lequel faisant le discours de la bataille a vn autre qui ne si estoit pas
trouué, dict que les ennemis les e-
stoient venus charger ainsi que
Lisander, auoit ia passé l'Oplites,
dequoy l'autre s'esmerueillant, il
y eut vn Spartiate amy de Lisander, qui luy demanda, ayant ouy
tout leur propos, que c'estoit qu'il
appelloit Oplites, & qu'il n'auoit
point ouy nommer ce mot là.
Comment, luy respondit le Phocien, si est ce que le ruisseau qui
passe aupres de la ville s'appelle O-
plites. Ce que le Spartiate ayant
entendu il se print aussi tost a plo-

rer chaudement en disant. Or il est impossible a l'homme, d'euiter sa destinee: pource que Lisander auoit eu autrefois vn oracle, dont la substance estoit telle:

Ie te conseille aller tousiours fuyant
O Lisander. Oplites le bruyant,
Et le dragon fils de la terre mere,
Qui finement te sauuera par terre.

Toutesfois il y en a qui estiment que ce ruisseau d'Oplites, n'est pas ce luy qui passoit le long des murailles d'Aliarte, ains est le torrent qui couroit aupres la ville de Coronnee, & va tomber en la riuierre de Phialarus au long de la ville: & disent qu'anciennement on l'apelloit Hopplia, mais maintenant on l'appelle Isomantus. Celuy qui tua Lisander fut vn nommé Neochorus, lequel portoit sur son escu vn dragon peint, ce que l'oracle vouloit signifier, ainsi que l'on conjecture.

DE BELAS ROY DE Hongrie.

BElas second Roy de Hongrie, estant esleu chef de l'armee Hongresque, eust les deux yeux creuez par le moyen du Roy Colloman son oncle, & estant aueugle il se retira en Grece : ou il se monstra de si bon cœur & de telle prudence, que le Roy Estienne fils du Roy Coloman le r'appella, & luy donna pour femme la fille du Côte de Seruie : auquel Estat il se maintint si sagement, & auec telle prudence, qu'apres la mort du Roy Estienne, il fut esleu pour Roy de Hongrie, nonobstãt qu'il fut aueugle, & regna neuf ans, pendant lequel temps il eust plusieurs guerres, contre Pracus bastard du Roy Coloman, lequel neantmoins il deffit, de sorte qu'il laissa le Royaume de Hõgrie, paisible à ses enfans. Mais sur tous aueugles il faut faire cas de Ciscas Boemien, lequel estant aueugle, ne laissa d'estre esleu chef & Capitaine de tous ceux de sa sorte : & executa si bien sa charge, qu'il obtint plusieurs grandes victoires contre ses ennemis, se portant si d'extremẽt qu'il acquit vn los immortel, & mourut en bien combattant contre les Moscouites. Aussi Iean Roy de Boheme, eust vn tel cœur, estant aueugle, qu'il vint au secours de Philippes Roy de France son parent, qui auoit guerre contre Edouart Roy d'Angleterre, mesme le Roy aueugle, ne craignoit point de se trouuer à la foulle en plain Camp de bataille, aussi y demeura-il auec Yuon Comte de Flandres, & plusieurs autres Princes François.

DE RICHARD, ROY
d'Aquitaine.

Richard Roy d'Aquitaine, ayant esté aduerty qu'vn Cheualier Limosin, auoit trouué sous terre les images d'vn Empereur, sa femme & ses enfans, assis à vne table, le tout de fin or; ce qu'il voulut auoir & retirer dudict Cheualier, lequel nioit auoir rien trouué: mais ayant entendu que le Roy le vouloit faire mettre prisonnier, il se retira au Vicomté de Limoges, en son chasteau de Chassus, ou ledit Roy le fit assieger, à mauuaise heure pour luy, car il receut vn coup de flesche dans l'œil, dont il mourut tost apres, & ne laissa aucuns heritiers pour luy succeder. Tellement que le Royaume d'Aquitaine, qui comprend l'Auuergne, le Languedoc, & Perigord, Limosin, Guienne, & le Poitou, escheut au Roy de France, qui auoit desia retiré dudict Roy Richard la Prouence, Dauphiné, & Gascogne, & vne partie de l'Auuergne, appellé Limaigne, à cause du Fleuue Liman, qui l'arrouse.

DE BONOSE, EMPEreur.

L'Euesque Flauye Historien, digne de foy, escrit que l'Empereur Bonose estoit si adonné au vin, que Aurelian dict de luy, qu'il n'estoit point né pour viure, mais pour boire : & si auoit en cela vne proprieté merueilleuse : car pour grande quátité de vin qu'il beust il n'estoit iamais yure. Ie pense que telle chose procedoit de ce qu'il vuidoit par la verge tout ce qu'il beuuoit à mesure : toutefois il receut en fin tout ce qu'il meritoit, pource qu'estant vaincu par l'Empereur Probe, il fut pendu & estranglé. L'on dict aussi que Cleomedes, Roy des Spartes, voulant imiter & ensuiure les Scithes à boire beaucoup de vin, à la fin deuint fol, demeurant insensé & sans iugement. Aussi le Philosophe Archesilas mourut de grande yurognerie. Le Poëte Anacreon fut grand beuueur, & en beuuant s'estrangla d'vn pepin de raisin sec, qui luy entra dedans la gorge. Ces personnes dont nous venons de parler estoient bien contraires à Apollonius Tianeus, dont tant de choses admirables sont escrites, lequel ne beuuoit point de vin, ny mangeoit point de chair. Les anciens Grecs moderoient fort le vin, & en beuuoient peu, Eubole Poëte Grec le tesmoigne introduisant Bacchus, qui dit aux sages, ie ne donneray point le vin plus de trois fois. La premiere pour la santé. La secõde, pour la saueur, & la troisiesme, pour dormir, le reste est desordre & yurognerie. Apulee Paniansis qui a escrit des viandes, donne pareil iugement, attribuant la premiere fois que l'on boit aux graces, la seconde à Venus, & la tierce à la honte & dommage. Iules Cesar fut fort temperant au vin, ce que certifie Suetone, par le tesmoignage de Caton, ennemy mesme de Cesar. Demosthene, execellant Orateur ne beuuoit point de vin.

DE PRISMISLAS, ET
de l'antidse.

PRismislas fils d'vn paysant, fut esleu Roy de Boheme, pendãt qu'il labouroit la terre parmy les champs: parce qu'estant les Bohe-

des Hom. Illustres. 437

miens en doubte, lequel ils deuoient eslire pour Roy, mirent aux champs vn cheual sans bride, ny sans frein, & le laisserent aller à sa volonté, ayant resolu deslire pour leur Roy, celuy auquel le cheual s'arresteroit deuāt Prismislas, qui alors tiroit & labouroit la charuë aux chāps, parquoy ils l'esleurent pour leur Roy, ou il se gouuerna excellemment & sagement. Il fit plusieurs loix, & fit entourer de murailles la ville de Prague, auec plusieurs autres notables choses qu'il fit durant son regne. Finallement vn Seigneur Bohemien enuieux de sa grandeur & vertu le fit traistreusement tuer par vn sien vallet de chambre, l'ayant corrompu à force d'argent. Aussi nous lisons de Vantidie, lequel estoit muletier: mais il laissa ceste vocation, & vint à estre coneu en la guerre de Cesar, moyennant la faueur duquel il obtint par la vertu & vaillance la dignité de chef de bande, puis Mareschal de Camp, & en après fut Pontiphe, & depuis Consul de Rome, & combattant contre les Parthes les vainquit, & triompha d'eux, puis à la seconde fois leur donnant bataille, il fut par la multitude des ennemis renuersé à terre, & le trouua on estouffé soubs les pieds des cheuaux.

DE COCE SABELIC.

Marc Anthoine Coce Sabelic nasquit au village de Varra, pres d'Auienne en Italie, qui vient des montaignes des Trebanois: le pere d'iceluy estoit forgeron, il estoit doué d'vn esprit si vif à apprendre les lettres, & profita tellement en brief, que n'ayant encores barbe au menton, il tint escole ouuerte aux Tiburtins. De là ayāt amassé quelque argent, desireux d'apprendre d'auantage se retira vers Pomponius à Rome, & fut admis par son bon esprit en la cōpagnie & college des autres siens compagnons, par vne solemnelle ceremonie, & de là fut appellé Sabelic: car celuy qui estoit couronné, au Quirinal du sacré Laurier changeoit de nom, le Senat de Venise l'appella, à la charge qu'il escriroit depuis Iustinian, les affaires de la ville & qu'il enseigneroit aux escholes moyennant trois cēs escus de gage: En quoy il feit son debuoir : & aagé de septante ans il fut empoisoné, par vn sien escholier, qu'il auoit reprimendé.

DE SOCRATES PHILO-
sophe.

Socrates pere de la Philosophie, fut precepteur du diuin Platon, & grand amy d'Alcibiabes Capitaine general des Atheniens, & mary de Xantippe, tenuë par les historiens pour vne tres mauuaise femme dont vn certain Poëte parlant d'elle dict:

La Xantippe Importune
Au Sage Athenien
Donna plus d'amertume
Qu'vn miel Heraclien.
Du climat de sa teste
Sortoit la gresle & l'eau
L'orage la tempeste
Qui furent vn dur fleau.

Elle fut accomparee à vn climat neigeux, subiet à tempeste & orage ge : car tout ainſi qu'vn irrité & innauigable Ocean, donnent beaucoup de peine à ceux qui le coſtoye ſeulement : voire les porte à fonds bien ſouuent par la fureur de ſes vagues : ainſi ceſte tempeſtueuſe Xantippe, donna beaucoup de trauerſe à ce Philoſophe ſon mary lequel elle tourmenta, en diuerſes ſortes: & le voyāt d'vn bon & paiſible naturel, elle en eſtoit tellemēt marrie qu'elle cherchoit toutes occaſions pour l'irriter & mettre en cholere, ce que n'ayant peu gaigner ſur la patience d'iceluy, & qu'il n'en faiſoit que rire : vn iour qu'elle eut beaucoup faict ſortir de vent, d'orage, & de tempeſte de ſa teſte inconſtante, & qu'elle vomit vne infinité d'iniures contre le pauure Socrates, & qu'iceluy ſe fut allé ſeoir ſur le ſueil de la porte pour nouyr ſa crierie & ſes iniures, elle voyant

Q

sa ferme patience va prendre vn plain seau d'vrine, & de vilenie, & le verse sur la teste de Socrates, afin de le faire mettre en colere: & de faict il y en auoit assez d'occasion: mais luy sage, cognoissant sa rage, n'en fit que rire, disant (en se nettoyant) ie me doutois bien qu'apres vn si grand tonnere, la pluye tomberoit & la gresle. Mais c'est merueilles aussi de la sage response qu'il fit à ses amis qui le taçoiēt, ayant veu qu'elle luy auoit baillé vn coup de pied ; voire se moquoient de sa patience: estes vous estonnez, dict il, mes amis, que ie ne luy rends vn semblable coup de pied qu'elle ma donné? Dictes moy ie vous prie, si vn alne, ou vn mulet m'auoit donné vn coup de pied, seroit-il bien seant a moy qui suis Philosophe, de luy en redonner vn autre? Ce que voyant Alcibiade, son amy, luy dict: Comment est ce Socrates, que tu endures ceste mastine & beste farouche en ta maison ? Que ne la chasse tu dehors, comme indigne de la cõpagnie d'vn tel Philosophe ? Vois-tu pas que tout publiquemẽt on se moque de toy, & de ta trop lõgue patience ? I'ay sçay bien, respõdit Socrates, qu'elle est meschante, qu'elle est vne perpetuelle gouttiere, vne facheuse fumee, & vn tres-mal plaisant frimat en ma maison : mais nous qui sommes Philosophes, deuons entre les vertus propres & decentes aux Philosophes, rechercher celles qui nous rẽdent entre les autres hõmes fort recommandez, à sçauoir la patience, car c'est l'eschelle & le premier degré aux autres vertus. Aussi ne l'auoit-il point pris à femme sans subiect & occasion : attendu qu'il la cognoissoit bien auparauant: car estãt aduerty par ses amys, qu'elle estoit du tout meschāte lunatique, il leur respondit en patient Philosophe: Ie sçay bien, mes amys, que Xantippe est d'vn naturel brusque turbulant, & du tout intraictable: mais ie l'ay prise telle, afin que par les outrages & iniures que i'endureray d'elle à la maison, ie m'accoustume à endurer patiemment les outrages que ceux de dehors me feront: car si i'endure patiemment les outrages de ma femme, i'endureray encor auec plus de patience les iniures des estrangers. Vn iour ayant amené Euthideme souper chez luy, sa femme l'iniuriant, transportee de courroux, renuersa la table: dōt Euthydeme fasché se leua pour s'en aller: Mais Socrates (sans se monstrer plus esmeu, ny se courroucer contre sa femme) luy dict en l'arrestant; cōment? ne te souuient il pas mon amy que deuant hier, ainsi que nous disnions chez toy, vne poule sauta sur la table, qui nous en fit de mesme, & nous ne nous en courouçasmes pas pourtant. Il fut vne fois repris, de ce qu'en vn festin qu'il faisoit à plusieurs de ses amis, il n'auoit faict grand appareil de viandes, respondit: s'ils sont vertueux, il y en a assez, & s'ils sont autres encores y en a il trop. Thimotee Capitaine Grec ayant soupé chez luy, d'vn apreft sobre & simple (car ses plus grands festins estoient d'Oliues, de fromages, de pommes, de choux, de pain & vin) sceut bien dire que ceux qui soupoiēt auec Socrates, s'en trouuoient encores bien le lendemain, voire vn bien long temps apres, car en ce temps là les Sages s'assembloient en conuiues, retranchez de tout excez, non pour y emplir leurs ventres, mais pour y cultiuer leurs esprits, en apprenás les vns des autres par leurs beaux discours de philosophie. Aussi Socrates auoit accoustumé de disputer diligemment & grandemēt du viure, comme d'vne chose de grande importance. Car il disoit, que la continence du boire & māger, estoit comme le fondement, & le principe de biē sçauoir. Toutes les fois qu'il se trouuoit fort alteré, il s'abstenoit luy mesme de boire, qu'il n'eust premierement respandu & gasté le premier sceau d'eau, qu'il tiroit luy mesme du puits, afin disoit-il qu'il accoustumast son sensuel appetit à attendre tousiours le temps opportun de la raison. Il confesse luy mesme en Platon, que de nature il estoit enclin aux vices : car la Philosophie le rēdit vn des plus parfaicts & excellents du monde, comme tesmoigne l'Oracle Delphien, qui le iuge le Prince des

Philosophes, & le pere de la Philosophie, il estoit si entêuf & amoureux de la sapience, qu'il fut veu sur pieds vn iour d'esté, par vingt quatre heures entieres discourant, & ce fut lors qu'il tira ceste conclusion de ses meditations ; qu'il ny auoit qu'vn seul Dieu, & que l'ame estoit immortelle. A ceste cause les Atheniës le firent mourir, parce (comme i'ay dict) que parlant contre leur idolatre coustume d'auoir nombre de Dieux, il soustenoit n'en estre qu'vn seul, qui sans discorde n'y confusion de sentences, gouuernoit toutes choses. Ainsi donc accusé criminellement, & estant prest de boire le poison, adressant sa parolle aux iuges leur disoit, vous me pouuez bien faire mourir, mais de me porter dommage vous ne sçauriez : & au surplus, il disoit, qu'il ne laisseroit iamais sa profession de Philo-

Q iiij

sophie, par crainte d'vn leger trespas: Ie pense, hommes Atheniens (diſt il à Platon) que ceſte miéne opinion eſt fondee de bonne raiſon, qu'vn chacun demeure conſtamment au lieu & en la façon de viure, ou qu'il aura luy meſme choiſie, ou qui luy aura eſté baillee par ſon ſuperieur, l'eſtimant tres bonne: & qu'en la pourſuite d'icelle, qu'il ſe mette à tous hazards ſans craindre ny la mort, ny autre choſe quelconque. Apres ces paroles il diſt, Adieu à tous ſes amis, & principalement à Platon ſon diſciple, l'exortant de conſeruer ce qu'il luy auoit enſeigné, & auſſi toſt il beut le poiſon, montrât en ceſte mortelle agonie, eſtre tres ayſé de mourir, pour ſouſtenir la diuine verité. Les Atheniens auſſi, peu de temps apres firent mourir la courtiſane Aſpaſia: mais par vn plus iuſte iugement, pour la voix côtre leur religion, souſtenir qu'il n'eſtoit point de Dieux. Le remede commun des anciens illuſtres és choſes deſeſperees, eſtoit de prendre la mort en gré, ou de ſe la donner eux meſmes, auſſi ils eſtoient magnanimes & genereux enuers les ennemis, & pour concluſion ie parleray du fait humain de Fabrice, Cōſul de Rome, à l'endroit de Pirrhe Roy des Epirotes, qui luy menoit forte guerre : car ſon Medecin luy ayant eſcrit, qu'il s'offroit de faire mourir ſon maiſtre par poiſon, & ainſi terminer leur different ſans danger: Fabrice enuoya la lettre à Pirrhe, luy mandant qu'il auoit faict mauuaiſe eſlection d'amis, auſſi bien que d'ennemis: pource qu'il faiſoit la guerre à des hommes droicturiers & gens de bien, & qu'il ſe fioit à des deſloyaux & meſchans : dont il le vouloit bien aduertir, non pour

Q v

le gratifier, mais de peur que l'accident de sa mort fit blasmer les Romains, d'auoir cherché l'occasion de mettre fin à ceste guerre, par vn tour de trahison, comme si par leur vertu ils n'en eussent peu venir à bout.

DE CALCHAS.

Calchas excellent deuin, se voyant vaincu par Mopse, se fit mourir de regret. Car on dict que l'Oracle luy auoit donné auis qu'il mouroit, quād il auroit trouué vn plus expert & plus habille deuin que luy : & comme apres la destruction de Troye, il s'en alloit à Colophon (ville d'Ionie, ou il y auoit vn notable Oracle d'Apollon) auec Antiloche, Perolype, Leonie, & autres Capitaines, il rencontra ledict Mopse. Ces deux cy entrans en discours, touchant vn figuier sauuage, sçauoir mon combien il y auoit de figues, Calchas confus & muet, Mopse respondit, dix mille, vne mine, & vne figue d'abondant. Et pour en voir la preuue, les figues furent contees, & trouua-on que le nombre predit y estoit. Puis derechef Calchas interogé, à propos d'vne truye plaine qui passoit, combiē elle auoit de Cochons dans le ventre, & quand elle cochonneroit, & de quel poil ils seroient, il ne sçeut que respondre : mais Mopse, dict qu'elle en portoit dix, qu'entre les dix, elle n'en auoit qu'vn masle ; qu'elle cochonneroit le lēdemain sur les huict heures, que le masle seroit tout noir, & que trois des femelles seroient trauersees d'vne ligne blanche sur les espaules, deux des autres auroient le groin blanc iusques aux yeux, & des autres les cuisses de derriere du costé gauche blanches, depuis les ergots iusques aux genoüils. Ce que ayāt esté verifié le lendemain, Calchas de regret & d'ennuy, se pendit à vne treille de son iardin. Aucuns asseurent que ce Calchas auoit esté Capitaine à la destructiō de Troye.

DE RHESVS ET D'ARgantone, Roy & Royne de Cius.

Deuant que Rhesus allast au secours de Troye, il auoit couru beaucoup de pays, & dompté plusieurs terres, dont attiré de la renommee d'vne tres belle femme appellee Argantone Royne de Cius, vint en icelle contree, & voyāt que ceste Royne ayant toute habitation domestique ne faisoit que chasser, auec grand attirail de chiens, sans se delecter grādement de la familiarité d'aucun homme, parquoy Rhesus, luy dit qu’il hayoit la conuersation & frequence des gens comme elle. Elle estimant qu’il dict vray, le trouua bon, & le prit en bonne part, & par traict de temps deuint amoureuse de Rhesus, & pour cause de honte, elle se contenoit secrettement, mais croissant son affection elle le solicita, & ainsi de bon vouloir il la print a femme. Puis la guerre de Troye estant, Priam implora son ayde, mais Argantone ou pour le grand amour qu’elle luy portoit, ou bien ayant autrefois cogneu, ce qui deuoit aduenir de luy, selon sa destinee l’empeschoit d’y aller: Rhesus combien que l’absence de sa femme luy fascha fort, ne laissa pourtant pas d’aller secourir Priam, & la il fust tué par Diomedes, aupres d’vn fleuue, qui auiourd’huy s’appelle Rhesus. Argantone aduertie de sa mort, s'en alla dans le bois, où coustumierement ils chassoient, & la s'arrachant les cheueux, souuēt s'escrioit Rhesus, mais finallemēt elle s'en alla au fleuue ou auoit esté tué son mary, où estant arriuee de grande tristesse se retira de la compagnie des viuans.

DE LICASTE ROY, DE Crete.

Licaste Roy de Crete, ayma vne fille appellee Eulimene, qui estoit desia fiancée par son pere à Apterus Prince de Cydon. Licaste iouyssoit secrettement d'elle, or il aduint que le pere de la fille, qui se nommoit Xanthus, tyran de Termere, eust une contention contre quelques villes de Crete, lesquelles pressoient fort de leur payer tribut, ou bien donner bataille. A ceste cause, il fut contraint chuoyer des Ambassadeurs deuers l'Oracle, pour sçauoir ce qu'il deuoit faire, pour vaincre & surmonter ses ennemis, dont il eust respôce, qu'il falloit immoler vne vierge aux Dieux de la patrie, Xanthus ietta le sort sur toutes les filles, & la fortune voulut qu'il cheut sur sa fille. Licaste entendant ses nouuelles, & qu'il aymoit Eulimene plus que sa propre vie, dict qu'elle n'estoit vierge (afin de luy sauuer la vie) & qu'il auoit abusé d'elle, mais la plus grande voix de la congregatiô du peuple, iugeoit qu'elle en deuoit plustost mourir, dont apres l'auoir occise, Xanthus cômanda que le sacrificateur la fendit au nombril, ainsi fut trouuee enceinte, parquoy Apterus (dont i'ay desia parlé) qui estoit son fiancé, voyant que Licaste luy auoit iniquemêt forfaict, le tua par thrahison.

DE PHARAX, ROY DE Thessalie.

PHarax Roy de Thessalie, deuint amoureux d'vne tres-belle fille appellee Leucone, laquelle par le vouloir de ses parens, il eust pour fême. Iceluy Roy estoit tant adōné à la chasse, que tout le iour il estoit à la poursuitte des Lyons & sangliers, & la nuict se retirant vers sa femme, estoit tousiours si las qu'il s'endormoit, sans luy dire mot, dont elle de grande tristesse & douleur, ne sçachant que faire, mit diligence de sçauoir ce que Pharax faisoit, conuersant parmy les montagnes. Parquoy ayant trousse sa robbe iusques aux genoux, entra dans la forest, sans qu'aucun des seruiteurs y print garde. D'auāture les chiens de Pharax suiuoyēt vn Cerf, lesquels estoient si farouches, qu'ayāt fleuré la Dame, ils l'assaillirent, & la deschirerent en pieces. Ainsi pour sa trop grande ialousie, elle mourut miserablement, & Pharax venant, trouua la teste de sa femme Leucone coupee, & fut saisi de telle douleur, qu'ayāt tué tous ses chiens, & mis sur la pile de bois, qu'il fit construire le corps de sa fēme, & ayant beaucoup lamenté pour elle, se tua luy mesme.

DE TRAMBELLVS, PRINce de Lesbos.

TRambellus fils de Telamon, Prince de Lesbos, deuint amoureux d'vne fille nōmée Apriate. Il faisoit beaucoup de choses pour attirer la pucelle, mais voyāt que c'estoit en vain, il resolut de la deceuoir frauduleusement. Et lors qu'elle s'en alloit auec ses châbrieres à la mettairie de son pere (côme l'estime) qui n'estoit guiere loing de la mer, il la surprit : & pource qu'elle resistoit, deffendãt sa virginité, Trambellus courroucé la ietta dedans la mer, laquelle pour lors estoit fort esmeuë, & ainsi mourut-elle : combien que d'autres ont escrit qu'elle s'estoit precipitee dans la mer, pour la poursuitte que Trambellus luy faisoit. Aussi ne tarda guieres la vengeance des Dieux sur Trambellus : car quant Achilles emmenoit vn grand butin de Lesbos, Trambellus auec ses sujects se mit contre Achilles, duquel il fut grãdemẽt blessé à la poitrine, & mourut incontinent, dont Achilles s'esmerueillant de sa force luy demanda, le voyant encor respirer, qui est d'où il estoit, & apres auoir cogneu que c'estoit le fils de Telamon, auec grand deuil luy dressa

vn tõbeau, lequel encore auiour-
d'huy s'appelle Heroïque de Trã-
bellus. Cette histoire est escrite
par Euphorion Poëte Grec.

DE HIPARIN, ROY DES
Siciliens.

Hiparin Roy des Siciliens,
deuint amoureux d'vn tres-
beau garçon nommé Achus, &
l'induisant par beaucoup de promesses, luy persuada de quitter la
maison paternelle, & venir demeurer auec luy. quelque temps
apres on luy denoncea que les ennemis auoient faict des courses sus
quelques regions qui luy estoient
sujectes, ou luy fallust promptement dõner secours, Hiparin s'en
alla ioyeusement, mais il commã-
da au garçon, que si quelqu'vn entroit en la maison pour luy faire
violence, qu'il le tuast de l'espee,

que pour le faire il luy auoit donnee dont apres qu'il eut bataillé cōtre ses ennemis, & mis en fuitte par sa puissance, & apres s'estre enyuré vn plus grand appetit de lubricité le surprit. Et bouillant d'yurōgnerie & aussi de desir du garçon, s'en retourna à cheual vers Siracuse, & entrant en la maison, au lieu ou il auoit commandé au garçō de demeurer, iamais ne parla, se desguisant ne se declara au garçon qu'en faignāt la voix Thessalique. Dont le garçon courroucé frappa, mais cognoissant sō propre maistre Hipatin, qui suruesquit vn iour apres & mourut.

DE CORITHVS FILS
de Paris, Prince Troyen.

IL sortit d'Alexandre, & de la Nymphe Oenone, vn fils appellé Corithus : c'estuy venu en Tro-

ye pour secourir Priam, se print à
aymer Helene & elle semblablement le receuoit fort amoureusement, (car il estoit de grāde beauté) & son pere Paris l'y ayant attrappé le tua. Nicande dit que Corithus n'estoit fils d'Oenone, ains d'Helene en ces vers:

Soubs ce tombeau est Corithus compris
Qui fut tué pource qu'en vitupere
Osa le lict violer de son pere,
D'amour d'Helene (estant mere) surpris.

Hellanicus à escript ceste Histoire aux faicts Troyens, Cephalō Gergithius aussi, & Parthenius Philosophes, & historiens des Grecs.

DE PISIDICE FILLE DV
Roy de Methimne.

Quant Achilles auec ses Nauires bien garnies pilloit les Isles prochaines de la terre, il s'en alla aussi à L'esbos, & prenant les villes, il tuoit & s'accageoit tout: mais quand les habitans de Methimne luy resistoit auec vne grande puissance, il fut au bout de son conseil, pource qu'il estimoit impossible de prendre la ville. Et lors Pisidice fille du Roy de Methimne, regardant Achilles de la muraille fut surprise d'amour & luy enuoya sa nourrice pour luy promettre quelle luy deliureroit la ville s'il la vouloit prendre à femme ce qu'Achilles promit quand & quand, Mais apres qu'il eut la ville, estant indigné pour le faict commanda à ces gens d'armes de

des Hom. Illustres. 463

lapider la fille, ce qu'ils firent. De cecy faict mention celuy qui a descrit la condition de Lesbos, en ces vers.

La Achilles tua Hicetaon,
Auec Heron, enfant d'Helicaon
Vn vterin frere fut assaillant,
Qui de Methimne estoit le plus vaillãt,
O quels grands faicts de Venus la maligne,
Car comme lors Pisidice benigne,
Vid Achillés beau, grand & corpulent
Entre les Grecs de sa force excellent,
Leuant les mains vers le celeste Empire,
Soudain l'auoir pour son mary desire.
  Et peu apres il dict.
Alors receut la sotte & mal experte,
Le peuple armé dedans la ville ouuerte,
De toutes parts, & sceut bien endurer,
De voir meurtrir les parēs sans pleurer
Pour son mesfaict, fut en fin lapidee,
Ainsi au lict d'Achillés est entree,

Et cependant iamais elle ne pensoit,
Que le fort Grec cecy point ne feroit,
Et elle pensoit aussi estre la femme
Du grād vainqueur plain d'immortelle
flamme.

D'ANTOMENES, ET DE Sisana.

CHiomara femme d'Ortiagō-tes, ayant esté prinse en guerre, fut forcee par Antomenes Tribun. Mais quelque temps apres elle fut mise à rançon, laquelle luy fut portee par ses parens & amis, & quand elle fut deliuree le Tribun Antomenes, luy fit compagnie vne partie du chemin, mais comme il vouloit prēdre congé d'elle, elle fit secrettement signe à l'vn de ses gens, qu'il coupast la teste de celuy qui la baiseroit, ce qui fut executé par le seruiteur, auquel elle auoit dōné le signe, lors Chio-mara

mara print la teste, & la mit en son tablier, laquelle elle ietta aux pieds de son mary, estant arriuee en sa maison. Dequoy le mary la reprint aigrement, disant que la foy deuoit estre gardee, mesme à son ennemy, auquel elle fit responce, que cela estoit encore plus honneste, que celuy seul estoit viuant de tous ceux qui auoiēt couché auec elle. De ce mesme temps regnoit en Perse Cambises, grand amateur de droict & Iustice, lequel fit escorcher tout vif vn iuge nommé Sisana, pour auoir prononcé vn iugement faux, ayant esté corrompu par argent, & ordonna que la peau d'iceluy seroit à perpetuité attachee à deux cloux, au siege ou les iuges se mettroient pour iuger, afin d'estre instruicts pour tel spectacle, de se garder à l'aduenir de telle chose. Voulant en outre que le fils du deffunct, (lequel a

R

auoit commis en l'eſtat) occupaſt premier le ſiege, pour eſtre admoneſté par l'exemple de ſon pere, de loyaument adminiſtrer iuſtice.

DE LVCRECE.

LVcrece Dame Romaine, voilà ſa pudicité conjugale, par vn deſloyal conſentement, qu'elle donna aux ſales voluptez du Roy Tarquin. Or comme le Conſul Collatin, ſon mary arriuant peu apres, luy euſt demandé ſi tout ſe portoit bien en la maiſon, auſſi toſt elle reſpondit d'vne voix furieuſe: quoy de bien ſain & entier en vne femme qui a perdu ſa pudicité? Sur l'heure fourrāt le poignart dās ſon propre ſein, dict, me voyla deliuree de mon peché, non totalement de mon ſupplice: car elle auoit conceu vne digne penſee de l'immortalité de ſon ame, qui deuoit estre accōpagnee d'vne douleur perpetuelle, estant separee du corps. Aussi l'Empereur Adrian oppressé des douleurs de la mort, & balancé en sa conscience, esperduë à l'aspect de ses forfaicts, tiroit ces mots du fonds de son cœur, *Animula vagula, blandula, hospes comesque corporis, quæ nunc abibus in loca? pallida, rigida, nudula: nec vt soles dabis iocos.* Aussi le pere d'Eloquence dict, que l'ame respōdra pour la langue qui aura mal parlé, *vt sit Orator vir bonus dicendi peritus.* Dont sagement & bien à propos les Hebrieux par le mot *Dauar*, nō' representent tout ensemble la raison, & l'oraison, le Conseil, & la parole. L'Empereur Adrian, trouuoit la mort d'autant plus amere, qu'elle ne pouuoit donner fin à l'ame obligee, au iugement eternel de Dieu, à cause des cruautez qu'il auoit exercées. Aussi quand

R ij

Ciceron enseignoit la vraye Rhetorique, il conjoignoit tousiours l'oraison auec la raison.

D'ANAXARCHVS, ET d'Epitecte.

Anaxarchus philosophe, estát prins par le tyran Archelaus, pour confesser vn bien grand secret, il se trencha la langue auec les dents, afin de ne declarer le secret, & la cracha en la face du tyrá, lequel indigné d'vne si grande outrecuidence, fit mourir le Philosophe d'vne mort, non veuë ny imaginee, faisant faire vn grand mortier de fer, auec deux gros pilons, ou il fit broyer Anaxarchus par deux satalites, & comme on le broyoit (ainsi qu'il est recité par Clement Alexádrin) disoit, broye broye Tyran, car tu ne piles pas Anaxarchus, ains le coffre ou layette, dans lequel il est logé. Et Pline escrit qu'apres auoir proferé les paroles, il cracha sa langue en la face du tyran, lequel le faisoit ainsi tourmenter, pour luy faire reueler le secret. Cecy confirme le Poëte Epitecte, lequel ayant piqué iusques au vif, par les vers Antigonus Roy de Macedone, frere du grand Alexandre, ledict Roy le fit prendre & lier de cent chaisnes, ou il finit en ceste estrange captiuité ces iours. Et estant vn iour enquis par le susdit Roy Antigonus, s'il ne desiroit pas estre deslié. Comment, dict il, suis-ie lié, voulant monstrer l'esprit immortel estre libre, biē que le corps soit enserré de cent chaisnes.

D'ARCHIMEDES.

LA resistance que faisoit Archimedes Philosophe dans Siracuse, fut telle que Marc Marcel, excellent Capitaine des Romains, fut contraint de changer vne autre façon de faire pour assaillir la ville, auquel siege il se vit en grand peril & confusion : car Archimedes auoit mis en telle crainte les soldats Romains, que quand ils voyoient descendre des murs de la ville, quelque chesne, ou seulement vne simple perche, ils se retiroient & fuyoient au loing, craignant les inuentions & machines de cest excellent ouurier. Cicero au premier liure des Tusculanes, attribuë à ce Philosophe l'inuention de la Sphere materielle, en laquelle se voyant à l'œil le mouuement de toutes les planettes, auec leurs cours, passions & aspects. Et Claudian dict, qu'il en fit vne de cristal : ce qui semble aussi auoir esté confessé par Ouide, au sixiesme des Fastes. Il n'estoit pas moins studieux, & contemplatif, que docte & sçauant : & venant Siracuse à estre prise par force, apres toutefois auoir esté par luy seul deffenduë long temps, Marcel deffendit que nul ne fut si hardy de tuer Archimedes, sur peine de la mort, encor' qu'il eust tant faict mourir de Romains. Toutefois d'auanture vn soldat le rencontra sans le cognoistre, faisant vne figure en terre, & luy demandant le soldat qu'il estoit, autres disent qui luy commanda d'aller parler à Marcel, Archimedes ne luy respondit mot, tant il estoit ententif à son cercle, dequoy le Soldat courroucé le tua, ce qui despleust grandement à Marcel, qui luy fit faire honnorable sepulture. Ciceron le glorifia d'auoir trouué sa sepulture, & en fit vn grãd cas: aussi l'esprit & l'industrie d'vn docte homme, peut beaucoup plus que la force d'vn million d'hommes ignorans. Voyez Pline, Valere le grand, Tite-Liue, & Plutarque, lesquels ont amplement escrit sa vie, & ses inuentions admirables.

D'ANTHEE, PRINCE DES
Naxiens, & de Clobea, Royne des Milesiens.

Antee fils d'Halicarnasse, Prince des Naxiens, fut baillé en ostage à Phobius Nelida, pour lors Roy des Milesiens, la femme duquel nõmée Clobea en estãt amoureuse, essaya beaucoup de choses pour attirer Antee à soy, lequel les conduisoit aucunefois, puis disoit qu'il auoit peur que cela fut manifeste, autrefois s'excusoit sur le droict d'hospitalité & de la commune table, tant que Clobea bien marie delibera s'en venger, l'appellant superbe, cruel & inexorable. Parquoy par laps de temps elle feignit son affection estre esteinte, & ayant laissé aller vne perdrix appriuoisee au profond d'vn puits, pria Antee d'y descendre pour l'atirer : Anthee promptement obeyssant, pource qu'il ne soupçonnoit rien de mal, y descendit, & lors Clobea ietta vne grande pierre dessus luy, dont il mourut. Et pensant en son entendement, le malheureux forfait qu'elle auoit commis, se pendit, quelques vns on dict, que ce qui fut ietté au fond du puits, n'estoit pas vne predrix, mais vn vaisseau d'or. Ce qu'Alexandre Ætolus, recite par ces vers aux Oracles d'Appollon.

Phobius fils de l'Hipochee race,
Des anciens suiura la vraye trace,
Lequel aura une tres-belle femme,
De bien ouurer, & tiſtre ayant la fame.
 Long temps apres Anthee la venu,
Touſiours ſera en ſe lieu retenu,
Eſtant baillé ſainctement pour hoſtage,
Telle beauté en ſon fleuriſſant aage,
N'auoit le fils pour qui iadis Meliſſe,
D'vn haut rocher, ſe mit au precipice.
Dont tant de maux aux Bachiades
  vindrent,
Que deſplaiſir Corinthiens y prindrèt.
 Pour Antheus de benigne nature,
La Nymphe aura l'amoureuſe pointu-
  re,
Dont à genoux elle le priera
De la guarir: ce qu'il deſniera,
Ayant des Dieux premierement la
  crainte,
Puis ne voulant violer la loy ſaincte,
Quant il aura meſpris de l'embraſſer,
Elle vindra ſecrettement broſſer,
Par traiſons & fineſſes friuolles,

Et luy dira en tres-douces paroles,
Que dans le puits son goubelait d'or est
  cheu,
Anthee lors de la feinte deceu,
Adioustant foy aux paroles iniques,
Descendra voir les Nymphes Aquati-
  ques,
Car doucement elle persuadera
L'adolescent, & ainsi luy dira,
Si tu me fais ce plaisir fauorable,
A tous iamais me seras agreable.
  Ainsi aduint & tout soudain Anthee,
Pour y descendre à sa robbe iettee,
Et quand il fut au plus bas descendu,
Alors elle a son venin espendu:
Car à deux mains à prise vne grand'
  pierre,
Et la ruant, soudain son hoste atterre,
Au fond du puits, dont il eust pour tom-
  beau,
Le puits profond, & la malheureuse eau
Elle aussi bien du forfaict aueuglee,
S'est d'vn licol promptement estrāglee.

R vj

Ceste histoire est recitee par Aristote, descrivant les faicts des Milesiens. Et en Diagoras Eliate aux Elegies, & Philachus au quinsiesme de son liure, aussi elle est amplement & au long descripte, par Parthenius ancien autheur Grec, qui estoit du temps que Silla guerroyoit Mithridates. Macrobe & Aulugelle disent, que Virgille a emprunté de ses vers, comme de Theocrite, & d'Homere.

DE PHILOXENE POEte Athenien.

PHiloxene Poete Athenien, estoit si gourmand, qu'il desiroit auoir le col comme vne gruë, affin de iouyr de plus grand plaisir & volupté en auallant le vin & la viande, disant qu'il en sentiroit plus longuement le goust. Denis, Prince de Siracuse, luy ayant enuoyé vne tragedie de sa composition afin qu'il la leust & corrigeast, il la luy enuoya toute raturee depuis le commancement iusques à la fin, pource qu'il ne la trouuoit nullement digne d'estre mise en lumiere. Dequoy Denis extremement indigné d'vne si libre correction, fit mourir cruellement Philoxene. Voila vne histoire qui môstre qu'il faut aussi bien adherer & cedder au Prince en choses iniustes qu'en iustes & equitables.

DE XENOCRATE PHIlosophe.

Xenocrate philosophe eut vn si grand don de continence, que Phirné tres belle & excellente courtisane, ayant faict vne gageure auec quelques ieunes hommes que si elle couchoit auec luy elle luy feroit rompre sa temperance : & Xenocrate luy ayant accordé la moitié de son lict, pour seruir d'exemple à ceste ieunesse il ne s'en esmeut iamais d'auantage pour chose quelle sceut faire. Dont Phirné toute courroucee respõdit le matin à ceux qui luy demandoient la gageure qu'elle n'auoit pas couché auec vn homme, mais auec vn tronc de bois nonobstãt son dire elle ne laissa pas de bailler la somme d'argent, qu'elle auoit gagé auec ses ieunes hõmes, s'estimant pour sa responce estre quitte, dequoy grandement faschee contre le Philosophe Xenocrates, le feit finallemẽt poignarder par vn de ses amys & courtisãs A ce propos il ne sera mal seant de monstrer les effects admirables de ceste vertu continente, par les exemples de quelques hommes illustres. Archite Philosophe fut si temperant, que mesme il ne vouloit pas prononcer vne parole vilaine, & s'il estoit contraint de la dire, il escriuoit, monstrant par ceste taciturnité combien la chose estoit deshonneste a faire. Isee aussi Philosophe, interrogé de quelqu'vn qui regardoit vne fort belle femme, si elle ne luy sembloit pas belle. Mon amy (luy respondit il) ie ne suis plus malade des yeux: & ne la voulut iamais regarder. Caie Gracche Romain tant qu'il gouuerna la Sardeigne ne permit iamais que femme mit le pied en sa maison, si ce n'estoit pour demander iustice. Antigone Roy de Macedoine ayāt ouy dire que son fils estoit logé en vne maison ou il y auoit trois fort belles filles, feit vn Edict, que nul courtisan, eut à loger en maison de mere de famille ayāt des filles, s'il n'estoit moins âgé de cinquante ans. La temperāce est le *Decorum* des Latins, qui est vn moyen conuenable à l'homme, & a l'excellence de sa nature.

DE TIBERE GRACCHE
Consul Romain.

Tibere Gracche Consul Romain reuenant des champs, trouua à son logis deux serpēs qui estoient entrez en la chambre ou il dormoit & en demanda l'augure (auquel il adioustoit entiere foy) & luy estant respondu, que s'il vouloit tuer le masle d'iceux, il mouroit le premier auant sa femme, & que s'il tuoit la femelle, sa femme decederoit auant luy : Il tua aussi tost le serpent masle, & mourut peu de temps apres, dont les historiens on pris sujet de douter, si Cornelie son espouse, fut plus heureuse d'auoir trouué vn mary qui l'aymoit tant, que miserable de l'auoir perdu. A ce propos, de l'amité du mary enuers la femme, nous lisons, que Periander, Roy de Corinthe, ayma tant sa fēme, qu'elle morte il la fit coucher quelques iours auec luy, puis ne trouuant nul remede à rendre son corps sensible, se tua, & furēt ensepulturez tous deux ensemble. Marcus Lepidus, Cōsul Romain, estāt chassé en exil (pour auoir suiuy le party de Pompee) ouyt dire que sa femme c'estoit remariée à vn autre, dont il mourut de regret & fascherie. Sylanus Senateur Romain, se tua, apres auoir sçeu que l'Empereur Neron s'estoit faict maistre de sa femme. Dominique Catalusie, Prince de Lesbos, ayma tant sa femme, qu'elle deuenuë extrememēt ladresse, il ne la priua pour cela iamais de sa table, ny de son lict. Orpheus (ainsi qu'escriuent les Poëtes) ayma aussi tant sa femme, qu'estant morte le premier iour de ses nopces, il conserua ceste amitié inuiolable, sans en vouloir iamais depuis espouser aucune autre. Nous lisons, d'vn grand Seigneur d'Espagne nommé Rodrique Sarmienta, qui du dueil qu'il eust de la perte de sa femme, il dormit tout vestu, & ne mengea sur la nappe, ne s'asseoit en chaire, & s'affligeoit en plusieurs autres sortes.

D'HIBREAS.

IVles Cesar, fit decapiter Hibreas l'vn de ses Capitaines, natif de Suse, maintenant la ville capitalle du Piemond : pour auoir deshonnoré la maistresse de la maison où il estoit logé, sans attendre qu'aucun l'accusast, & sans que le mary d'elle s'en plaignist aucunement. Il y auoit aussi vne loy entre les Locriés establie par Zeleuque, qui condamnoit tous ceux qui seroient conuaincus d'adultere, à auoir les yeux creuez. Ce qui fut depuis tant bien obserué, que son fils y estant surpris, & tout le peuple intercedant pour luy, Zeleuque ne voulut iamais permettre que rien fut moderé de la peine ordonnee par la Loy. Et neantmoins pour aucunement satisfaire à leur importunité, il se fit arracher vn œil, & l'autre à sondit fils, aymát mieux endurer la moitié de la punitió de l'offêce, qu'elle demeurast impunie, & la loy violee.

D'EROS.

MArc Anthoine vaincu par Auguste, & desesperé de son salut, somma de promesse Eros son maistre d'hostel, duquel il se fioit, & qui luy auoit long temps auparauant donné la foy qui l'occiroit quand il en seroit requis par luy. Mais Eros desgaignant son espee, & l'estendant comme pour frapper son maistre, il destourna son visage de l'autre costé, & se la fourra à soy mesme tout au trauers du corps. Il se trouue aussi és histoires modernes, vn seruiteur qu'eust Maurice Duc de Saxe, estāt en Hongrie contre le Turc, & se pourmenāt hors du camp sans autre compagnie: car estant là chargé de quelques Turcs, & son cheual tué, il fut renuersé par terre: mais le seruiteur se ietta sur luy, & le couurant & parant de son corps, soustint & empescha les ennemis, iusques à ce q̃ quelques cheualiers vindrent qui sauuerent le Prince, & l'autre mourut peu apres nauré de toutes parts.

DE PVBLIVS RVTILLVS.

PVblius Rutillus grand personnage, & Senateur Romain, fut banny par la malignité de ses Citoyēs, & estāt en cest exil iniustement, il retint vn mesme vilage & toutes ses façōs de faire, & ne voulut poīt aussi prēdre vne autre robe que celle qu'il soulloit porter, quoy que ce fut la coustume des bannys d'en changer. Non plus ne laissa il les marques de Senateur & ne voulut iamais prier les iuges de l'absoudre: ains passa le reste de ses iours auec la mesme grandeur, grauité, & authorité qu'il auoit tenuë auparauant, sans se monstrer estre en rien descheu, ny abbatu de tristesse, pour l'estrange chāgement de sa premiere condition. Aussi Diogene eust telle grauité & constance, qu'oyāt quelqu'vn qui luy reprochoit que les Synopiens l'auoient banny du pays de Pont, respondit: et moy ie les ay confinez dans le pays de Pont. Aussi deuós nous tenir le ciel pour les bornes de nostre pays pendant que nous viuons. Nul au dedans d'iceluy, ne se doit estimer banny ny estranger. Tout y est gouuerné de Dieu par mesmes élemēs. et pourtant disoit Socrates, qu'il ne pensoit pas estre d'Athenes, ny de Grece mais du monde. A plus forte raison ceux qui portoient si genereusement vn exil, pouuoient bien supporter constammēt toute autre moindre aduersité. Les Atheniens estoient coustumiers de bannir leurs plus illustres Capitaines, comme i'ay desia touché seló la loy de l'Ostracisme, sans qu'ils eussent aucunefois offencé. Si les anciens Roys eusse regné, ils n'eus pas esté exemps de cet exil, aussi vn certain Poëte dict:

*Ceste pernicieuse loy
Que l'on appelle Ostracisme
Banniroit mesme son Roy
Bien qu'il fut illustrissime.*

Les anciens Atheniens disoiēt que ceste estrange loy, estoit propre & necessaire pour reprimer & chastier l'ambitiō, & l'audace de leurs principaux Monarques.

DE QVELQVES FEMmes Illustres.

Hipsicrate femme du Roy Mithridate me viēt la premiere en la memoire, laquelle porta telle amitié à son mary, que pour l'amour de luy, s'estant fait tondre (quoy quelle fut ieune & tres belle) s'acoustuma a porter les armes & aller à cheual à la guerre auec

luy. Qui eſtát vaincu par Pompee, elle l'accompagna par toute l'Aſie en ſa ſuitte, adouciſſant par ce moyen l'ennuy qu'il auoit de ſa perte. Triare femme de Lucie Vitelle, le voyant en vne perilleuſe bataille, ſe mit entre les ſoldats pour l'accōpagner, & luy ayder en la mort & en la vie, combattant comme le plus vaillant d'eux tous, iuſques à ce que finallemēt ne pouuant plus elle & ſon mary reſiſter à la multitude des ennemys, ſe tuerent eux meſmes. La femme du Roy Admede, ayant apris de l'oracle qu'il ne pouuoit eſtre guary d'vne grande maladie ou il eſtoit, ſi l'vn de ſes plus grands amis ne mouroit pour luy, elle ſe tua. La femme de Fernand Gonçales, Prince d'Italie, le voyant pris priſonnier & en danger de mort, le fut veoir, & prenant ſon habit demeura en ſa place, & ſon mary ſe ſauua veſtu
des

des accoustremens d'elle. La Princesse Panthée ayma tant Abradate, qu'iceluy mort au Camp de Cirus, elle se tua dessus son corps. Sulpitie estant soigneusemēt gardee par sa mere, de peur qu'elle n'allast trouuer son mary Lentulle en Sicile, ou il estoit banny, s'habilla en esclaue, pour s'acheminer deuers luy, se bannisant ainsi volōtairement de Rome, pour n'abandonner point son espoux. Ce ne seroit iamais faict, s'il falloit d'escrire les excellents faicts des Illustres femmes, comme d'Artemise Royne de Carie, Iulie femme de Pompee, Octauie femme de Marc Anthoine, Zenobie Royne d'Armenie, Hippachie femme du Philosophe Crates, Macrine fēme de Torquate, & vne infinité d'autres dont i'ay desia parlé.

D'EVTICHE, ET SCAVRVS.

EVtichus Capitaine Lacedemonien, en vne bataille qu'il eust contre les Thebains, eust les deux yeux creuez, parquoy les Lacedemoniens créerent Leonidas pour leur Capitaine, qui mit hors des rangs de la bataille Eutichus, afin qu'il s'allast faire penser; mais Eutichus honteux de laisser ses compagnons au peril, se fit conduire par vn serf ou l'on combattoit, ou mettant là genereusemēt les mains y mourut. C'estoit vne pudeur fondee sur la vertu du deuoir. Nous lisons de Scaurus, fils de Marcus Emilius, qui ayant abondonné la garde du pays de Trente, commis à sa charge en eut tant de honte, que n'osant retourner vers son pere il se fit mourir. Aussi les Romains auoient tant de pudeur entre eux, que ny le pere auec son fils, ny le gendre auec le beau pere, ne se l'auoient iamais en leurs estuues, & prisoient tãt l'hõneste honte, que Philippe Roy de Macedone, estant accusé deuant le Senat, de plusieurs crimes, la pudeur de son fils Demetrie, luy seruit bien à son besoing, lequel ne disoit mot, & rougissoit.

Rougir ne dire mot, c'est signe de pudeur,
Qui d'un plus grand profit sert d'un braue Orateur.

Le fils de Marc Caton le Cēseur, estant à la iournee, ou Perse Roy de Macedone fut deffaict, & combattant d'vne Iaueline, son espee luy tomba du foureau : dont il eust tant de honte, que se iettant à pied au milieu des ennemis, comme augmenté de courage & de force,

S ij

la ramaſſa & remonta, continuant à combattre ſur ſon cheual. Quintilliẽ dict, que la pudeur eſt le propre du libre, & du ſerf la crainte.

DE CALISTHENE, PHI-
loſophe.

ALexandre le Grand, refuſa les cuiſiniers & patiſiers que luy enuoyoit ADA, Royne de Carie, luy mandāt qu'il en auoit de meilleurs; à ſçauoir pour le diſner, le leuer matin, & cheminer lõg tẽps à pied auāt iour: & pour le ſouper le peu diſner. Combien qu'au fort de ſes triomphes, les delices & richeſſes perſiennes, (comme c'eſt touſiours le propre de tels biens,) firent changer à ce vertueux Monarque, ſa maniere loüable de viure, approuuāt les excez de boire: pour leſquels mieux authoriſer, il mit prix de ſix cens eſcus, pour celuy qui boiroit le mieux, & appella de son nom vne grande coupe : laquelle comme il eust presentee au Philosophe Calisthene sien favorit, il la refusa, disant qu'il ne vouloit point, pour boire en Alexandre, auoir besoing d'vn Esculape, dont le Roy se sentant piqué, fut espris d'vne telle fureur, qu'il le fit mettre dans vne cage auec des chiens, ou ce sage ennuyé & impatient d'vne si rude & iniuste captiuité, se fit donner du poison, (qu'il beut) par Lisimaque son disciple. Dequoy aduerty Alexandre, fit ietter Lisimaque, par despit à vn Lyon pour le deuorer, mais Lisimaque homme courageux s'arma secrettement le bras droict, & la main, puis estant exposé au Lyon, & voyant que la beste venoit à luy pour le deuorer, d'vn grand cœur luy mit le bras droict armé dans la gueule, sans receuoir aucun mal de ses dents, & luy print la racine de la langue auec la main de telle sorte, que (encor que le Lyon l'escraſtignat cruellement auec ses ses ongles) il ne laiſſa iamais ſa priſe, iuſques à tant que le Lyon fut ſuffoqué. Ce que voyant Alexandre le tint pour vn de ſes fauorits, & fut apres la mort, au nombre de ſes ſucceſſeurs, & Roy tres-puiſſant.

DE CLITVS.

Alexandre le grand obſcurſit la gloire de ſes faicts par l'yurongnerie: car eſtãt prins de vin, il tua vn des plus vaillans Capitaines qu'il euſt, nommé Clitus, & auquel il eſtoit redeuable de la vie: Dõt depuis reuenu à ſoy, il ſe voulut tuer par pluſieurs fois, demeurant trois iours à pleurer, ſans boire ny manger. De meſme Denis le ieune Roy de Sicille, estoit quelques fois plus de neuf iours sans se desenyurer. Aussi le fils de Cyrille, pour s'estre enjuré tua malheureusemēt le sainct personnage son pere, & sa mere qui estoit grosse: blessa ses deux sœurs, & en viola vne. Luculle grand personnage, loüé par les Historiens de tant de braues exploicts de guerre qu'il fit en Armenie, & de sa bonté, iustice & clemence, & neantmoins fort blasmé, de ce que sur la fin de ses iours, quittant toute entremise, du gouuernement des affaires publiques il s'addōna à toute somptuosité excessiue, & despence superfluë des grands biens qu'il auoit, dont ce seul tesmoignage recité par Plutarque, seruira de suffisante preuue ; Ciceron & Pompee le trouuans vn iour par la ville, luy dirent qu'ils yroient souper auec luy, sous condition qu'il ne feroit rien apprester pour eux, que son ordinaire: pour le moins (leur dit-il) vous me permettrez de dire à mon maistre d'hostel, qu'il aille faire accoustrer le souper en ma salle d'Appollon: & les trompa de ceste façon, car ses gés entendoiét par là, qu'elle despence il vouloit y estre faicte, de sorte que le souper y fut appresté, pour cinquante mille drachmes d'argent, qui valoient cinq mille escus. Ce qui fut de tant plus admirable, qu'en si peu de temps vn festin si magnifique, eust esté appareillé, mais c'estoient ses repas ordinaires: & lesquels le plus souuent il faisoit apprester pour luy seul.

DE DION, ROY DE Sicille.

L'Histoire nous apprend, que plusieurs grāds personnages,

soubs pretexte d'vne sotte honte mal fondee, de se deffier de ceux qu'il pensoient leurs amis, se sont exposez à la boucherie, tesmoing Dion Roy de Sicille, homme doué de tres-grandes perfections, & qui deliura de tyrānie, & affranchit de seruitude la ville de Siracuse, chassāt le ieune Denis Roy d'icelle. Encore qu'iceluy Diō fut aduerty q̄ Calippe (qu'il estimoit son hoste & son amy) l'espioit pour le faire mourir, ne laissa pourtant de satisfaire ou il l'auoɩt conuié d'aller, disant qu'il aymoit mieux perdre la vie, que d'estre contraint de se deffier, & garder autant de ses amis, que de ses ennemis. Tellement que ne faillant d'aller à ce funeste conuiue, il y fut cruellement massacré, il en aduint autant a Antipater Roy de Macedone, estant cōuié par Demetrie à souper, lequel estant au milieu du souper, fut pro-

S. v.

dictoiremēt tué. Voyla des histoires biē tragiques, & qui mõstrent appertement les effects pernicieux dd la folle honte. Aussi il y en a de si hebetez, qui disent auoir honte de demander ce qu'il leur est deu, ou de poursuiure en iustice ceux qui deuorent la substance de leurs familles: & ceux là font cognoistre euidemment leurs deffauts de vertu & de cœur, & de force. Mais sur cela ne viendra pas mal à propos ce que nous lisons de Perseus, lequel prestant de l'argēt à vn sien famillier, s'en alla iusques en la place pour en passer vn contract, se souuenant du precepte d'Hesiode, disant:

En riāt mesme auec ton propre frere,
D'y adiouster vn tesmoing ne differe.

Son amy trouuant cela vn peu estrange : comment luy (dict-il) ainsi iuridiquement: ouy (respōd Perseus) afin que ie le retire de toy amiablement, & que ie ne te le redemande pas aussi.

DE BESSVS.

ALexandre le Grand, ayant vaincu & subiugué Darius Monarque des Perses, se voyant priué de pouuoir vser enuers luy de quelque beneficēce digne de sa grandeur, d'autāt que Bessus, l'vn de ses Capitaines, l'auoit fait mourir, il en porta vn si grand desplaisir, qu'il en fit punir le meurtrier, (ores que parauāt il fut de ses plus fauorits) d'vne mort tres cruelle, le faisant desmembrer auec deux grands arbres courbez à force l'vn deuers l'autre, à chacun desquels estoit attaché vne partie du corps de Bessus. Le mesme Alexandre le

Grand estant en son voyage de la conqueste des Indes, Taxiles, vn des Roys du pays, vint au devant de luy, le priant qu'ils n'eussent point de guerre ensemble. Si tu es (luy dict ce Roy) moindre que moy, reçoy des biés faicts de moy, & si tu es plus grand, fay que i'en reçoiue de toy. Alexandre admirant & loüant fort la façon graue, iointe au parler humain de cest Indien, luy respondit: pour le moins faut-il que nous combatiōs de cela, à sçauoir lequel de nous deux fera plus de bien à son compagnon: tant ce genereux Monarque eust esté marry de ceder à vn autre en bonté, douceur, & courtoisie, dont il donna encores vn grand tesmoignage, ayant vaincu Porus, Roy des Indes, Prince fort magnanime: auquel demandant comment c'est qu'il vouloit estre traicté de luy: Royallement respondit le Roy, & ne luy voulut respódre autre chose, quoy qu'Alexandre l'en pressast, luy disant seulement que soubs ce mot tout estoit compris, aussi ce Monarque monstra bien ne l'ignorer aucunement : car il luy rendit, non seulement son Royaume, mais aussi il le luy augmenta surmontant mesmes en cela sa victoire, & acqueràt aussi par tout autant de reputation par sa mansuetude, que par sa vaillance.

DE DEMETRIE, ROY de Macedone.

DEmetrie Roy de Macedone, surnommé l'assiegeur, ayant receu plusieurs requestes de ses sujects, en passant sur le pont d'vne riuere, il les ietta tous dãs l'eau : dont prouint vne telle hayne des fiens contre luy, que son armée le laissa peu de temps apres, & se rendit à Pirrhe son ennemy, qui le dechassa de son Royaume sans combattre, & lequel se voyant abandonné de tout humain secours, desesperé se deffit luy mesme. Aussi de nostre temps, Henry Roy de Suede, donnant vn coup de dague à vn Gentil-homme, qui luy demandoit iustice, esmeut tellement contre luy la noblesse & le peuple, que le constituant prisonnier, ils esleurent pour leur Roy son ieune frere. Dieu a tant en horreur l'iniustice, qu'il permet que son iugement tombe sur les iniustes, cõme il se trouue és vies des Roys de Castille, que Ferdinand 4. du nom, faisant mourir deux cheualiers, pl⁹ par courroux que par iustice, l'vn d'eux s'escria tout haut, Roy iniuste, no² t'inuitons à comparoir dedans trente iours deuant le tribunal de Iesus-Christ, pour receuoir iugement de ton iniustice, puis qu'il n'y a autre iuge en la terre, deuât lequel nous puissions appeller de ton inique sentence. Au dernier desquels iours il mourut aussi, il est vray qu'on pourra dire, la mort est chose si naturelle, l'heure tant incertaine, & neantmoins determinée, qu'il ne faut iuger autre cause d'icelle, sinon la mesme necessité de l'ordonnance diuine. Mais on peut prendre la mort pour vn tesmoignage visible de la iustice diuine, qui ne veut plus laisser viure l'inique; Singulierement quant il y va des grands, qui n'ont à rendre comte de leurs actions, sinon à à Dieu seul.

DE LVCIVS APVLEIVS.

Lucius Apuleius fut fort docte ayant estudié en ses premiers ans à Carthage ou les Romains auoient faict fonder de bonnes escholes. Puis ayant passé son adolescence son pere l'enuoya à Athenes, ou il aprint la doctrine de Platon, & y profita si biē qu'il fut surnomé Platonic. Apres il luy print enuie d'estudier en la Magie, & pour ce faire se trāsporta en Thessalie: car en ce pays là il y auoit des hōmes & des femmes qui faisoiēt profession d'enseigner secrettement. Puis ayant apris ceste science diabolique s'ē reuint en la maison de son pere qui le pēsoit auoir perdu, lequel l'enuoya à Rome pour bien apprendre la langue Latine afin que plutost il peut estre pourueu de quelque estat par les

des Hom. Illustres. 505

Romains en son pays, il estoit d'vn si bon esprit qu'auec peu de peine & en peu de temps, il fut si biē versé en icelle qu'il fut tenu pour l'vn des premiers Aduocats, plaidant deuant le Senat: & tres eloquent: comme il se peut voir encore par ses belles oraisons que nous auons de luy. De Rome il reuint a Madaure, cité de Numidie, la patrie & colonie des Romains, son pere estant encor viuant, nommé Theseus, qui auoit exercé en ce pays là, l'Estat d'Edile & autres offices par beaucoup d'annees, & qui auoit de grāds biens. Sa mere auoit nom Saluia, qui estoit de la lignee de Plutarque, & de ce docte Philosophe Sextus son nefueu, duquel Marc Aurelle Empereur auoit autrefois esté disciple & auditeur. Lucius estāt arriué à Madaure gaigna le prix d'eloquēce sur tous les orateurs de Numidie, il espousa

Pudétille veufue de la ville d'Oea. Par sa magie il faisoit plusieurs miracles & choses prodigieuses, il à composé vn liure qu'il à intitulé le Dieu de Socrates, ou il monstre n'auoir esté vn Dieu, mais vn Demon. Il a composé le liure de l'Asne doré afin de couurir sa trãsformation Asinesque, selon le raport de saint Augustin en cité de Dieu, disant qu'il fut l'espace de trois ans transformé en Asne. Finallement ayant le bruict d'estre Sorcier, il fut accusé par vn Sicillius æmilianus censeur deuant Claude Maxime, Proconsul d'Affrique, qu'on disoit estre Chrestien: qui le condamna iustement à auoir la teste trenchee, & son corps reduit & consommé en cendres.

G 1669.
A. 2.
Ⓒ

17919

DE FVLVE SENATEVR
Romain.

L'Empereur Octavian auoit quelque iour cōmuniqué vn bien grād secret à vn sien Senateur nommé Fulue, lequel le reuela à sa femme, ce qu'estant sceu par l'Empereur il blasma & reprint aigrement ledit Fulue, luy remonstrant que c'estoit chose grandemēt vituperable en luy, de n'auoir peu mieux se serrer la langue. Dequoy Fulue fut si fort fasché, que pour ceste occasion il auoit deliberé se tuer, au moyen dequoy il reprocha à sa femme, le tort scandaleux qu'elle luy auoit faict. Mais pour toute consolation elle luy fit responce, que sans raison ne propos il se courouçoit auec elle, veu que pendant le long temps qu'ils auoient vescu ensemble en sociation conjugale, il deuoit biē auoir cogneu son naturel & legere complexion, & que s'il auoit bien cognuë, il ne deuoit auoir abusé de telle cognoissance, se fiant en elle. Parquoy en fin la femme se tua, & son mary Fulue se tua pareillemēt, aupres d'elle, & cela leur aduint à tous deux, pour n'auoir peu contenir vn secret à eux reuellé. partāt ceux qui veulent sçauoir & experimenter si leurs femmes sont secrettes, ont accoustumé de faire cōme ceux qui essayent vn vaisseau neuf, lequel ils emplissent d'eau, pour voir s'il ne s'enfuit point, & non pas de vin, ou d'autre ligueur precieuse, afin que l'experience ne couste gueres. Aussi ceux qui se deffient de la legereté & inconstāce des femmes, excogitēt quelque ingenieuse inuention, par laquelle ils les essayent deuant que leur reueler ou communiquer quelque chose secrette. Ceste histoire nous aprend qu'il ne faut iamais reueler son secret à sa femme, ny mesme à son plus grand amy, si auparauant on ne la bien esprouué. Quand le Roy Lisimaque, offrit au Poëte Philipides, tout ce qui luy demanderoit, le Poëte luy respondit. Le plus grãd bien que tu me pourrois faire, est que ie n'aye point la communicatiõ de ton secret tenir sõ secret est vne des principalles parties pour cognoistre vn homme sage.

DE MAMERTVS, CAPItaine Romain.

COmode Empereur Romain, ayant entendu par quelqu'vn que Mamertus Capitaine Romain, & sõ propre cousin luy resembloit en beauté de corps & d'esprit, fit incontinent occire celuy qui luy dict ce propos, & quant & quant aussi son propre cousin Mamertus, alleguant par sa raison qu'il n'appartenoit à homme du monde de ce vanter, & moins de luy resembler. Mais le plus malheureux & indigne de tous ceux qui racontēt de luy, est de quatorze ou quinze Gentilshommes Romains, qui s'estoient allez esbatre & passer le temps sur le pont du Tybre. Or estant casuellement aduenu qu'il les eust rencontrez, & passant aupres d'eux leur eust demandé dequoy ils deuisoient, ils respondirent simplement, que c'estoit du bō Empereur Marc Aurele, lequel decedant auoit laissé vn regret immortel à toute la posterité de son regne, & de ses diuines vertus. Surquoy il les fit promptement precipiter en l'eau par ses Satallites, alleguant pour toute raison, qu'on ne pouuoit loüer son pere, sans le vituperer & mesdire de luy, tant ce malheureux Empereur estoit taché du vice d'enuie. Suiuant cela Adrian Empereur Romain, qui auoit beaucoup d'exquises vertus, estant au reste l'vn des plus accomplis en toutes sciences, qui ayt onques esté entre les Empereurs de Rome, cela toutefois fut entieremēt couuert par l'enuie qu'il portoit à tous ceux qui auoiēt le bruict d'estre excellents en quelques arts, laquelle estoit si vilaine & si extreme, qu'il ne vouloit qu'à Rome. ont l'eust publiquement, ou en secret autres liures que les siens, ny qu'entre les artisans signamment peintres & tailleurs, on estimat aucun meilleur que luy: tellement que pour satisfaire à sa passion, il en fit bannir Drusius, & Milesius, sans auoir en rien delinqué, fors seulement qui luy estoiēt preferez & estimez les premiers, tant és arts liberaux, qu'en toute industrie de taille & de painture. Aussi Aricus Roy des Scithes, qui se tenoit pour le meilleur flusteur qui fut en son Royaume, oyant en vn banquet qu'il faisoit à ses amis, vn sien prisonnier nommé Ismenias, iouer si excellemment des flustes, qu'il ny auoit homme en toute la compagnie, qui ne l'eust en admiration, & qui ne le iugeast le plus excellent ioüeur du monde, fut si soudain saisi d'enuie & de tristesse, voyant que Ismenias luy ostoit la reputation, qu'au sortir du banquet il se fit mourir.

DE GVISCHARD, ET
Cremignol.

Gvischard Gentil-homme de Constance, au pays de Normandie, se fit par sa vertu & proüesse, Seigneur & Duc de Calabre, & de la Poüille, & se voulant (qui plus

plus est) faire Empereur de Constantinople, ledict Guischard dressa vne grosse armee, & combatit contre les Venitiens, & troupe imperialle par deux fois, & les vainquit. Mais s'estant retiré à Casiopoly, promontoire de l'Isle de Corfou, finit la pauurement ses iours, ayant esté empoisonné par vn Venitien. De ce mesme temps, le Senat de Venise auoit vn Capitaine nommé Cremignol, par la trahison duquel, & à son occasion l'armee fut desconfite, au moyen dequoy ayant les Senateurs resolu ce qui estoit de faire, sur ce poinct, aucuns furent d'opinion qu'il le falloit mander & prendre, puis en faire iustice, autres opinerent au contraire. Finalemét fut conclud qu'on feindroit n'en sçauoir rien, & ceste conclusion fut differee iusques à huict mois, lesquels finis Cremignol vint à Venise, ou il fut

T

receu auec ambraſſement des Senateurs, & le lendemain pris & condamné à eſtre decapité, ce qui fut executé.

DE GAZELLE, ET
Louys.

APres que la mort de Solin, Empereur des Turcs, fut ſceuë en Sirie, vn grand perſonnage nommé Gazelle, qui en eſtoit gouuerneur, ſe rebella, ſe faiſant Seigneur de Tripoly & Bacut, auec autres villes prochaines, attirant pluſieurs Mamelus & grands Seigneurs à factions, contre lequel Soliman ſucceſſeur de Solin, enuoya vn de ſes Bachats, nommé Farat qui donna bataille audict Gazelle, qui vainquit & le fit mourir de faim dans vne forte tour enfermé. L'année enſuiuant Soliman vint en perſonne faire la guerre aux

Chrestiens, & mit le siege deuant la ville de Belgrade, porte & deffēce du Royaume de Hongrie, qui parauant auoit esté tentee en vain par ses predecesseurs, mais estant le Roy Louys fort ieune, & gouuerné par les Princes de son pays, ne pensa point à se deffendre, en sorte que par forces d'armes la ville fut prise par le Turc, encores que ce fut auec grande perte & dommage de ses gens. Trois ans apres il r'entra en Hongrie auec vne merueilleuse armee, contre lequel le Roy Louys mal conseillé, se presenta entre Bude, & Belgrade, auquel lieu auec peu de gens, & se fiant trop en soy-mesme, il donna la bataille, en laquelle il fut vaincu & trouué mort, noyé dans vn fossé. Ceste deffaite fut la mesme annee, que ledict Solimā prit la ville & Isle de Rhodes, ou estoit pour lors grand maistre d'i-

T ij

celle Philippes de Villiers Frãçois de nation. Ledict Turc depuis ces choses reuint en Hongrie, ou Charles quint Empereur luy fit resistance.

DE MARCOMIR ROY des François.

Marcomir Roy des François entra par force au pays des Gaules, ou il reprit tout ce q̃ Maximus y auoit auparauant occupé, fors la contree de l'Armorique, qui du iourd'huy se nomme la petite Bretaigne, lequel Marcomir fut tué par Valantinian. Depuis les François n'ont plus eu de Roys, iusques a Pharamond, seulement ont esté gouuernez par Ducs. Dagobert succeda à Marcomir, qui fut dix ans Duc des François, lesquels refuserent payer le tribut à l'Empereur Valentinian, & en ce temps entrerent en Gaule ou ils perdirēt beaucoup d'hommes, qui furent deffaicts par les Tornaisiens, & ou fut tué Dagobert.

DE SIAGRIVS.

Siagrius fils d'Egidius Romain voulant venger l'iniure faicte à son pere qui auoit esté chassé de France, par Chilperic. Certes les enfans estant forcez de nature, à venger le tort faict à leurs peres. Print pour ceste occasion les armes contre le Roy Clouis. Or en la bataille Siagrius demeura vaincu, & de Soissons s'enfuit à Tholose vers Alaric Roy des Visigots, lequel incontinent le mit entre les mains de Clouis, craignant les menaces d'iceluy : car il luy declaroit la guerre s'il failloit soudain à le luy rendre. Si tost que Clouis l'eut entre les mains il luy feit trencher la teste, afin que desormais il ne se trouuast personne, qui fut si hardy, que de vouloir aucunemēt quereller & ny mesme mettre en dissention le Royaume de France: & Siagrius fut le dernier des Romains, qui occupa les Gaules, en tout ou en partie. En ceste mesme annee Clouis eut bataille contre les Visigots, ou il tua de sa propre main Alaric leur Roy.

DE CLODOMIR ROY D'ORleans.

Clodomir Roy d'Orleans, fils de Clouis Roy de France premier Roy chrestien, fut ambitieux d'accroistre son Royaume. Or la meilleure & plus iuste occasiō qui luy sembla pour s'accroistre fut de quereller le Royaume de Bourgogne, & faire la guerre à Sigismond qui en estoit Roy, soubs le pretexte de le vouloir punir, d'auoir tué son fils nay de son premier lict, pour complaire à sa deuxiesme femme. Quoy qu'il en soit les Princes ne failllent iamais, à se couurir de beaux pretexstes pour s'entrefaire la guerre. Adonc Clodomir y conduit son armee, ou il n'eust grande resistance, car Sigismond fut delaissé des siens, & y fut prins prisonnier par Clodomir, auec les enfans de sa deuxiesme femme, fort petits, qui furent conduits à Orleans, ou miserablement il les fit mourir. Car il les precipita en vn puits, estimãs que s'ils fussent demeurez en vie, qu'à peine fut il demeuré paisible du Royaume de Bourgogne. Mais vn si cruel acte ne demeura sans estre puny du sang de ses propres enfans, ce pendant Gondomar frere de Sigismond, fut salué Roy de Bourgogne par le commun populaire. Or Clodomir fier & arrogant de sa victoire, redressa son armee, & retourna en Bourgogne pour l'occuper du tout: mais il fut surprins, & environné des Bourguignons, qui le tuerent en combattant. Il laissa trois enfans fort ieunes, qui se nommoient Theobaldus, Gondarus, & Clodoaldus. Teoballe & Gontare, furent occis, par leur oncle Clotaire, à la persuasion de leur grand mere Clotilde, qui ayma mieux les faire mourir, que de permettre qu'ils fussent tõdus. Quand à Clodoaldus, pour se retirer de la furie de son oncle, il se voüa religieux en vne Abaye pres Paris, & deuint si sainct homme, qu'il fut canonisé, & l'Abaye à retenu maintenant son nom, qui est sainct Cloud.

DE CRANNVS, BASTARD
de France.

CRannus fils bastard de Clotaire Roy de France, estant disgratié de son pere, à raison que l'ayant faict gouuerneur au pays de Gascogne, il auoit entendu plusieurs plaintes de luy, pour ne s'estre bien comporté en son gouuernement, ains auoit acquis la mal-vaillance des Gascons, à raison de sa trop grande audace qu'il excerçoit sur eux, tellement que l'en voulant blasmer, le manda venir par deuers luy, mais cognoissāt la trop grande rigueur de son pere Clotaire, n'osa se trouuer deuant luy, & pour ceste desobeyssance, Clotaire qui estoit occupé à faire la guerre aux Saxons, despecha Cherebert & Gotran ses deux enfans legitimes, ausquels il bailla bō

Tt v

nombre de gens de guerre pour chastier la rebellion de Crannus son fils bastard: mais Crānus pour empescher l'entreprise, fit courrir vn faux bruit au camp de ses freres qui l'alloient charger, que Clotaire leur pere auoit esté tué en bataille, au pays de Saxe: par telle ruze il fit retirer ses freres qui estoient prests à luy donner bataille. Mais quoy, estant Clotaire de retour de Saxe, il se prepara à faire la guerre à Childebert son frere, & à Crannus son bastard. En ses entrefaictes Childebert mourut en l'an 45. de son regne, & fut ensepulturé en l'Eglise S. Germain des prez lez Paris, laquelle Eglise il auoit faict edifier à son retour d'Espagne, qui dédia au nō de S. Vincent: La mort de Childebert, fit perdre courage à Crannus, qui n'osa se trouuer deuant son pere, ains se retira vers Cornabus Comte de Bretagne. Clotaire à ceste occasion fit marcher son armee contre les Bretons, desquels il fut victorieux, & Crannus estant enclos de l'armee de son pere, se ietta en la plus proche maison casaniere qu'il rencontra, là où son pere le poursuiuit, & y fit mettre le feu, tellement qu'il fut bruslé luy, sa femme, & ses enfans.

DE GAVTIER D'IVETOT.

Gautier d'Iuetot, hôme d'ancienne noblesse, premier vallet de châbre de Clotaire Roy de France l'vn de ses plus familiers, recommandable pour sa bône vie, & integrité, qui pour estre aymé à l'occasion de ses vertus, & s'estre employé à faire plaisir à plusieurs, il fut accusé de fausses accusations par quelques flateurs, de maniere que le Roy fit serment de le tuer, lequel pour euiter la colere du Roy, s'absenta hors du Royaume, & alla faire la guerre aux infidelles, ou il demeura pres de dix ans, & y fit plusieurs actes genereux, & dignes de grandes recompenses, apres lesquels il se retira à Rome pres le Pape Agapit, qui luy bailla lettres de faueur adressantes à Clotaire Roy de France, duquel il estimoit que la colere seroit passee, par vn si long espace de temps, il prend donc son chemin à Soissons ou lors estoit Clotaire, & y arriua le iour du vandredy sainct; il pensa que la reuerêce & saincteté du iour luy venoit bien à propos; neantmoins Clotaire ayant prins de luy les lettres de la saincteté, il vint à recognoistre que c'estoit d'Iuetot; & r'entra en la mesme colere qu'il estoit lors auparauant d'iceluy, & sans luy mot dire prend la dague de celuy qui estoit aupres de luy, dont il le tua. Ce qu'ayant entendu le Pape Agapit, en reprint aigrement Clotaire, & l'exorta d'en faire grande penitence, à quoy Clotaire obeyt recognoissant sa faute, lequel ayāt prins sur ce l'aduis de son Conseil, accorda tant pour luy, que pour ses successeurs à la Couronne, & a quiconque appartiendroit la terre de d'Iuetot, & aux heritiers de d'Iuetot, qu'il ne demeureroit plus sujeƈt à la couronne de France, ny tenu à faire aucun hommage, dont il fit expedier lettres authentiques aux heritiers de d'Iuetot, passees soubs le grand sceau. Ceste terre appartiēt maintenant à la maison du Bellay.

D'ANGVSAN.

Romacus nefueu de Crinletus, dechassa tous ceux qui estoient du sang Royal pour se faire

Roy d'Escosse: mais traittant mal ses subiects il fut deffait par la Noblesse du Pays: auquel Angusan son cousin succeda au Royaume, apres qui fut victorieux côtre Nectane Roy des Pictes. Neátmoins redressa vne autre armee, & donna vne nouuelle bataille à Angusã en laquelle y eut de part & d'autre perte de beaucoup de gens, enfin Nectane y demeura le maistre, & Angusan y fut tué. En ce temps Theodomir Roy des François qui regna 10. ans, fut prins en bataille par les Romains, auec sa mere auquel ils firent trécher la teste. Functius en sa Chronologie, ans de Iesus-Christ. 351.

DE SILVAN.

Siluan Lieutenant de Constantius au pays des Gaules, duquel Constantius print opinion (car le gerement il croioit aux rapports) qu'il taschoit à se faire creer Empereur. A raison dequoy Constātius luy dressa des ambuscades, qui furent descouuertes par Siluan qui en fit plainte en assemblee publique, & lors les soldats a raison de la faueur qu'ils luy portoient, luy donnerent le nom de Cesar : dequoy Constantius estant aduerty, despescha Vrsin au pays des Gaules, pour le faire mourir ou il fit tant par secrettes menees, & corruption d'argent, que les Capitaines tout a propos feirent esmouuoir plusieurs troubles & dissentions entre les Soldats, ou Siluan fut tué en la meslée.

D'HERGVSTE.

EVgene fils aisné de Ficormaccus Roy d'Escosse, qui fut vaincu en guerre par Maximus Lieutenant des Romains, avec l'ayde d'Hergufle Roy des Pictes. Lors l'Escoffe commencea à estre soubs la puiffance des Romains, & les Escoffois s'enfuirent au pays d'Hibernie, qui apporta de la crainte aux Hibernois, lesquels envoyerēt des Ambaffadeurs vers les Romains, pour s'humilier à eux & demander la paix, qui leur fut accordee à condition qu'ils chafferoient les Escoffois de leurs païs D'auantage Hergulle eut tel desplaifir d'auoir avdé à Maximus, & eftre caufe de la victoire qu'il auoit obtenuë fur les Escoffois, qu'il se tua luy mesme. Neantmoins Hōnorius qui fut puis apres Empereur, rapella les Escoffois pour retourner en leur pays, & leur dōna pour Roy Fergus parent dudict Eugene. Polidore Virgille, liure troifiefme de l'hiftoire Angloife. Ioan le Maire en l'hiftoire d'Escoff.

e. liure deuxiefme, chapitre premier.

DE BERTAIRE, DVC de Saxe.

CLotaire Roy de France, bailla à son fils Dagobert, le gouuernemẽt de la Lorraine, qui pour faire espreuue de sa vaillance, fit la guerre à Bertaire Duc de Saxe, qui s'aduançoit sur les prouinces de la France, & mettoit le feu par ou il passoit. Dagobert luy donna bataille, ou il fut vaincu, par ledict Bertaire, & y fut blecé en la teste, Clotaire ayant ouy ses nouuelles, fit eslite de ses meilleurs soldats, & de furie donna sur le Duc de Saxe, auec exprez commandement d'acourcir les ennemis, à la mesure des espees dont ils combattoient. En ceste bataille Bertaire Duc de Saxe fut tué, auec la pluspart des

DE BAIASEHT, EMPEreur des Turcs.

Bajaseht Empereur des Turcs, ayant assubjety & vaincu tant de peuples, & asseruy infinies Citez, fut resserré en vne cage de fer, en laquelle fut mis prisonnier & outré de douleur, du honteux traictement qu'il voyoit estre faict à sa femme (qui seruoit à la table Tamberlan, ayant sa robe coupee iusques au nombril) il se heurta la teste tant de fois contre ceste cage, qu'il mit fin à sa vie, ayant long têps seruy de marchepied à Tãberlan, laquel mettoit le pied sur son dos quand il vouloit môter à cheual, & ne mãgeoit que les miettes, ou reste des chiens dudit Tamberlan, qui de pauure bouuier deuint par le credit de la fortune puissant

des Hom. Illustres. 531

Empereur des Tartares: car estant fils d'vn Païsan, & gardant le bestail, il desbaucha cinq cēs bergers ses compagnons, qui vendans leur bestail prindrent les armes, se mettans à destrousser les marchands du pays, & guetter les chemins: ce qu'entendu par le Roy de Perse, il enuoya vn Capitaine auec mille cheuaux pour les deffaire. Tamberlan le pratiqua, & ioincts ensemble exploiterent des faicts d'armes incroyables. Puis aduenant guerres ciuiles entre le Roy & son frere, Tamberlan se mit à la solde du frere, lequel obtient par son moyen victoire, puis le fit son Lieutenant General, apres il despoüilla ce nouueau Roy, & subjugua tout le Royaume des Perses, & se voyant chef d'vne armee de quatre cens mille hommes de cheual, & de six cens mille de pied, il fit guerre à Bajazet sudict Empereur des Turcs, lequel il deffit en bataille, & le print prisonnier, obtint aussi vne victoire contre le Souldan d'Egypte, & le Roy d'Arabie: Et ce qui est plus esmerueillable (& chose grandement rare) ceste bône fortune l'accompagna tousiours iusques à la mort, finissant ses iours entres ses enfans, dominateur paisible de pays innombrable. Et d'iceluy est descendu le grand Sophy, qui regne encores auiourd'huy fort craint & redouté du Turc.

D'ATTILLA, ROY DES Huns.

Attilla Roy des Huns, mena de Hongrie en Allemagne, trois cens mille hommes, & dissipa plusieurs villes, entre lesquelles fut Basle, Auguste, Argentorat, Vuormace, Coulogne, & autres.

uis se transporta en Gaule, & print le Roy des Bourguignons, assiega Orleans, & delibera de se faire Seigneur de toute l'Europe. Pour lors estoit en la Gaule Cisalpine (qui encores estoit subjecte aux Empereurs Romains) le Capitaine Ætius Romain, lequel fit appointement auec les François & Gots, afin que tous ensemble resistasent au Tyran Attilla, craignāt la puissance des Gots, solicita Dietrich le Roy d'iceux, afin qu'il ne donna ayde aux Romains. Mais les Gots auec singuliere constāce, refuserent tout a plat à auoir alliāce & confederation auec le Tyran barbare, dont à Tholoze ville de Gaule, tant d'vne part que d'autre fut donné iournee. De là partie des Romains estoit Ætius, les Gots, & les François, de l'autre part Attilla. Et les Histoires tesmoignent, que iamais ne se fit si grand amas en occident, tant d'vn costé que d'autre, que fut cestuy là. Ce conflit dura depuis le Soleil levāt iusques à la nuict. Finallement Attilla gaigna la fuitte & perdit cent quatre vingt mille hommes. Quand au reste luy revenu en Hongrie, ayāt trop mangé le propre iour de ses nopces, fut suffoqué dans son lict, par le sang qui par gros boüillons luy decouloit des narines.

D'VLASDISLAVS ROY de Polongne.

Vlasdislaus Roy de Polongne ieune & beau Prince, fut appellé des Hongrois, pour estre aussi leur Roy, l'an mil quatre cēs quarente, & de gloire qu'il conceut, de se voir Roy de ces deux puissants Royaumes, pensant estre inuinsible desirant auoir guerre contre quelqu'vn pour emplo-

yer sa vaillantise & grande puissãce, rompit la foy & trefue que les
Hongres auoiét donnees au Turc
auant l'an reuolu: à la premiere
bataille qu'il dôna il y fut tué: ainsi
il ne iouyt gueres des deux Royaumes, car l'inconstance de la
fortune soudain luy trencha sa pre-
tenduë felicité.

DE PALEOLOGVE.

L'Empereur de l'Orient, Constantin Paleologue, alla quinze ans apres tenir compagnie en
l'autre monde au ieune Roy La-
dislaus: car la ville Metropolitaine
de son Empire, Constantinople fut
assiegee & prinse par Mahomet second, surnommé le Grand, par la
lascheté, de Iean Iustinian Geneuois, Mahomet ayant trois cens
mille combattans, & quatre cens
canons: ledit siege dura soixante

Pagination incorrecte — date incorrecte
NF Z 43-120-12

PAGINATION DECALEE

VALABLE POUR TOUT OU PARTIE DU DOCUMENT REPRODUIT

iours. Il est impossible de reciter l'horible cruauté qui y fut exercee L'empereur en fuyant fut rencontré & meurtry pres de la porte, sa teste fut fichee sur vne lance, & portee par toute la ville: Mahomet fit aussi eriger vne image de crucifix, & escrire dessus, *Cestuy est le Dieu des Chrestiens*: & commanda qu'on iettast fange & fiente contre ladite image. La femme de l'Empereur auec ses filles, & les plus Nobles Damoiselles qu'elle eust, furent emmenees deuant Mahomet: & apres leur auoit fait tout oprobre voire les plus grandes vilenies du monde, leur corps furēt decoupez en pieces. Et peu de iours apres il y eust vn autre Roy de trois iours tué, que ie n'ay voulu obmettre, qu'estoit le susdict Iean Iustian Geneuois traistre qui auoit rendu la ville à Mahomet, auquel auoit promis, s'il luy faisoit

soit prendre Constantinople, qu'il le feroit Roy, & luy tint fort bien promesse, car il le fit constituer Roy par trois iours, & le quatriesme le fit decapiter, dit *Fasciculus temporum*. Ces choses aduindrent l'an 1453. enuiron le mois de May.

DV BASCHA DE DAMAS.

Villamont nous a laissé par escrit, comme l'ayant veu en la ville de Damas en Sirie, l'an mille cinq cens quatre vingt neuf qu'vn Bascha, ou Lieutenant de Roy, auoit marié sa fille, & luy voulant faire quelque honneste present auant qu'elle se departist d'auec luy: ayant vn esclaue rufien, beau, blãc, aagé enuiron de dix-huict ans, il auoit proposé de luy faire couper sa bourse & verge virille, & estant guery, en faire presẽt à sa fille pour u y seruir d'homme de chambre,

V

(& la coustume est en ce pays-là, que les grands Seigneurs, estimēt fort les esclaues, qui ont la boursoe & verge virille coupee, les achepte bien cherement pour estre gardiēs de leurs femmes) pour reprendre mes brisees, cest esclaue ayant eu notice d'vne telle deliberation, se delibera d'obuier à tel accident: car il aduient souuēt, que l'enfant ou homme en meurt, il se resolut plustost de mourir, que d'endurer si grāde ignominie, voire mesme tuer le Bascha. Ce qu'il executa: car ayant trouué son maistre le second iour des nopces de sadite fille, lassé d'auoir dancé, voltigé son cheual, iousté, & a pance plaine, dormant sur son lict, entra en la chambre sans dire mot, & d'vn courage magnanime, luy donna plusieurs coups de cousteau dans la gorge. Le Bascha s'esueillant, appella ses gens au secours: mais ledict esclaue paracheua si promptement son expedition, que le Bascha fut occis, auparauant que ses domestiques fussent venus le secourir. Lesquels le voyant esté du mort sur la place, meirent la main au Cimeterre, & de grand rage taillerent l'esclaue en plus de cent pieces.

DE NAIAM.

Najam nepueu de Cublay, Empereur des Tartares, ayant oublié les loix de nature, & abusant de la bonté de son oncle, qui l'auoit constitué gouuerneur de plusieurs Prouinces, luy ayant ordonné de grandes fināces pour tenir vn Estat Royal, sans estre suject de rendre conte de ses actions, esmeu d'ambition & temerité, s'esleue cōtre sōdit oncle & Seigneur souuerain l'Empereur Cublay, dressant & mettant à l'encontre de luy vne grāde armee sur les chāps. Et afin de se mieux asseurer de sa victoire, pour estre le plus fort, trouua moyen d'attirer à soy vn sien cousin, nepueu aussi dudict Cublay, qui auoit conceu vne inimitié mortelle à l'encontre du susdict Empereur, pour auoir receu plusieurs reprimendes des insolēces qu'il auoit commises aux charges & affaires à luy donnees. A quoy facillement s'acorda Caydu, (car ainsi s'appelloit) & luy promit de si trouuer en personne, & luy mener soixante mille hōmes. Eux donc suiuans leurs desseins, complottent de s'assembler auec leur forces en vne certaine campagne, pour de la entrer en pays, & courir sus à l'Empereur leur oncle, auant qu'il s'en doutast acunemēt, Najam ne faillit donc auec quatre vingts mille hommes se trouuer au lieu assigné, mais Caydu faisoit toute ses diligences de s'y trouuer, & n'auoit faict leuee encor de ses gës de guerre entieremët. Ceste entreprise fut incötinët descouuerte à l'Empereur Cublay, & de quel courage ses nepueux en conspiration publique s'estoient esleuez contre luy, comme sage Prince, & bon guerrier qu'il estoit, ne fut negligent de s'opposer à leurs desseins : parquoy il mit gens sur les chemins, ponts & passages, pour empescher que les deux armees ne se ioignissent, & que ses nepueux ne fussent aduertis de ces desseins, puis met ses gens de guerre aux champs, qu'il auoit tirez secrettement des prouinces prochaines de Cambalu, ou il tenoit sa Cour, & lors il auoit beaucoup à faire à tirer promptement des soldats de ses terres, parce qu'il auoit deux grandes armees qu'il auoit enuoyées aux pays longtains, pour la cõqueste de nouuelles prouinces. Son armee telle quelle preparee en si peu de temps, le mieux qu'il peut s'en va trouuer l'ennemy, qui n'estoit encore ioinct à Caydu, le charge si au despourueu, qu'il n'eust loisir de renger ses gens en bataille, en met vne partie à mort, l'autre en fuitte: partie furẽt faicts prisonniers, & entre iceux Najam si trouua, qui luy fut amené: lequel on vouloit tuer en sa presence, mais il deffendit qu'on ne le mit à mort, ne voulant que le sang Royal fut respendu en terre: mais cõmanda qu'il fut mis dans vne grãde piece de drap, biẽ emballé auec des cordes, afin qu'il fut estouffé dedans: ce qui fut executé. Et auãt que ce faire fit cesser la tuerie qu'on faisoit de ses ennemis, qui estoient tous Chrestiens, à la Nestorienne, Armenienne, ou Abyssine, & mesme Naiam l'estoit: mais à ce qu'on dict maunais obseruateur de la religion. Ledict Empereur voulust qu'on leur pardonnast, disant: ie deffends à toutes personnes de quelque qualité ou religiõ qu'ils soient, de ne leur mal-faire, sur peine d'estre priué de ses armes, & battu de verges par deux diuerses fois, d'autãt que leur Dieu Iesus-Christ est tenu de noꝰ, pour l'vne des plꝰ grãdes Deïtez celestes, plain de toute equité & iustice: qui cognoissant les Chestiens me faire iniustemẽt la guerre, estans nos subiects, ne leur ayãt donné occasion, s'estoient reuoltez, & adheré à nos ennemis, à permis que i'aye gaigné la iournee: aussi dict-on qu'il est le Dieu des batailles.

DE CHARLES, ROY DE
Nauarre.

CHarles Roy de Nauarre, estát vieil, ne laissa pas de paillarder, & sa paillardise, luy causa vne maladie & sa mort, entant qu'ayāt vne telle contraction de nerfs, & si grande douleur aux iointures, qu'à peine pouuoit il ployer, ny mains ny doigts, tant ses nerfs estoient enroidis, il eust conseil des Medecins, de se baigner ou estre tout arrousé d'eau ardente pour luy refaire rechauffer, & dissoudre les mêbres ainsi contraints & retirez. Mais oyez quel fut l'amendement de ce Roy cassé de vieillesse, & assailly de maladie iusques à mourir. Quelque temps auparauant qu'il fut mis au lict de sa mort, & aux estuues qui le ruinerent, luy ayāt desir de retirer quelque somme d'argent de ses suiects, qu'il auoit espuisez par ses exactions, & eux ne pouuans plus cōtribuer à ceste gloute, & paillarde cōuoitise, il faict mettre en prison les plus riches & hōnorables bourgeois de Pampelune, auec serment de les y laisser, & les tourmenter iusques à tant qu'ils luy auroient fourny la somme qu'il demandoit, quoy qu'elle leur fut impossible. Or tout ainsi qu'Herode auant mourir fit emprisonner aussi la Noblesse de Iudee, laquelle par sa mort fut mise en liberté, la ruyne pareillement de ce Roy, fut la vie & deliurāce de ces pauures Nauarrois, qui ne s'attendoient point d'auoir meilleur traittement, que d'estre ou priuez de vie, ou despoüillez de tous leurs biens & substance, pour rassasier la tyránique volonté de leur Prince. Or quoy

V v

que l'ordonnãce de ses Medecins luy fut bône, & fort salutaire pour luy rechauffer ses membres ainsi perclus, si est-ce que la iustice de Dieu conuertist ceste chose bonne en l'instrument propre à punir les feux de la concupiscence de ce Prince, d'autant qu'estant ce corps debilité cousu en vn linge trempé en l'eau de vie, comme le valet de chãbre qui le cousoit, n'eust point de cousteau pour couper le fil, il s'ayda d'vne bougie, qu'il tenoit en main ; le feu prend, ceste eau le reçoit, il court par tout le linge, si bien que l'eau vsant de sa force, & la main de Dieu y besognant, le corps du Roy fut tellement espuisé d'humeur, que nul n'y pouuant remedier, il mourut en ceste misere, payant par ce supplice l'vsure de tant de massacres, bruslemens & empoisonnemens qu'il auoit causez en ceste vie. Telle fut la fin de ce Roy Charles, lequel n'a rien qui le rend recommandé, que le seul tiltre Royal, & le sang illustre duquel il estoit sorty, qu'il a obscurcy par ses laschetez & felonnies. Il fut fils du Comte d'Eureux, & de Ieanne fille du Roy de France, & estoit aussi beau frere de Gaston troisiesme de Foix, vn des plus grands Seigneurs de la Gascogne, qui tua son propre fils, par le moyen de Charles son beau frere, qui le trahit. Ces histoires sont amplement descrites en l'histoire de Nauarre, côme aussi par l'historien Froissard, & Fulgose.

DE IEANNE, ROYNE de Naples.

Ieanne Royne de Naples, fut fille de Charles Duc de Calabre, & femme d'André, fils de Charles Roy de Hongrie. Mais ce mariage fut malheureux: car Ieanne pour iouyr mieux de ses cupiditez fit estrãgler sõ mary André, par des bourreaux apostez qu'elle auoit subornez. Et depuis ce paricide, elle fit estrãgler encor deux autres maris quelle auoit espousé depuis, mais Dieu vengeur des malefices, permit qu'on descouurist que c'estoit, elle mesme qui faisoit mourir ses maris, quand ils ne luy plaisoient pas. Parquoy Philippes Prince de Tarante, & Charles Prince de Durace, parens & alliez de son dernier mary, meirent vne armee aux champs, assiegerent Naples, & prindrent la Royne Ieanne qui se rendit, ne pouuant aucunement resister, elle fut mise prisoniere en vn Chasteau au pays d'Abruze, & fut pres d'vn moys en ceste captiuité, faisãs de pitoyables regrets, maudissant le iour de sa naissance, pere & mere, qui l'auoient mis au monde, iamais elle ne s'enqueroit (tant auoit le cœur haut) ce que on vouloit faire d'elle, seullement demandoit comme se portoit son mary le Comte de Brunsuiche, qui estoit son quatriesme, lequel estoit aussi prisonnier en la Sicile, elle prioit souuét ses gardes qu'ils luy feissent entendre de ses nouuelles: mais cóme vn iour elle les arraisonnoit sur ce propos, voicy entrer quatre puissás Hongres, au Chasteau, gens estants au Prince de Durace, lesquels dés qu'elle les veit, sans penser pourquoy ils venoient, elle s'en ferma dans la chappelle pour prier Dieu, & se confesser, cóme doit faire tout bon Chrestien. Apres le sacrement receu de penitence, & elle estant à genoux en prieres, ces quatres bourreaux entrerent, qui en lieu de luy faire la reuerence, & la saluer selon le merite de sa grandeur, luy meirent vne corde au col pour la suffoquer, laquelle elle sentant, ne dict que ces mots. C'est le guerdon de mes folies, Ah mon Dieu! aye compassion de mon ame, & vous mes amys, dictes à mon cousin Charles de Durace, que ie prie Dieu luy donner vne fin plus malheureuse, que celle qu'il me faict donner, car i'ay grand peur que iamais il ne meure que de mort violente. Elle eust parlé d'auátage, si la corde resseree & tiree par ces quatres puissás bourreaux, ne luy eust emporté la vie auec la parole. Ainsi mourut ceste Royne Ieanne, de la mort la plus vile & infame, qu'on puisse donner à vn miserable malfaicteur: ne laissant autre cas de sa memoire, qu'vn argument triste du malheur attaché à la vie de tout homme; & vn exéple aux grands de ne se fier à la fortune; ains viure si sagement, que parmy la saincte vie encor, il craignent tousiours de receuoir quelque atteinte : consolez toutefois en cela, que les meschans souffrēt pour leurs forfaicts, & les bons pour la preuue de leur patience.

DE DIDIER ROY DES
Lombards, & de Paul Grec Roy des Gots.

Ceux qui refusent la suiection & obeyssance Ecclesiastique, ont tousiours finy mal, & leur vie à esté accompagnee d'infortunes, & leurs affaires de desastres, & encor rendent à la posterité leur nō odieux & infame, par les histoires que les doctes nous en escriuent, ainsi qu'il est escrit de Didier dernier Roy des Lombards, qui fust bien chastié par le tres-Chrestien Roy de France Charlemaigne, pour s'estre arrogamment attaqué au souuerain pasteur du premier siege. Car le Pape voyant la ville de Rome inuestie de tous costez par l'armee du susdict Didier eust recours à Charlemaigne pour lors Roy de France, qui deliura la ville de Rome, & prit Didier Roy des Lombards, auquel il fit trencher la teste. Aussi Paul surnômé le Grec, Roy des Gots, nõ contêt de s'estre reuolté côtre Bêbe Roy des Espagnes, encore se rua il sur l'Euesque de Geróde dequoy Bêbe Roy des Espagnes poursuiuit le tiran, & le prit à Nismes cité de Languedoc, & le mena à Tollette ou il le couronna de poix bouillante, & luy ayant fait creuer les yeux, le contraignit de finir miserablemêt ses iours. Les Princes, & Potentats Chrestiens, ne doiuent refuser l'obeyssance, à celuy qui tient la place d'Aaron, & est choisi comme chef du peuple assis au milieu de l'Eglise comme le superieur, & auquel tous les autres doiuent escouter, auec reuerence. Constantin le Grand refusa de iuger les diffents des Euesques, Theodose qui aussi porta le surnom de Grand, Prince tres-Catholique souffrit patiemment la correction & chastiment de l'Euesque sainct Ambroise, quoy qu'il ne fut le souuerain de l'Eglise. & Charles le Grād (dōt i'ay desia parlé) Roy des Gaulois, & Empereur Romain, approuua la liberté des Euesques refusāt que sa Maiesté cogneut pour iuger de la cause du souuerain pasteur de la Chrestiēté, lequel il feit & ordōna iuge de sa cause propre, s'ē rapportant à sa conscience: cōme aussi Suenon Roy de Dannemarc, successeur de Kanut le Grād s'humilia soubs la correction du sainct Euesque Guillaume, & receut penitence de luy, quoy qu'à grand regret il quittast l'alliance, de celle pour qui le pasteur l'auoit separé de la communion de l'Eglise. Voire entre les Ethniques, Alexādre seuere Empereur des Romains ne trouua mauuais qu'es choses de la religion ou appella de luy, & de sa sentence aux Pontifes & augures, quoy que desia il en eut decidé, ayant ceste opinion qu'es causes qui sont de l'Office du Magistrat spirituel, il faut que la Majesté imperialle s'humilie, & obeysse à l'authorité de l'Euesque.

D'ABRAHAM ROY DE
Maroc.

ABraham Roy de Maroc fut fils de Iesues, Prince tres vertueux, au reste idolatre. Du tēps du susdit Abrahā s'esleua vn Prescheur fin & cauteleux, né aux mōtagnes, nommé Emahely, homme gaillard, subtil, & guerrier, lequel non content, d'anoncer la parolle de l'Affriquain au peuple conuertit ses desirs à la guerre, & fut sa persuation a gaigner des hommes pour s'en seruir en ses affaires, ayāt dessein de se faire par force Roy de Maroc. Cestuy cy ayant dressé par la douceur de son langage vne belle armee, vint affrōter le Roy son Seigneur: tellement qu'estans venus à faire la guerre ensemble, le Roy Abraham s'enfuyt le long du mont Athlas, & le Predicant imposteur alla assieger la Royalle cité de Maroc, ou il enuoya vn sien disciple nōmé Habdul Mumen à la poursuitte du Roy, qui se retira à Orā, Cité qu'il répara, attendāt les moyens de se preualoir, contre les efforts de son aduersaire. Mais Habdul Mumen, qui se voyant recogneu pour seditieux, ne vouloit rien laisser derriere pour le salut du Roy, ny qui seruist de peril à ses soldats, vint encor assieger le

Roy à Oran, lequel priué de secours, & esloigné de tout espoir de paix, & amitié auec les heretiques, sortant de la cité prend son chemin vers la mer, pres laquelle estant sur vne roche, & ayant sa femme en crouppe, desesperé & transporté pour se voir ainsi desherité, se precipite courageusement en l'Occean, & tombant le long du rocher, fut despecé & brisé en pieces, & estant trouué ainsi mutillé, les Mores ses subjects desplorans son infortune, l'enterrerēt assez pauurement. Quand à Elmaheli, ayant pris la cité de Maroc, il s'en fit proclamer Roy : mais sa Royauté ne dura gueres, pource qu'vn More, fidelle seruiteur de son Roy, desesperé de la mort d'iceluy, tua Elmaheli, l'anuoyant rēdre conte à son Prophete Mahomet deuant le iuge des enfers, du tort qu'il auoit faict à son Prince naturel, en le chassant de ses terres. Et Habdul Mumen, sçachant la mort de son maistre, se fit aussi proclamer Roy, & ayant gaigné la bône grace du peuple, fit mourir le fils du Roy Abraham, & empoignant ce petit enfant, le consacra aux ombres du pere, le tuant de ses mains propres. Mais peu de temps apres le Grand Mensor Roy de Fez, entra auec vne armee en Maroc, & prit Habdul Mumen, le faisant puis apres desmembrer à quatre cheuaux. Voyla comme ceux qui vsurpent iniustement les Royaumes finissent leurs iours malheureusemēt, ainsi Mahomet d'esclaue qu'il estoit, se fit Roy des Arabes, par le moyen de son eloquence, & de sa dexterité aux armes. Et Iean Layden pauure cousturier Hollandois, fit tant par sa subtillité, qu'il fut faict chef des Anabatistes, & puis auec vne armee, print Munster, & fut proclamé Roy, ainsi que nous le dirons cy apres.

DE DARIVS, ROY DE Perse.

IL n'y a point de doubte, qu'il ne soit vray, ce que Theodoric roy des Gots, escriuant au Senat Romain alleguoit, que le cours de nature manqueroit plustost, que le peuple fut autre que les Princes, cela se doit entendre, non seulement des vertus & des vices, mais aussi des gestes du corps, voire iusques aux habillemens. Qu'il ne soit ainsi, pource qu'Alexandre le Grand panchoit le col sur l'espaule droicte, tous les ieunes Princes, & autres suiuans sa Cour faisoient de mesme. Alphonse Roy d'Arragon, & de Sicille, auoit le col tort, aussi tous ceux de sa suitte qui l'aymoient, s'efforçoient de le faire de mesme, pensans leur estre cela bien seant, d'autant que leur Roy l'auoit ainsi: comme il est escrit au liure du courtisan, en la vie de Pirrhus. Le Roy François premier de ce nom, portoit les cheueux longs, & pour vne certaine playe qu'il receut en la teste, il les luy fallust couper, & plusieurs de ces courtisans à son imitation, se firent tondre. Ainsi ceste pernicieuse coustume, fut la cause de la ruyne de Darius Monarque des Perses: car il auoit outre sa femme espousee, vne grande multitude de concubines, de bardaches, de menestriers, sauteurs, danseurs, fols, plaisans, & autre gens de peu en son armee, mengeant & beuuāt auāt qu'il eussent soif, ny faim. Ses Capitaines & gens de commandement, & tout le reste de son armee, se licentierent d'en faire de mesme: car chacun soldat auoit bien souuent deux concubines, & autant de Ganimedes, & les chefs au triple, ou pour le moins au double. Son armee en fin, qu'on pensoit estre composee de huict cens mille hommes combattans, ny s'y en trouua pas vingt mille: car à l'exemple de leur Roy, ils s'estoient tous adonnez au luxe, & rendus gens inutils à la guerre, qui furent deffaicts par les soldats d'Alexandre le Grand, auec peu de trauail, & perte des siens, qui estoient gens sobres & cõtinens & bien combattans comme leur Roy. Finallement Darius fut pris par Alexandre, & tué par vn Capitaine nommé Bessus, qui fut iustement puny par Alexandre, ainsi que nous l'auons d'escrit en son lieu. Les Princes donc, & autres qui seront commis sur le peuple, seront aduertis par cest exemple cy descy deſſus allegué, de s'adonner à exercices & geſtes vertueux de leurs corps, parler diſcrettement, n'eſtre blaſphemateurs, de viure auec toute ſobrieté modeſtes en tous leurs actions & veſtemens: entre autre choſes ne s'eſloigner de la vertu & vraye pieté. Sans doubte leurs ſubjets les imiteront, & feront que leur regne & eſtat en feront beaucoup plus aſſeurez: car ou le vice regne, la rebellion le plus ſouuent s'enſuit. Autrement leur eſtat, ſera comme l'Empire Perſan, & Babillonnien, qui en vn moment, à cauſe de leur Roy, qui eſtoit laſcif, les ſubjects l'imitant fut perdu & diſſipé.

D'ALEXANDRE, ROY
d'Egypte.

LE Prince eſt reputé ſage, qui ſe fie de ceux qu'il doit, & vſe le moins qu'il peut du devoir de ceux desquels le naturel luy est incogneu : & sur tout il faut qu'il regarde combien est perilleux, de se fier entre les mains de ceux qui se revoltans à vn autre Prince, se viennent ietter entre ses bras, & le requierent de faueur & support. Aussi Tite-Liue dict, que quand Alexandre le Grand passa en Asie auec son armee, Alexandre Roy d'Epire son cousin, estant appellé à secours, par ceux de la Basilicate en Italie bannis de leurs terres, qui le firent passer en leur pays, soubs couleur de le faire Seigneur de la Lucanie, pays posé entre la terre de Labour, & la Calabre. Le Roy Grec Alleché de ceste promesse, & se fiant à la foy de ces bānis, passa la mer, mais ce fut à son dam : car les Citoyens de Lucanie, pour chasser ce nuage de leurs terres, & pays, capitulerent secrettement auec les bannis, & leurs accorderent le restablissement de leurs biens, s'ils despeschoient le monde de ce Roy, qui les assailloit, dequoy s'ensuiuit l'effect presque aussi tost que la resolution en fut faicte, & fut occis Alexandre autant traistreusement comme legerement il auoit embrassé ce voyage, soubs la promesse d'vne nation à luy incognuë. Il fut tué dans son lict, par le general des Basilicates, aydé seulement d'vn valet, qui eut bié la hardiesse de meurtrir le Roy Alexandre, en quoy il monstra bien son impudence, veu que la Majesté (qui est comme vn Soleil) esbloüist la veuë des plus asseurez. Mais il y a des maraux si impudés, qu'ils ne diferent nó plus de lauer leurs mains paricides dans le sang d'vn Roy, comme dedans vne riuiere. A ce propos il me souuiét d'auoir leu l'acte temeraire d'vn

X ij

simple soldat Espagnol, contre le Roy Ferdinand d'Arragon, donnant vn grand coup d'espee sur le col du Roy, & bien que le coup ne fut mortel si dōna il a cognoistre combien le desir de vengeance le transportoit, & si le cœur luy māquoit pour l'execution de son dessein, & entreprise. Aussi vn Deruis ou prestre Mahometan, lequel se sentant outregé par le grād Seigneur Bajazet, ayeul de Sultan Soliman, & pere de Selim, eust biē le loisir & la hardiesse, de desgaigner vn Cimeterre, pour tuer son Prince, mais les gardes luy empescherent d'effectuer son desir. Tout de mesme douze esclaues & serfs Turcs, eurent telle hardiesse & asseurance, qu'ils massacrerent le Serif Roy de Fez, & Maroc, comme il souppoit estant assis à table. Et Iule Belanti pauure habitant, occist Pandolphe tyrā de Sienne, pource qui luy auoit rauy sa fille, quoy qu'il l'eust prise pour espouse la fille rauie.

DE VNCHAM, ROY d'Ethiopie.

MArc Paul Theuet, dict que Chinchis Roy de Tartarie, ayant guerre contre Vncham Roy d'Ethiopie, pour luy auoir refusé sa fille en mariage nommée Loada, voulut sçauoir de ses enchanteurs, qu'elle fin prendroit ceste guerre. Lesquels prindrent vne canne ou roseau, qu'ils diuiserent en deux moitiez de sa longueur & meirent les deux pieces en terre, l'vne desquelles ils nommerent Chinchis, & l'autre Vncham, & dirent au Roy, cependant que nous lirons les inuocations de nos Dieux, il aduiendra par leur vouloir & permission, que ces deux verges de cannes se batailleront l'vn contre l'autre, & celle qui viendra à surmonter l'autre, & se mettre dessus, le Roy duquel elle porte le nom, gaignera la bataille, & obtiendra victoire. Estant donc le peuple assemblé, pour voir le spectacle des deux verges, les Astrologues cõmencerent à faire leurs inuocatiõs & à lire leurs enchantemẽs, & lors s'esbranslerent soudainement les deux parties du Roseau, se heurtãs l'vne contre l'autre, iusques à ce que finallement, celle qui tenoit le nom & party de Chinchis, mõta dessus celle du Roy Vncham : duquel spectacle les Tartares furẽt fort ioyeux, s'asseurans de la victoire future. Trois iours apres fut dónee la bataille, qui fut cruelle, & furẽt tuez en icelle plusieurs personnes d'vne part & d'autre, toutefois à la fin Chinchis eust le champ, & demeura victorieux, &

Vncham demeura entre les morts & Chinchis s'estant attribué le Royaume, print à femme Loada. Autres historiens ont escrit, que Vncham la tua par despit, auant la guerre commencee, pource que Chinchis auoit esté Vassal d'Vncham, & qu'il luy estoit de beaucoup inferieur. Nous lisons dans Plutarque que Pirrhus Roy d'Epire, consulta l'Oracle, qui estoit le Diable, pour sçauoir qu'elle issuë il auroit de la guerre qu'il vouloit entreprendre contre les Romains, mais il n'en rapporta rien, sinon vne douteuse responce, à sçauoir:

Ie te le dy, & le tient pour certain,
Que Eacides peut vaincre le Romain,

Basile Empereur de Constantinople, Chrestien, luy estant mort vn sien fils, chercha tant d'enchãteurs & de necromãtiens qu'il peut trouver, pour faire revivre sondit fils, afin de tirer de luy beaucoup de choses futures : ce qui fut faict, & le tint embrassé plus de demy heure, mais il n'en peut tirer aucune responce, & disparut aussi tost, ainsi qu'à escrit Glicus : cecy aduint l'an 865. Pompee demanda à l'enchanteresse & sorciere Thessallienne Ericto, qu'elle fin auroit la guerre Pharsalique : laquelle l'asseura qu'il seroit victorieux, neantmoins il fut vaincu.

DE RVTILLIAN, COlomnel Romain.

PApirius Dictateur Romain, proceda rigoureusement, eu esgard à la qualité des personnes, enuers vn noble Romain, Colomnel de la Cauallerie Romaine, qui auoit donné bataille aux Samnites, sans son expres commādement, ayant faict mourir vingt mille des ennemis : Nonobstant qu'il eust bien faict & vaillammēt, neantmoins il fut condamné à mort, qui se nommoit Quintus Fabius Rutillianus, sans auoir esgard à son merite, ny a sa race. Et comme la coustume estoit qu'auāt que donner le coup de la mort, on fouettoit seuerement les condamnez: Or comme on fustigeoit le miserable Rutillian, les plus honnorables de l'armee, prierent Papirius de differer la mort iusques au lēdemain: Ce que bien à grand peine il leur Octroya, ce pendant la nuict on donna moyen au condamné de se sauuer: lequel s'enfuit à Rome, implorant l'ayde du Senat, pour luy sauuer la vie : mais ce fut en vain, car Papirius perseuera à le faire mourir, parquoy le pere dudict condamné, qui auoit autrefois esté Dictateur, & trois

X v

fois Consul, fut contraint d'auoir recours au peuple, & par supplication soliciter les Tribuns du peuple pour son fils. Ce neantmoins, toutes ces choses ne peurent d'estourner la rigueur de Papirius: finallement il fut prié en general de tous les Citoyens, & Tribuns du peuple, protestant qu'il ne pardonnoit à Rutillian la poine meritee, ains qu'il donnoit au peuple Romain, & à la puissance des Tribuns la punition. Ainsi ce Colomnel Rutillian fut fustigé, & prest de receuoir la mort, pour auoir mieux fait qu'on ne luy auoit commandé. Le peuple Carthaginois ne se fut pas tant employé à sauuer la vie à vn qui eust commis vn tel acte que Rutillian: car le Capitaine ou General qui donnoit bataille à l'ennemy, sans auoir expres commandement du Senat, encore qu'il l'eust gaignee sans aucune remission on le faisoit mourir. Et de vray cecy a tousiours eu lieu, de toute antiquité entre la discipline militaire, que le soldat ou Capitaine qui à combatu & dôné bataille, contre la deffence à luy faicte, merite la mort. Aussi Cesar parlant d'vn sien Capitaine nommé Silanus, dict qu'il fit bien & sagemēt de ne dôner la bataille, encore qu'il fut certain d'emporter la victoire, parce disoit-il, ce n'est pas au Capitaine de passer par dessus les deffences à luy faictes, tant s'en faut qu'on doiue rien faire en matiere de guerre, contre les deffences, que mesme le Capitaine, ou Lieutenant d'autruy ne doit donner bataille, s'il ne luy est expressement commandé. Ce qui fut la cause que le Comte d'Aiguemont fut en danger, & eust en fin de grace speciale, seulement pour punition, vne reprimende faicte publiquement, par Charles le Quint Empereur, d'auoir donné bataille au Mareschal de Termes, encor qu'il eut la victoire, parce qu'il auoit ioué au hazard tout l'estat du pays bas, s'il eust perdu la bataille.

DE LVPOLD, DVC d'Austriche.

LVpold Duc d'Austriche, Prince audacieux, aagé de vingt ans, print pretexte de faire la guerre aux confederez de Lucerne, & voyant qu'il ne pouuoit venir à bout d'eux, il faisoit estrangler & massacrer par despit tous ceux qui se cantonnoient, donc les Ligues faschez au possible de ces cruautez mirent des gens aux champs, & prindrent d'assaut sur luy, le chasteau de Pfeffiocn, & mirēt à mort tous ceux qu'ils trouuerent dedās.

Depuis, & presque en ce temps, deux villes d'iceluy Duc, à sçauoir Delitbouch, & Sampach, se mirét à la sauuegardes des confederez, & de la bourgeoisie de Lucerne, dequoy le Duc Lupold irrité, leua vne armee de dix mille hommes, & entre dans le pays des Cantons. Mais par l'aduis d'aucuns, ils firēt paix les vns auec les autres, soubs certaines conditions, & ny eust pour ce coup aucune bataille, ny prinse de ville. Retourné que fut Lupold à sa maison, se pensant dōner du bō tēps, il fut persuadé par plusieurs nobles, qu'il n'auoit nul honneur d'auoir faict paix, & cōtracté auec ses subjects, & que tous ses seigneurs estoient dispēsez des serments qu'ils luy font, & que cela seroit cause qu'il ne pourroit paruenir à l'Empire, cóme auoient faict ses predecesseurs: s'estant dōc laissé amieller à ces folles persuasions, employa bonne partie des forces de l'Empire, & grande partie des nobles, & se trouua qu'il auoit vingt mille hommes tant de pied que de cheual, gens d'eslite, & bons combatans, la pluspart nobles, ayans interest en ceste cause, accompagné aussi de puissás Princes, se met aux champs, auec beaucoup de munitions pour assieger Sampach, ou l'armee des confederez se trouua aussi, qui estoient en nombre de mille six cens : qui ayás saisi le lieu le plus aduantageux du champ, & ou les gens de cheual ne pouuoient combattre, dont la noblesse se mit à pied. La bataille donnee, la iournee demeura aux Cantonnez il faisoit ce iour là vn si grand chaud, que les nobles ne le pouuoient endurer, comme les Rustiqs, dont plusieurs se mirent à fuyr. Lupolde comme courageux tint ferme, & fut tué, & beaucoup d'autres illustres personnages, comme Otho, Marquis de Hoch, Iean, Comte de Fustemberg, & plusieurs autres : il en eschappa fort peu, qui ne fussent prisonniers ou morts. Deux ans apres les Gentils hommes qui estoient eschappez, retournerent auec si mille combatās, mais deux cens hommes de Glaronne les mirent en fuitte, & en deffirent deux mille quatre cens, à ce qu'à escrit Krans, liure 10. & Munsterus, liure 3. depuis aussi ceux de Berne, Lucerne, Glaronne, Zuric, Appenzel, Glaris, Basle, Zug, Fribourg, Soleurre, Schaffouse, & tous les Cantons, deffirēt l'armee de l'Abbe de S. Gal, assisté de toutes les forces de l'Empire, d'Austriche, & d'Espagne.

D'ANDRÉ, ROY DE Naples.

ANdré Roy de Naples, fils de Louys Roy de Hongrie, & mary de Ieanne la Louuette, dont nous auons cy deuant faict mention, fut massacré l'an 1347. & de son regne le 3. par la conspiration de sa femme, qui vouloit regner seule, & n'auoir point de maistre, & faire d'vne Monarchie vne Aristocratie. Ceste Royne donc, pour faire mourir son mary, & voyant qu'on ne le pouuoit faire mourir par poison, pource qu'il se tenoit sur ses gardes, corrompit les valets de chambre d'iceluy, leur promettans des grandes recompenses, si ils pouuoient estrangler le roy, ce qu'ils promirent, dont ces conspirateurs voulant executer leur dessein & complot, voyant que le

Roy à Auerse, cité du Royaume (& laquelle fut iadis nommée Atelle, & estant ruynée par les Romains, fut rebastie par les Normás, estans Seigneurs de Naples,) ou dreßans de beaux báquets, festins, momeries, & masquarades, tandis que chacun s'amusoit, & au bal, & à folastrer, le Roy s'estant retiré en sa chambre, fut suiuy de ses valets de chambre trop mal gracieux, lesquels luy mettans vn lacet de soye au col, l'estranglerent aussi cruellement, & le laisserent ainsi pendu en sa chambre, chacun se retirant ou mieux il luy sembla. Or ne pésez pas que la Royne, & quelques Seigneurs qui estoient de la conjuration, fussent ceux qui meirent la main à l'execution, car tandis que ce mystere se iouoit, ils s'amusoient en la sale à danser, & à donner cependát libre issuë aux meurtriers pour ce sauuer apres le massacre, & estoient les bourreaux, vn nômé Conrard Cathâcie valet de châbre du Roy &, Cheuse, soldat delectable, puisqu'il fut si hardy de mettre la main sur sô Roy, la preséce duquel il deuoit reuerer côme vn Dieu, qui est le ministre de sa iustice en terre. Ce meurtre ne fut pas plustost publié par la ville, que le Comte de Nouuelle, grand amy du Roy deffunct, n'en poursuiuit la vengence, & fit si bié qu'il empoigna les executeurs, desquels il fit vne cruelle iustice.

DE GODOVIN PRINCE Anglois.

POlidore Virgille liure 8. de sô histoire d'Angleterre dict que Goduin Prince d'Angleterre accusa iniquement de plusieurs vices Emnia mere d'Edouard Roy d'Angleterre second de ce nom, lequel feit tant par ces menees & fausses accusations, que le Roy son fils la spolia de tous ses biens : mais par interualle de temps, ainsi qu'vn peché attire l'autre, continuant sa mauuaise volonté, apres luy auoir osté les biens, encores luy voulust rauir son honneur : car il l'accusa de rechef d'auoir commis adultere auec l'Euesque de Vincestre : dequoi le roy Adouard indigné outre mesure de voir q̃ celle qui l'auoit porté en ses flancs fut accusee de tãt d'execrables vices, resolut de la faire mourir, & ce pendant que toute la cour estoit empeschee sur les enquestes du faict, il la feit mettre en vne estroitte prison, & l'Euesque en vne autre : mais elle impatiente en son mal, vn iour entre autres demanda à parler au Roy sõ fils, en presence duquel elle se precipita en vn brasier ardent criant à haute voix. Ainsi ces viues flammes puissent ardre mon corps, cõme ie suis coulpable des faicts dôt on m'accuse Et ces propos finis, le Roy fut estonné qu'il la veit sortir du feu entiere, sans qu'il aparust aucune lesion à son corps. Parquoy le Roy Edouard voyant la trahison de Godouyn son cousin, luy feit trencher la teste. Crantius en ses Annalles d'Allemaigne, & plusieurs autres qui ont escrit les histoires des Allemans, escriuent vne histoire semblable de Henry le Boiteux 15. Empereur des Allemans, homme fort religieux lequel fut marié auec la fille de Sigefroy Palatin du Rhin appellee Günegonde, femme chaste, & de bône vie s'il en fut iamais auec laquelle l'Empereur viuoit en merueilleuse continence & chasteté, l'aymant vniquement : Toutesfois quelque gentils-hommes de leurs domestiques persuadé par l'esprit malin, s'aduisa pour voir leur comrenance, de semer quelque ialousie entre eux, & trouuant l'Empereur à propos, luy rapporta qu'il auoit veu l'imperatrice regarder vn cheualier impudiquement, dequoy la Royne aduertie commanda en Secret qu'on feit ardre six gros fils de charruë, qu'on les apportast en la presence de l'Empereur lequel ne sçachant l'occasion fut incontinét esmerueillé qu'il veit son espouse nuë pieds marcher hardiment, & sans aucune crainte par dessus, & ainsi qu'elle se tenoit debout sur les fers ardents le regardant attentifuement, luy dict : voyez (dict elle) Empereur que le feu ne m'a pas blessé, aussi suis-ie nette de toute immódicité. Dequoy l'Empereur estonné, commancea à péser à la vaine superstition qu'il auoit euë soudain se prosternant en terre requist pardon à Dieu. Et depuis cet Empereur & sa femme vescurent le reste de leur vie en bonne amitié, sôt ensepulturez, tous deux en l'Eglise Cathedrale de Bamberge, qui autrefois à esté subiecte à l'Archeuesque de Majence.

D'ATYS FILS DE CRESVS Roy de Lidye.

CResus Roy de Lidye, comme il est escrit en Herodote, liure premier, pour le premier signe de son malheur qui le poursuiuit si extremement qui le conduisit iusques sur le buscher, par l'ordonnance de Cirus, (ainsi que ie l'ay escrit en son lieu) songea qu'il perdroit son fils Atys par vn coup de traict qu'il receuroit en son corps. Ce qui aduint bien peu apres quelque soing que Cresus eut eu de faire oster en la maison de son fils, toutes sortes de bastons & d'armes qu'on tenoit penduës à l'estre des portes, craignant qu'il en tombast quelqu'vne sur son fils Atys. Car vn Phrigien nommé Adraste qui apres auoir tué son frere s'estoit sauué de son pays en la maison de Cresus, & y auoit esté si bien receu, que Cresus apres auoir contre sa volonté, permis à son fils Atys d'aller à la chasse, luy bailla la garde de sondit fils, tua en la montagne Olympe ou on chassoit au Sanglier d'vn coup de traict Atys par mesgarde, pensant tirer au Sanglier. Le Phrigiē s'enfuyt, & Cresus fut tant fasché de la mort d'Atis, qu'il en feit razer sa barbe, ses cheueux, & fut presque vn mois à ne manger que du pain & boire de l'eau, pource qu'il aymoit Atys plus qu'aucun autre de ses enfans à cause que ledict Atys estoit resté seul de trois enfans, dont sa mere auoit accouché en vne seule portee, biē que Pline die que cela soit monstrueux. Neantmoins Dioniſius Halicarnaſſus au 3. liure des Antiquitez Romaines, recite qu'vn de la ville d'Albe nõmé Segunius, maria tout en vn temps deux filles qu'il auoit, qui eſtoient gemelles, l'vne à Curatius qui eſtoit de ſa ville, l'autre à Horatius qui eſtoit Romain. Ces deux filles furent groſſes en meſme temps, & accoucherent chacune de trois enfans maſles, qui ont eſté les Horatiens & Curatiens, leſquels comme le meſme Dioniſius, & Tite Liue au premier liure de la premiere Decade, ont eſcrit, combattirent pour la principauté d'Albe, & de Rome, ſoubs le regne de Tullus Hoſtillius tiers Roy des Romains, auquel combat la fortune vouluſt que les Rovs Curatiés fuſſent tuez par vn ſeul Horatius, duquel les deux freres auoient deſia eſté tuez ſur le champ, & que la principauté demeu-

demeura du costé des Romains. Ainsi pour l'ambition, & le desir d'auoir des biens, cinq personnages finirent malheureusemēt leurs iours, à sçauoir les deux Horatiés & les trois Curatiens, qui estoient cousins germains. Mesme auiourd'huy pour ceste folle passion les enfans se bandent contre le pere, la femme contre le mary, le pere contre les enfans. Certes les petits enfans se deuroient mocquer de nous, & en ont plus d'occasion, que nous n'auons de rire deux, quand auec grande diligence & peine bastissent des maisonnettes de tuille & de paille: car nous faisons des choses aussi ridicules qu'eux, & comme dict quelqu'vn.

Nous rions du soucy de nos petits enfans
Quand ils font des chasteaux, & bastissent de paille.

Hé! que faictes vous mieux, vous qui perdez vos ans,
En toute vanité sans rien faire qui vaille.

Et ces petits enfans, ont aussi grande occasion de rire de nous, que nous auôs d'estimer fols, ceux que leurs gouuerneurs attachent d'vn nœud de paille, ou d'vn simple filet, & neantmoins demeurent sans bouger de là, comme s'ils estoient liez auec chaines, tant est semblable leur folie, ce dict Lipsius à nostre erreur.

DE TOVRTOVR, GENtil-homme Prouençal.

DV temps que le Duc de Florence enuoya vne armee en Barbarie, il fut recité au pere du Buys conducteur d'icelle, sejournant à Monté Christi, par vn Marinier qui s'estoit sauué, vne chose memorable, & laquelle il faut reciter, pour eterniser la memoire d'vn vray François, qui apprint par sa constance à tous les autres à mourir courageusement quand l'occasion se presente. Pandant que Morats rays corsaire renōmé, rauageoit & escumoit la mer d'Italie: il print entre les isles de Monté Christi & la Pianouse, vn vaisseau François dans lequel, parmy les autres estoit vn certain Gentilhomme Prouençal, nommé Hierosme de Tourtour, auec vn sien fils aagé de douze ou treize ans, d'assez bel & gratieux aspect: lequel Morats sceut si bien seduire & attirer par blandices ou autremēt, qu'il consentit à se faire Musulman, c'est à dire Chrestien renié. Dequoy sondit pere qui estoit vray Chrestien & homme de bien, s'indigna tellement, voyant que non seulement l'ame de son propre fils s'en alloit en perdition, mais encores peut estre le corps mesme, qui seroit souillé par la corruptió des Barbares (& d'ailleurs ie me represente en l'esprit, que la plus hardie force Turquesque, est cóposee de ceuxlà qui renièt la foy en leur ieunesse, lesquels deuenus ianissaires & puis corsaires ou officiers, font plus de mal aux Chrestiens, que les propres Turcs naturels) sauta de colere au colet du premier Turc qu'il rencontra, & auec vn cousteau l'occit (acte pardonnable au iuste desdain d'vn pere, qui se voyoit rauyr sa chere geniture: mais duquel Morats s'offenca si fort, que des aussi tost qu'il eust pris terre audict Monté Christi, il fit embrocher le pauure pere Gentil homme Fráçois tout en vie, & rostir à petit feu, comme vn Coq-d'inde sur vne pointe de roc, ou ledict pere du Bois trouua encore son test, & autres ossemens tous rostis, & hauis du feu, & le foyer auec la braize esteinte. L'on dict que ce Marats Rays est maintenant en Leuant, gouuerneur d'vne grande Prouince, trauaillant les vaisseaux des Potētas Chrestiens.

DE SIMONTAVLT.

Qvand Riuole fut prise des François, il fut tué à la chaude, vn riche & vaillant Gentil-hōme nommé Simontault. Or vn Italien natif de la ville mesme de Riuole, ennemy dudit Simōtault, parce qu'il tenoit sa part de Guelphe, & l'autre de Gibelin, n'ayant eu la hardiesse de l'appeller viuant au combat, afin de terminer leur different. Mais comme dict Sophocles en vne de ses Tragedies,

Gens cruels ont tousiours peur,
Et si iamais n'ont rien de seur.

Comme ordinairement vn homme cruel est perfide, traistre, couard & timide, comme le monstra bien cest Italien, qui voyant mort ce braue Gentil homme son ennemy, luy arracha le cœur du ventre, & le rotissant sur les charbons à grand haste, le mengea, & respondit à quelques vns qui demandoient, quel goust il y pouuoit trouuer, que iamais il n'auoit mangé si amoureux, ne si plaisant morceau que cestuy. Et non content de ce bel acte, tua la femme du mort, & en arrachant de son ventre le fruict dont elle estoit grosse, le froissa contre les murailles, & emplit d'auoine ces deux corps du mary & de la femme, dedans lesquels il fit manger ses cheuaux.

Voyla vne histoire bien tragique, & digne d'estre leüe, afin de detester l'infernalle vengeance, de ce perfide Italien, & pleust à Dieu que beaucoup de gens ne fussent composez de ceste humeur cruelle, qui est la vraye perdition de leur ame & la totalle ruyne de leur renommee. Ce n'est pas chose iuste (disoit Socrates) d'offencer quelqu'vn, encores qu'il nous eust outragé. Car l'homme de bien ne doit iamais faire mal; & est beaucoup meilleur d'estre offencé, que d'offecer; d'estre tué, que de tuer; d'autant que l'vn ne peut porter dommage à l'homme (qui est l'ame) & l'autre cause sa totalle ruyne & perdition. Cecy sonnera fort mal aux oreilles de plusieurs, mais il faut qu'ils ouurent les yeux de l'esprit sans passion, pour voir la Philosophie de Socrates.

DE LOVYS, ARCHEuesque de Maldebourg.

Louys Archeuesque de Maldebourg, dansa si gaillardement & legerement auec les Dames, iusques à la minuict, que finallement il cheut & trebucha par terre si rudement, qu'il se rompit le col auec vne des Dames qu'il menoit. A ce propos le Roy Charles sixiesme, vestu auec aucuns de ces familliers en homme sauuage, & dansant aux torches, fut aussi en grand danger d'estre bruslé, sans vne Damoiselle qui luy ietta son manteau sur les espaules. N'estant permis aux gens d'Eglise de dāser, Dieu permet souuent la punition exemplaire, par moyens inopinez & estrāges, comme nagueres il en prit, à vn certain, simple Cordelier nommé Piere de Ruere, paruenu à la dignité de Cardinal, par la faueur du Pape son parent. Et en deux ans qu'il vescut à Rome, il consuma en festins & banquets, la somme de deux cens mille escus, sans les debtes qu'il laissa, de non moindre somme, il ne les eust si tost laissees, si le Pape son parent eust tousiours vescu, qui maintenoit contre tous les autres Cardinaux, qui luy vouloient du mal pour son intemperance & gourmandise, ne luy osant faire nul desplaisir à cause du Pape. Tellement que le Pape venant à mourir, & ayant esté creé Pape, sixte 3. ledict Cardinal Pierre de Ruere fut pris & mis prisonnier, lequel ayant suborné par blandices ses gardes se sauua, mais par la volonté de la diuine Providence il fut repris, & enfermé derechef en vne obscure prison, n'ayant pas du pain son faoul, ne beuuant que de l'eau duy qui auoit accoustumé de boire des meilleurs & plus excellens vins d'Italie & de manger des plus friands & chers morceaux qu'ô eust sceut trouuer, tesmoing le festin qu'il fit estant à Auignon, ainsi que la redigé par escrit le Seigneur de Launay en ses histoires prodigieuses. Ce maistre Cordelier deuenu Cardinal, ne pouuant plus subsister en vne si austere prison, aualla vn poison, que de long temps il gardoit pour cest effect, & ainsi il finit miserablement ces iours.

D'ANGELOT, CARDINAL.

IOuian Pontan, raconte vne histoire plaisante, d'vn Cardinal nommé Angelot, qui auoit ceste coustume que quand ses palefreniers auoient donné le soir l'auoine a ses cheuaux, il descendoit par vne fausse porte en l'estable tout seul & sans lumiere, desroboit leur auoine, pour la rapporter en son grenier, duquel il auoit la clef. Ce que tant de fois il continua, qu'vn de ses palefreniers ne sçachant qui estoit ce larron, se cacha dans l'estable, & l'attrappant sur le faict sans le cognoistre, luy dóna tant de coups de fourches, qu'il le rendit demy mort, & le fallut porter a quatre en sa chambre, ou il deuint malade, & mourut peu de temps apres. Iean Maria Duc de Milan, chastia bien plus iustement, (mais trop cruellement) l'auarice d'vn Curé, qui auoit refusé le ministere de son office pour enterrer vn mort pource que sa veufue n'auoit dequoy luy payer les frais des funerailles. Car le Duc allant luy mesme au conuoy du deffunct, fit prendre & lier le Curé auec le corps mort, & les fit mettre tous deux en vne fosse, cruauté autant detestable; comme est le vice de tels malheureux, qui vendent les dons de Dieu, & font trafiq' de ce que gratuitement ils doiuent au peuple. Voila comme l'auarice fut cause de la mort d'vn Cardinal, & d'vn Curé, aussi ce fut elle qui causa la fin miserable de Crassus, & de Maurice Empereur, & d'vn nombre infiny d'hommes illustres desquels nous auons desia touché. Et la cause notable d'vn grand dëger d'estat, est d'auoir vn Prince ambitieux & voluptueux.

DE CASSIVS PARMEN-
se Consul Romain.

Apres qu'Octauian eut deffait Marc Anthoine en la bataille qui fut donnee à Actium, comme toutes les compagnies se debádent apres vne deffaicte, & quant le camp fut rompu, Cassius Parmëse Consul Romain, qui auoit suiuy le party d'Anthoine se sauua à Athenes, ou quelque peu apres qu'il fut arriué vne nuict fort douce estant couché, & prenant son repos, il luy sembla qu'il veit venir à luy vn homme de grande corpulence, noir de couleur, les cheueux grands, la barbe mal peignée & toute crasseuse, auquel ayant demandé quel il estoit, le phantosme luy respondit, le mauuais Demon. Luy espouuanté d'vne si horrible & espouuantable vision, appella ses seruiteurs, & leur demanda s'ils auoient veu entrer ou sortir de sa chambre vn tel homme qui leur depeignoit, lesquels luy ayāt respondu que non, & que personne n'y estoit venu, il se remit à dormir comme deuant, & tout aussi tost apres le Phantosme s'apparut à luy derechef: dequoy plus estonné que deuant, la vision s'estant esuanouye il appella ses gens, & fit apporter la lumiere en la chambre. Mais la vision de son mauuais esprit & messager de son Ambassadeur ne fut vaine: car bien peu de temps apres il fut par le commandement d'Octauian Auguste prins & executé a mort, dans la ville d'Athenes, pource qu'il auoit (comme i'ay desia dict) tenu le party d'Anthoine. Quant a moy bien que ie sois le plus ignorant du monde, ie ne croiray iamais que ce fut vn bon esprit, qui s'apparut a Cassius, bien que plusieurs doctes Romains l'ayēt asseuré. Il faut ou que ce soit vn mauuais Demon, ou l'imagination, car les Diables se rendent sensibles ou visibles par le moyen des corps empruntez, ou formez en l'air, ou en esblouïssant le sens des humains & leur representant des idees en l'ame, qu'ils pensent voir par la veuë exterieur

re, ainsi que sainct Augustin dict
que aucuns de son temps, pensoiẽt
estre transmuez en bestes, & n'est
sinon le sens visible peruerty par la
force de l'imagination. Ce sont
neantmoings des traicts du Diable
qui auec son corps æ rien se trans-
meue en diuerses façons, & s'appa-
roist ainsi aux humains, & son corps
est tel que le chante Ronsard, quãd
il dict ainsi suiuant la comparaison
des nuages.

 Et tout ainsi qu'on voit quelles mesme se forment,
En cent diuers pourtraicts dont les vûes
  les transforment
En centaures, serpens, hommes, oyseaux, poissons,
Et d'vne forme en autre erreut en cent
  façons
Tout ainsi les Dæmons qui ont le corps
  habille,
Aisé, souple, disposé à se muer facile

Changent bien tost de forme & leur
corps agille est
Transforment tout soudain en tout ce
qui leur plaist.

Voila ce que tous les doctes & gens de bien ont recogneu de ces diaboliques seducteurs du genre humain, qu'il faut fuyr comme damnables conseillers.

DE PSAMENIT ROY d'Egipte.

PSamenit fut le dernier Roy d'Egypte, de la lignee de Nabuchodenosor, il ne voulut estre tributaire de Cambises Roy de Perse, parquoy ledict Roy Persien enuoya en Egypte vne puissante armee, pour inuestir Psamenit, & le despoüiller de son royaume, laquelle arriuee fut toute perie, dans les sablons mouuans de la Libie, s'y estant arrestee, pour piller le temple de Iupiter Ammon. Derechef Cambises y alla en personne, ayant leué vn armee plus puissante que la precedente, assiegea Actabane ville d'Egypte, ou s'estoit retiré Psamenit, lequel au bout de six moys se rendit à Cambises, pensant trouuer en luy autant de clemence qu'à son bon pere Cirus : mais sa croyance fut trópee, car Cambises le fit desmembrer tout vif, & donna sa charongne aux chiens. Cambises non cótent de ceste cruauté, en fit encore vne autre : car ayant pris la ville de Memphis (maintenát le Caire) ou Damasus frere de Psamenit estoit gouuerneur, lequel estoit mort vn mois deuant la mort de son frere, & estoit enterré magnifiquement. Cambises donc ayant pris la ville du Caire, demanda qu'on luy fit venir Damasus, pour en faire punition: il luy fut respondu, qu'il y avoit long-temps qu'il estoit mort & enterré. Ce qu'entendant il fit tirer la charongne de Damasus du sepulchre, la fit ignominieusemēt foüeter, piquer d'aiguillons, comme s'il elle eust esté en quelque sentiment de vie: finablement la fit brusler, comme Herodote tesmoigne. Voila vne histoire bien tragique, & qui faict cognoistre appertement que Cambises estoit plus brutal que humain, qui pour rassasier sa cruauté, faisoit la guerre aux morts.

DE ROBERT, DVC DE *Normandie.*

L'An mille quatre cēs dix neuf, apres que la saincte cité de Hierusalem fut prise, par Godefroy de Buillon Duc de Lorraine, qui en fut proclamé Roy. Or toue la Iudée estant paisible, & la Palestine tranquille. Robert Duc de Normandie, s'en revenât avec les Princes Chrestiens, passa par le Royaume d'Angleterre, où pour lors regnoit Henry premier du nom, son frere, qui ayant conspiré de se faire Duc de Normandie, & corrompu par dons & presens quelques Seigneurs, dressa vne armee pour inuestir son frere, contre lequel le Duc Robert menant ses gens en bataille, fut par aucuns qu'il tenoit ses amys, faussement vendu. Tellement qu'il fut pris, & son armee desconfite, deuant la ville de Touchebray, par son frere Henry, & emmené prisonnier en Angleterre, là où il mourut en vne prison obscure, randant l'ame glorieuse à nostre Seigneur, pour lequel il auoit souffert beaucoup d'afflictons, au voyage de la terre saincte auec Godefroy de Buillom.

DE ZEGRIS, CHEVAlier More.

L'Histoire d'Espagne raconte, que durāt les guerres de Grenade, il y auoit vn Cheualier More, appellé Zegris, vaillant au possible, & fauteur de la loy de Mahomet, s'il en fut iamais. En derision de la Religion des Chrestiens, il portoit vn chappellet attaché à la queuë de son cheual. Vn Seigneur Espagnol, ne pouuant supporter ceste impieté, le deffia, & apres vn long & dangereux combat, luy coupa la teste. Ferdinand Roy d'Espagne qui pour lors regnoit, fit prendre à ce Seigneur le chappellet pour deuise.

D'AMORE'.

APres ceste heureuse & signalee deffaicte, des Sarrazins, pres la ville de Tours, par Charles Martel Prince des François. Les Sarrazins qui estoient restez en Espagne, furent si fort irritez de la perte de leurs gens, que pour s'en venger vindrent en Languedoc & Prouence, soubs la conduite de leur nouueau Roy Athin, ils se ioignirent auec Harnault & Gaiffre, fils d'Eudon Duc d'Aquitaine, qui se liguerent auec Maurice Comte de Marseille, & autres partisans. Leur armee fut si grosse, qu'ils prindrent partie des meilleures villes de Languedoc, Prouence, & Daulphiné, la ville d'Auignon (pour lors subjecte au Roy) & celle de Lyon: ils passerent iusques en Bourgongne, or ils prindrent aussi les meilleures villes, par leur intelligence & frayeur: & ayans assiegé la ville de Sens, ils furent côtraints leuer le siege, par l'effort dudit Martel, qui les deffit, & y fut tué leur Roy Athin. Puis apres il creerent pour leur Roy Amoré, & craignans vne seconde iournee de Tours, se retirerêt en Prouence & Languedoc, ou Charles Martel les poursuiuit, & les deffit auec leur nouueau Roy Amoré, qui fut tué en la meslee, & luy trouua on les boyaux qui luy sortoient du ventre, ayant esté escrazé des cheuaux. Soubs le regne de Charlemagne, lesdits Sarrazins, & leurs Roys ont aussi esté deffaicts, & massacrez, tant en France, qu'en Espagne, & ie croy qu'il n'y a homme si copieux, qui puisse escrire leurs histoires malheureuses. A ceste cause ie renuoye le lecteur, à l'histoire de France.

DE SVIBDAGER ROY DE Suesse.

SVibdager Roy de Suesse, auaricieux, feignoit d'estre sourd, afin de n'entendre les requestes que l'on luy faisoit pour ne rien dôner: car en ce pays la on negotioit de son regne, par paroles auec le Roy & non par escrit, comme il font pour le iourd'huy, dâs peu de têps le dict Roy se trouua sourd, aueugle, & muet. Et il semble que la Fortune ou plutost Dieu se iouë à nous prendre au mot. Martial, qui estoit vn bon gausseur, se mocque en ses Epigrammes de Celius, qui contrefeit le goutteux, se faisant oindre d'huille & de gresse, & bâder les iointures, afin de n'aller faire la cour iour & nuict, comme les courtisans sont subiects de faire aux grands & illustres hommes, en fin la fortune luy feit ce plaisir, qu'il fut vrayement goutteux. Vn Abbé de Guyenne, & Archidiacre en vn Euesché, fut cité par le chapitre ioint auec l'Euesque de se trouuer en l'assemblee qui se faisoit pour cottiser chacun beneficié du Diocesse, selon ses facultez, pour subuenir aux pauures des paroisses d'ou ils tiroient les dismes & reuenus. L'Abbé s'excusa disant qu'il auoit vne pleuresie, & qu'il ne si pouuoit trouuer, ce qui estoit faux, mais dans peu de iours apres vne si grand douleur de costé le saisit, qu'il en gardast le lict vn an, & luy fallut cotteriser le costé en deux endroits, & tant qu'il vesquit ne fut veu en santé. Appian Alexandrin, recite que Nicanor Romain, voulant les prescriptions de Triumuirs de Rome, & afin qu'il ne fut recogneu pour tel qu'il estoit de ceux qui le poursuiuoient, se tenoit

noit caché & se meit vn emplatre sur l'vn de ses yeux, & l y laissa lõg temps: Et quant ses recherches furent appaisees, ce Nicanor ostant son emplastre se trouua borgne, parce que l'œil auoit perdu sa premiere action, par ceste habitude.

DE TOMOMBEY.

Comme toutes choses ont leur vicissitudes, apres que les Sarazins eurent regné en Affrique, partie en Europe, quelques cinq cens ans, il sortit vn peuple de diuerses parties de Scithie, que nous appellons auiourd'huy Turcs, qui en moins de deux cens ans, par leurs armes, domptèrent les Sarrazins, & beaucoup de peuples Chrestiens, tant en Asie, qu'Europe, & Affrique, & combiē qu'iceux Turcs fussent de mesme religion, à sçauoir Mahamadique, si

Z

est ce qu'ils ne laisserent de molester les Sarrazins par guerre, aussi bien que les Chrestiens: car l'an 1012. ils prindrent sur eux Hierusalem, & toute la Iudee, puis les Sarrazins d'Egypte la recouurerent, laquelle ils ont gardee depuis trois cens ans: & en fin ils furent derechef dejettez, l'an 1517. par lesdits Turcs, perdans les Sarrazins, non seulement la Palestine & terre saincte, mais aussi l'Egypte, Sirie, Arabie, & ceste contree d'Idumee, d'où ils auoient pris leur origine, & sont subjects au Turc à present Leur Roy Campson, eust bataille contre Selin, Empereur des Turcs, ou il fut tué, & depuis son successeur Tomombey, esleu Roy en son lieu, fut le dernier Souldan d'Egypte: car il fut prins en vne bataille par les Turcs, & puis estranglé ignomineusement dedans la ville du Caire. Capitalle d'Egypte, & son corps lié & attaché à la queuë d'vn cheual, fut trainé par toutes les ruës, & finallement mangé des chiês. Vn peu auparauant la descente des Turcs en Egypte, il y eust vne cruelle & sanglante guerre en Allemagne, entre Rodolphe Empereur, & Othacare roy de Boësme, seant à Rome Martin quatriesme du nom, ou a la premiere bataille l'Empereur Rodolphe fut vaincu, mais à la seconde Othacare fut tué, & son armee desconfite.

D'ODO DVC D'VRBIN.

LA cité d'Vrbin est estimee l'vne des plus ancienne de toute l'Italie, comme il se peut voir par les liures de Pline & de Tacite. Or il n'y a pas plus de six vingt ans que ceste dite ville fut subiuguée par les Comtes de Foretra, & de ces

Z ij

Côtes descendit vn nommé Odo, qui se fit Duc d'Vrbin, lequel se laissa tant aller à ses voluptez & plaisirs, que de force, ou de crainte, violoit & corrompoit tant de vierges & femmes mariees, d'illustres maisons, qu'il en pouuoit sçauoir en la ville & Duché d'Vrbin, sans auoir esgard à aucune consanguinité, noblesse de sang, ny aage, somme il en abusoit & faisoit tout à sa volonté, accompagné d'vn autre qui valoit moins que luy, qu'on appelloit le Protonotaire de Carpe: Pourquoy tous deux en vn mesme temps furent tuez par vn tumulte populaire, pour estre insuportables en leurs insolences, leurs membres virils coupez & mis entre leurs dents, puis leurs corps portez en la place publique, & lieu de marché, pour seruir d'exemple à ceux qui s'y apres abuseroient de l'honnesteté des femmes. Aussi

Platon à bien dict, que la volupté apporte dommage à l'homme, engendrant en son esprit la douleur, la sottise, l'oubly d'vne prudence, & l'insolence. Là où le doux est (disoit Antiphon) tout aussi tost suit l'amer: car les voluptez ne vont iamais toutes seules, ains sont tousiours accompagnees de tristesses & douleurs.

DV CALIPHE, DE BALdach.

POur mieux comprendre ceste histoire, i'ay bien voulu donner à entendre au Lecteur, auant que passer plus outre, quel office estoit que Caliphe: c'estoit vn Estat qu'vn peuple de religion Mahometane conferoit à vn personnage, qu'il pensoit estre de saincte vie, grand obseruateur de la loy de Mahomet, & docte en icelle: &

luy donnoit on toute authorité Royalle de luy commander. Au commencement de ceste religion, tous Caliphes estoient Roys, tesmoing Mahomet, inuenteur d'icelle, qui fut faict Roy d'Arabie, Homar son sucesseur de bône partie de l'Orient. Hibrain le maigre de Sagadet ou Babillon, vn nommé Sophy Roy de Perse, & depuis ces sucesseurs ont conserué cest Empire iusques auiourd'huy. L'Egipte fut retenuë par des Caliphes, iusques à ce que Saladin les enchassa, & le Royaume de Mosul de mesme. Le Prince Turc, combien qu'il soit de Religion Mahometane, ne s'intitule Caliphe, ains tres-souuerain Empereur, ou grád Seigneur: car il y a des gens en ses terres qu'on appelle Mupthis, qui decident des points & doubtes qui peuuent interuenir sur les articles de la religion, & ce qu'ils en decident est tenu pour resolu. Or pour abreger, ce Caliphe tenoit son Royaume en tiltre de Caliphat, & estoit Roy de Mosul, Caliphe de Baldach, ville capitalle dudit Royaume, autremēt nommee en la saincte escriture Suse. Ce Royaume est situé vers l'Orient, faisant la frontiere à la grande Armenie. Or il est à sçauoir qu'enuiron l'an de grace 1250. lors que l'Empereur Frideric Barberousse, auec plusieurs Chrestiens, estoit allé en Syrie contre les Sarrazins, & du tēps du Pape Gregoire neufiesme, sortit de Tartarie vn grand & puissant Empereur nommé Alaud, & d'aucuns appellé Hæleon, auec vne armee de quatre cēs mille hommes de pied, & trois cens mil de cheual, stimulé à le faire par aucuns Princes Leuātins & Chrestiens, pour reprimer l'audace des Sarrazins, homme belliqueux, &

Z iiij

remply de beaucoup de vertus : il n'estoit ny Chrestien ny Muhamedic, mais estant Payen adorant le Soleil & la Lune, lequel apres auoir deffaict le peuple Candares, Paricanes, Bactres, Bomardes, Rophaines, Dahes, & plusieurs autres puissans Royaumes des Scythes, vint apres en Arabie, ou il subjuga aussi quatre Roys : & s'acheminant en Armenie, passant pres Baldach, ville capitalle, comme dict a esté, du Royaume de Mosul, opulente à cause du grand traffiq' que les habitãs font aux Indes, par le moyen d'vn gros fleuue, qui passe par le milieu, prenant son origine en la ville de Chisy, par lequel dans dix huict iours ont peut aller aux Indes. Il s'y faict grande quantité de draps de soye, & toilles d'or & d'argent, & vne infinité d'autres beaux & riches meubles. Le Caliphe de Baldach, sçachant que ce

Prince auec vne si grande puissance, s'approchoit de ses terres, enuoya en Arabie, & Numide, faire vne leuee de gens de guerre, pour mettre en garnison, par toutes les villes tenables de son Royaume, & entre autres, en sa Capitalle de Baldach. Alaud ne faut point d'ataquer ceste ville, faict tout ce qu'il peut pour y entrer, treuue de la dificulté pour la bonne resolution qu'auoient les soldats de dedans: Nonobstant fit sermēt de ne bouger de là, qu'il n'eust prins la ville; à cause dequoy le siege, dura plus long temps que le Caliphe n'eust pensé : les viures commencerent à faillir, encores qu'il y en entrast secrettemēt, mais ils estoient bien chers vendus. Les soldats, & autres personnages, consommerent tous leurs moyens pour se nourrir, & comme ils n'eurent plus de moyens, demanderent vn quartier

Z v

d'auance de leurs gages. Le Caliphe leur respondit, qu'il estoit desnué d'argent, & qu'il imposeroit taille sur les habitans, de laquelle il les payeroit. Les habitans, à cause du long siege, estoient vuides de viures & d'argent, aussi bien que les soldats qui sçauoiēt ce qui en estoit, lesquels tous vnanimement conspirerent contre le Caliphe, qui auoit vn tres-grand tresor, & ne leur vouloit ayder, qui n'estoient là, que pour luy conseruer sa vie: Parquoy aucuns, au nom des susdits, allerent parlemēter à l'ennemy, capitulans qu'on le mettroit dans la ville, & que la ville ne seroit pillee ny bruslee, ny aucun mis à mort, sauf le Caliphe, sa maison & ses tresors s'il luy plaisoit. L'Empereur Tartare, qui estoit l'vn des accorts Princes de son temps, ayant entendu le bon vouloir de ceux de Baldach, accepta ces honnestes offres, parquoy de nuict y entrerent trente mille homme, qui surprindrent ce Caliphe, qui dormoit aupres de ses tresors, fut saisi au corps, & le garderent iusques au lendemain, qu'Alaud entra dãs la ville, auquel ce lasche Caliphe fut presenté, tres bien aduerty de son auarice, lequel il fit soudain conduire dedans la forte Tour, ou il auoit serré ces grands thresors, & le voulut assister luy mesme à le conduire, pour voir ces susdits thresors, afin de sçauoir s'ils estoient conformes à la renommee : & les ayant aucunement admirez (parce qu'il y auoit seize cens mil marcs d'or, & d'argent trois fois autant, & beaucoup de pierres precieuses & de grand prix. Il fit oster tous les viures qui estoient dedans, & fit enfermer ce malheureux dedans, & sans vser de beaucoup de longues harengues, luy dict: si tu n'eusse point esté si affectionné à la conseruatiō de tes thresors, tu auois moyen de te deliurer & cōseruer toy & ta cité aussi: Or maintenant vse de tes richesses, que tu as tāt aymees, & en mange & boy à ton plaisir: puis fit fermer les portes, & fit mettre de bonnes & seures gardes aux enuirons de ladicte Tour, afin qu'on ne luy peut donner aucun aliment, & au septiesme iour ce pauure & riche auaritieux mourut: cepandant l'Empereur seiournant dans la ville, rafreschit son armee, & venoient des gens des Prouinces, & des Roys de tous costez capituler auec luy, & si on amenoit beaucoup de viures, que ses gens payoient bien: On trouue par escrit, que c'estoit vne des riches armees qu'on aye sceu qui aye passé en l'Europe. Il distribua les grandes richesses du Caliphe, partie à ceux qui luy auoient rendu la ville, & le reste à ceux de son armee, par ainsi cest infortuné fut celuy qui iouys le moins des richesses par luy amassees, & beaucoup de gens en valurent mieux apres sa mort.

DV PAPE IEAN.

NOn seulement les Princes temporels, sentēt la rigueur de l'inconstante fortune, mais aussi les acclesiastiques, quelques haut & grande grade qu'ils puissent tenir. Et combien que les Papes par leur puissāce & authorité spirituelle, peuuent imposer silence aux Princes Chrestiens, de ne faire la guerre, & se tenir en repos & aussi de prendre les armes s'ils leur cōmandent pour les affaires de la Republique chrestienne l'an 1410. Iā Pape fut mis en prison, s'en suiuās du Concille de Constance, & fut doné en garde a Louys Comte Palatin, deposé de son office : & fut mis en place vn nommé Martin V. de ce nom. Iceluy Pape Iean fut fort inhumainement traicté l'espace de trois ans. Puis par l'humanité dudict Pape Martin, fut mis en liberté & creé Cardinal : chacun peut croire de combien ce Iean estoit descheu de sa premiere authorité.

DE PRETEXATVS ARcheuesque de Roüen.

PRetexatus Archeuesque de Roüen, fut tué par les secrettes menées de Fredegonde, en vne Eglise comme il celebroit la Messe le iour de Pasques. Ladicte Fredegonde fit contenance d'en estre bien faschees, & le fit incontinent porter en vne chambre proche du lieu où il fut frappé, où pour faire bonne mine elle l'alla voir lors qu'il estoit comme prest à rendre l'esprit, accompagnee de quelques vns des plus grands Seigneurs de la France, auquel elle dit qu'elle pleuroit grandemēt sa fortune, que c'estoit chose fort detestable, qu'a vn iour si sainct, & en vne Eglise on eust commis vn tel acte : que c'estoit chose fort estrāge de ce que non seulement il n'auoit point esté secouru : mais d'auantage qu'ō ne sçauoit qui auoit faict le coup. A quoy Pretextatus ne craignant rien se voyant prest à mourir, luy dict que c'estoit de par elle qu'il auoit esté ainsi blessé.

DE FVLCHER MOINE
de Soissons.

FVlcher moine de Soissons, bastard du Maistre gueux du Roy Louys d'outremer, obtint & paruint à l'Euesché de Noyon: par vne meschante & sinistre voye l'espace d'vn an & demy: durant lequel temps il exercea toute sorte de desbauches & meschancetez, & puis mourut de la maladie pediculaire: car les poux ne cessans de sortir en abondance de sa peau, il fut cousu en vn sac de cuyr de cerf, & ainsi enterré. Exemple certainement digne d'estre consideree, par les ambitieux & simoniaques.

DE LOVYS SFORCE,
Duc de Milan.

LOuys Sforce Duc de ce beau & riche pays Milanois, estant vieil se tenoit au dessus de toutes ses prosperitez & honneurs, puis quãd la fortune luy tourna le dos, & luy furent les Venitiens ennemis, en la faueur de Lovys douziesme Roy de France, qui disoit la Duché de Milan luy appartenir, à cause de sa mere. A cette cause, il eust guerre des deux costez, & cōbien qu'il fut fort puissant Prince, toutefois, ou pource qu'il se deffioit de ses gēs, ou pource qui luy sembloit n'estre assez fort, pour resister à telle impetuosité, sans le secours des Princes, qui auoient receu de luy tant de biensfaicts, il conclud de ne point attendre le choq, ains en mettant par tout le meilleur ordre qu'il peut, abandōna son Estat, qui en moins d'vn mois fut tout perdu. Estant fugitif en Allemagne, il y trouua faueur & secours, tellement qu'au bout de cinq mois il retourna auec gros exercite, & luy succeda son entree assez bien, car il print plusieurs lieux, & villes de son territoire, & si estoit en esperance de reconquerir le tout, mais estant prest de combattre, non seulemēt les Suisses refuserent la bataille, mais aussi le prindrent, & le liurerent entre les mains des François, qui le menerent en France, ou finallement il mourut prisonnier au Chasteau de Loches en Touraine, & ne luy seruit aucunemēt d'auoir esté puissant & riche, pource que la fortune luy donna tous ses biēs, pour luy donner en fin vne plus grande aduersité.

DE CHILDERIC, ROY de France.

THeodoric lequel estoit le pl^9 ieune des enfans de Clotaire deuxiesme, fut receu au Royaume par l'authorité d'Ebroin Conestable, ou Maire du Palais, mais tost apres il fut priué de la Couronne, pour son incontinence, & enuoyé en vn monastere auec Ebroin, au lieu duquel Childeric deuxiesme frere de Clotaire, fut esleu Roy par le peuple, & regna douze ans. Il trompa la bonne esperāce qu'on auoit de luy, car il estoit muable, & quand & quand fier & cruel, si bien qu'il incita la noblesse & le commun peuple à s'esleuer contre luy, entre autres de la noblesse, il fit lier à vn ce Bodillus homme estimé pour sa vertu & bonne vie, auquel il fit bailler des estriuieres, qui ce ressentant du tort & iniure que ce Roy luy auoit fait, il le gueta comme il chassoit en la forest d'aupres le village de Chelles, ou il le tua auec sa femme Batilde, qui estoit grosse d'enfant.

DE DODO.

PEpin surnommé le Gros, maistre du Palais, manioit toutes les affaires de France, il estoit marié auec Plectudre, aussi il auoit vne concubine du nom d'Alpiade, laquelle il aymoit mieux que sa femme, d'icelle il eust Charles qui fut surnommé Martel, Sainct Lambert Euesque de Trajetanse, le reprit de ce qu'il estoit paillard, mais à ceste occasion Dodo frere de ceste concubine le tua miserablemét, dont tost apres Dieu le punit griefuement, car il luy enuoya vne espece de vers, qui luy causoient vne grande demangaison par tout le corps, de maniere que d'impatience, il se precipita en la riuiere de la Meuse, ou il se noya.

DE IEAN DE PACIS, *Archeuesque de Pise.*

A Florence l'an 1448. Iean de Pacis Archeuesque de Pise, estant reuestu de ses habits pontificaux, fut prins en disant la messe, & à l'instant pendu & estranglé à vne feneſtre, par la main du bourreau. Quatre Cardinaux maſsacrez du peuple, & pluſieurs Eccleſiaſtiques decapitez. Pour auoir par conſpiration, fait aſſaſſiner Iulian de Medicis Duc de Florence, en vne Egliſe, oyant la meſſe le propre iour de la feſte de Paſques. Et auſſi fut tué vn de ſes valets de chambre, perſonnage eſtimé pour ſa vertu, appellé Feuginet. Auſſi Laurent de Medicis, frere du ſuſdit Iulian fut bien blecé, lequel eut éſté maſſacré, s'il ne ſe fut promptement retiré au reueſtiaire.

DE L'EVESQVE DV Liege.

L'An mil quatre cens ſoixante & ſix, l'Eueſque du Liege frere du Duc de Bourgogne, de par ſa femme, eſtant de la maiſon de Bourbon, qui outre ſon office estoit Prince de l'Empire, Seigneur spirituel & temporel, de ce tant grand & riche pays du Liege, fut prins prisonnier par ses subiects, & bône partie de ses amis & officiers, entre autres dix Abbez & Protenotaires, ou Chanoines, tous de grãde maison, massacrez en sa presence, & luy detenu prisonnier long temps en grande misere: enfin il euada, ayant gaigné ses gardes par argent.

―――――――――

DE SELIN, EMPEREVR
des Turcs.

BAjazet Empereur des Turcs, apres auoir obtenu quelques victoires sur les Polognois & Vénitiens, ayant regné 32 ans & désia vieil & caduc, faict paix auec ses voisins, & ayant de grands tresors, fut empoisonné à la solicitation de son fils nommé Selin, en la ville de Dumetecha, située au pays de Thrace, où il s'estoit retiré pour acheuer le reste de ses iours. Cest acte si destable, fut commis par vn Medecin Iuif, nommé Hamon, auquel Bajazet se fioit de sa santé. Son pere mort & ayant rauy tous ses tresors, donna de l'argent aux gens de guerre qu'il l'auoient installé au throsne imperial, car son frere Zizime, qui estoit laisné s'en estoit fuy à Rhodes. Il fit massacrer cruellement deux autres de ses freres, & cinq de ses nepueux : outre plus Mustapha, personnage de grande authorité, qui auoit faict tout ce qu'il auoit peu pour l'esleuer à l'Empire. Bref, sa cruauté fut si horrible & si grande, que plusieurs en estans tous effrovez, furent quelques iours qu'ils ne se vouloient aucunement trouuer deuant luy. En fin ce miserable paricide ayant regné neuf ans, finit ses iours à Ciurle (qui est vn village en Thrace) par vn vlcere pestilentieux, lequel le print dans les reins, par vne manifeste vengeance, qui le gehenna auec beaucoup de douleurs l'espace d'vn an, dont il deuint enragé & hors de son sens, puis mourut en detestant Dieu & Mahomet, au grand auātage de tout l'Occident, lequel il auoit resolu de foudroyer entierement. Il mourut au mesme lieu, auquel quelques annees auparauāt il estoit venu aux mains contre son pere.

DV CALIPHE D'EGIPTE.

L'An 1160. selon les historiens Sarraceniques il y eut vn Caliphe, & Roy d'Egipte, qui residoit aux Caire, qui craignant la grande multitude des Chrestiens qui

qui estoient venus d'Europe pour recouurer la terre sainte: & pource qu'il n'est possible de la conseruer, si elle estoit prise, qu'on ne possedast l'Egipte, redoutant la puissāce des Chrestiēs, appella à sō aide Saladin, Roy de quelque partie de Tartarie, ieune homme, & Cupide de gloire, honneurs & principautez : lequel vint auec bonnes troupes de soldats, bien agueris, à l'ayde de ce Caliphe, qui reconquit les places qui auoient esté prises sur luy, & gaigna vne belle & notable bataille, dont en fin les Chrestiens qui resterent capitulerent pour auoir passage, afin de vuider le pays. Saladin ayant acheué l'expedition pour laquelle il estoit venu, demande recompense & payemēt pour ses gens de guerre, qui n'auoient encor touché argent, que deux quartiers, lesquels s'en vouloient retourner en leur pays. Ce Pontife ingrat luy feit responce, que pour le present ses coffres estoient tous expuisez d'argēt & d'autant qu'il auoit soustenu de longues guerres, qu'il n'auoit pas moyen pour le present, de le recompenser comme il meritoit, & qu'ayant vn peu respiré, & pris halaine il luy enuoyeroit rescompense. Quant à ses soldats, qui ne leur falloit donner aucune solde, attēdu qu'ils auoient tousiours tenu les champs, mangeans le paysan, & qu'ils se deuoient contenter de cela, & de la despouille de l'ennemy. Saladin estant bien aduerty que le Caliphe auoit amassé de grands thresors, impatient de ce qu'il le vouloit payer de parolles, luy dōna soudain vn grand coup de masse de fer sur la teste, & le tua. Dont ses gardes & autres ayant entendu la mort de cet auaricieux, au lieu d'en prendre vengeance, le saluerêt Roy, exerçea liberalité des tresors amassez de ce Pontife à ceux de son armee, & aux principaux d'Egipte : ce fut ce qui luy asseura son estat, & apres luy ses successeurs ont regné en Egypte paisiblement, l'espace de quatre cens ans. Voyla en fin la recompense que reçoiuēt les auaricieux : qu'on peut comparer aux rats qui habitent aux minieres, lesquels rongēt l'or, & toutefois n'en font leur profit : mais apres qu'on les à prins & esuentrez, en sont trouuez farcis. Par ainsi ils enrichissent ceux qui ne leur en sçauent nul gré, ils sont aussi semblable aux corps, canaux, & aguects des fontaines, qui ne gardent point d'eaux pour eux. mais la desgorge pour les affaires d'autruy. Tout homme cōuoiteux des tresors (disoit Anacharsis, l'vn des Sages de Grece) est difficillement capable de bon

Aa ij

cōseil & doctrine, car l'auaricieux doute ordinairement de ce que Dieu permet, & nature faict : tellement qu'il veut pluſtoſt corriger Dieu, qu'amender ſa vie. Il eſt malaiſé diſoit (Socrates) de refrener ſon deſir : mais celuy qui y adiouſte les richeſſes, eſt enragé. Car ny pour honte du monde, ny pour crainte de la mort, l'auarice ne ſe reprime ny modere. L'auarice (dit Ariſtote) eſt vn vice de l'ame, par lequel on deſire de toutes parts à auoir ſans raiſon, & qui faict retenir iniuſtement ce qui appartient à autruy. Elle eſt au dōner chiche & defaillante, & au prendre exceſſiue. Le Poëte Lucrece l'appelle, aueugle conuoitiſe des biēs. Auſſi ſert elle d'vn puiſſant obſtacle cōtre la lumiere de l'ame, & qui garde l'auaricieux d'eſtre iamais contant : car plus il a, plus il ſouhaitte. La medecine qu'il cherche, à ſçauoir l'or & l'argēt, augmēte (cōme faict l'eau l'Hydropiſie) ſa maladie, & l'aquis ne luy eſt touſiours que commencement du deſir d'auoir. C'eſt vn Tantalle és enfers, lequel entre l'eau & la viande meurt de faim. Au reſte les exemples ſont infinis és hiſtoires des effects pernicieux, qui reüſſiſent ordinairement de ce vice. Priam Roy de Troye, craignant la priſe de ſa ville enuoya Polidore, ſon petit fils, à ſon gendre Polymeſtor, auec grande quantité d'or & d'argent, pour lequel poſſeder, il tua l'enfant ſon beau frere. Auſſi depuis en receut il le ſalaire qu'il meritoit, car Hecube venuë pardeuers luy, le tirant à part en vne chambre ſans faire ſemblant de rien, auec l'ayde de ſes femmes luy creua les yeux. Henry ſeptieſme Empereur, Prince doüé de treſ grandes vertus, fut empoiſſoné auec vne hoſtie qu'vn

Moine Italien, gaigné par argent luy fit prendre. Mais quel beloing est-il de rechercher de tels exemples des anciens, pour cognoistre les fruicts d'auarice, quand iournellement le malheur de nostre siecle nous en met de tous nouueaux deuant les yeux, n'oyans qu'aßi parler d'autres choses que d'empoisonnement & meurtres pour prix d'argent, & afin que les autheurs d'iceux, ayent le bien de ceux qu'ils veulent faire mourir, pour satisfaire à leur auarice insatiable: Qui n'a ouy entre plusieurs autres, le cruel assasinat perpetré au Vendosmois d'vne Damoiselle de bonne maison, de ses seruiteurs & seruantes, par ses propres beaux freres. Cruauté surpassant celle des Cannibales, qui encor espargnent le sang domestique. L'auarice est cause de susciter les rebellions des sujects contre leurs Princes auares, & bien souuent à leur ruyne. Du temps du Roy Sainct Louys, le populaire de cinq villages des hautes Allemagnes (que nous appellons à present Suisses) se mutinerent en grand nombre, & firent telle sedition, qu'ils meirēt au fil de l'espee tous leurs Princes & Seigneurs, & ceux qui auoiēt tiltre de Noblesse, dont la principalle cause fut leur auarice, qui les faisoit oppresser leurs subiects par exactions iniustes. Et nos histoires racōtent, que la mechanique vie du Roy Louys vnziesme, le fit beaucoup mespriser des estrāgers, & fut en partie cause de la rebelliō de tous ses subiects. Car ayant presque chassé tous les Gentils hōmes de sa maison, il se seruoit de son Tailleur pour son Heraut d'armes, de son Barbier pour son Ambassadeur, & de son Medecin pour son Chancelier : & par moquerie

A a iiij

des autres Roys, il portoit vn chapeau gras de meschant drap: mesme on trouue en la chambre des Comptes vn article de sa despence, portant vingt sols pour vne paire de manches neufues à son vieil pourpoint, & vne autre de quinze deniers pour graisse à frotter ses bottes : & neantmoins il haussa les charges sur son peuple plus que son predecesseur, de trois millions par chacun an, & aliena grande partie du domaine : mais à la parfin ce vieil renard mourut miserablement. La punition dont vsa Denis l'ancien, tyran de Sirafe, à l'êdroit d'vn riche auaricieux son subiect, est fort remarquable & plaine d'instruction, car estant aduerty qu'il auoit caché en terre vn grand tresor, il luy fit commãdemẽt sur peine de la vie de le luy apporter, ce qu'il fit, non pourtant le tout, mais en retint vne partie, auec laquelle il s'en alla demeurer en vne autre ville, ou il employa ses deniers en heritages: quoy entendant Denis, il le renuoya querir, & luy rendit tout son or, & son argent, luy disant: maintenãt que tu sçais vser de la richesse, & non pas rendre inutille ce qui est faict pour l'vsage de l'homme, prens ce que tu auois par cy deuant indigne d'auoir. L'auarice aueugle souuent les hommes iusques là, que se priuer eux mesme de la vie, les exemples en sont notoires, dõt les vns de regret de la perte de quelques biens, les autres afin de laisser leurs enfans riches. De ce nombre a esté Cassius Liciuius, lequel estant accusé, atteint & conuaincu de plusieurs larcins & concussions, voyant que Cicerõ, alors Presidẽt au Senat, vestoit la robbe tissuë de pourpre, afin de prononcer l'arrest, portant confiscation de

A a v

biens & banniſſement ; il luy envoya dire qu'il eſtoit mort pendāt le procez, & auparauant la condānation, & ſur le champ s'eſtouffa d'vne ſeruiette, n'ayāt autre but que de ſauuer ſes biés à ſes enfans. Il s'en eſt trouué de biē contraires à Licinius ; car mourant il euſſent volontiers emporté auec eux leurs richeſſes, comme nous liſons de Hermocrate, qui par ſon teſtamēt s'inſtitua luy meſme heritier de ſes biens. Et vn autre (duquel faict mention Athenes) ſur l'heure de ſa mort deuora pluſieurs pieces d'or, & conſulta ſon ſaye toutes les autres qu'il luy reſtoient, commandant qu'on les enterraſt auec luy. Valere le Grand raconte auſſi d'vn autre, qui eſtant en la ville de Caſilline aſſiegee par Hannibal, preſera l'eſpoir du gain à ſa propre vie. Car il ayma mieux vendre vn rat qu'il auoit pris, deux cens deniers Romains, que d'en raſſaſier ſa faim, dont il mourut bien toſt apres: & l'achepteur plus ſage, ſauua ſa vie par ceſte chere viande. Pour concluſion, ie ſupplie la diuine prouidence, de nous conſeruer de ceſte pernicieuſe & mortelle paſſion, laquelle nous pouuons appeller, racine de tous maux & malheurs.

DE DOM PETRE, ET DE
Dom Iean.

AYant regné en Caſtille, Dom Alphonſe vnzieſme qui fuſt pere du Roy Dom Petre, ce Dom Petre demeura Roy fort ieune. Au moyen dequoy le Royaume fut gouuerné par deux princes du païs oncles du Roy l'vn nommé Dom Petre, l'autre Dom Iean, & auſſi de la Royne mere, Marie. En l'an mil trois cens ſeize, ces deux Princes qui estoient oncles & nepueu, ayant plusieurs fois comme vaillās hommes fait la guerre aux Mores, pour exalter la foy, & rapporté plusieurs victoires, auec maintes preunes de notables Capitaines, deliberent ensemble mener guerre au Royaume de Grenade, & faire courses & rauager le pays des Mores, ayans auec eux Alcantar & Calatrane grands maistres de sainct Iacques en Galice, & l'Archeuesque de Tolette. Venus donc à l'effect, auec grande quantité de gens de cheual & de pied, commancerent à inuahir le pays, & feirent si bien qu'auec bonne execution ils paruindrent deuant Grenade, cōbattans & prenans quelques chasteaux, entre lesquels ils eurent Eliore, & venu le temps qui estoit bon de se retirer, retournerent en arriere par la terre des Chrestiens & cheminans en bon ordre, Dom

Petre estoit en l'auangarde & le Seigneur Iean en l'arriere garde, ou il fut chargé de telle multitudes de Mores, qui s'estoient assemblez de toutes parts, que force luy fut de mander à Dom Petre qu'il retournast pour le secourir. Ce que voulant faire Dom Petre, & marcher auec grand conrage, trouua ses gens tant aneantis, qu'il ne luy fut possible de les faire retourner: au moyen dequoy il entra en telle alteration & desplaisir, que voulãt de nouueau essayer a faire marcher tant ceux de pied que de cheual, & ne pouuant en auoir raison, tira sõ espee pour en frapper quelques vns, afin d'intimider le reste, & que la crainte les rendit obeyssans, mais son troublement & desplaisir fut si exessif, voyãt qu'il ne pouuoit secourir son oncle, que sans pouuoir manier l'espee, il perdit tout soudain la parolle, & aussi tout le sentiment, & cheut de cheual mort en terre, sans se remeüer ne parler à personne. Ceste pauure aduenture fut soudainement rapportee par quelques vns de ses gẽs au Prince Iean, qui combatoit fort vaillamment contre les Mores, lequel cognoissant l'occasion de telle mort si soudaine, print en soy vn si grand desplaisir, & en receut si grande fascherie, qu'il cheut tout incontinent perdant la force de ses membres, ny oncques puis ne peut parler, parquoy il fut pris de ses gens, & ainsi tenu depuis midy iusques au soir: pendant lequel temps voyans les Mores, que les Chrestiens estoiẽt ainsi rassamblez, n'en sçachans l'occasion, cõmencerẽt à craindre, pensans qu'ils se fussent ainsi reunis pour les assaillir de nouueau, & peu apres qu'ils eurent recommencé à marcher en bataille, & que le corps de

Dom-Petre fut mis sur le travers d'vn cheual, le Seigneur Dom-Iean dôna le defnier souspir. Chose dont iamais on n'auoit ouy parler, & fort notable pour monstrer que l'homme peut mourir de desplaisir. Aussi Platon dict : quand les passions prennent vne fois fondement & racine en l'ame, laquelle ne faict resistance, ils ont des aiguillons si actifs, que bien souuent elles pressent & accablent la vie & la raison, qui est leur seule medecine & guerison. Laquelle encores pour le comble de tout malheur, l'homme de sa peruerse nature, est bien plus paresseux à cercher & desirer, que non pas celle du corps. Et d'auantage, le iugement & la raison estât bien souuêt en luy malade faict que pensant trouuer santé, il rengrege son mal, & tombe aux inconueniens que plus il desireroit fuyr, tesmoing

Plautius Numidius, & mil autres personnes illustres, qui ont esté subiectes à diverses passions de l'ame.

DV DVC DE SOMMER-
se & autres.

HEnry cinquiesme priua par armes son pere de l'Empire, & le fit mourir miserablement en prison. Le Duc de Sommerse, oncle du Roy d'Angleterre Edouard, dernier de ce nom, fit decapiter son propre frere, Admiral audict Royaume, pour soupçon qu'il eust contre luy, qu'il vouloit empieter le gouuernement de l'estat, qu'iceluy Duc auoit entre les mains. Aussi il en receut peu apres pareil salaire, à la suscitation du Duc de Nothomberlād, qui s'empara de la principalle authorité audit Royaume. Et ne doubtons point aussi, que le plus souuent la iuste punition exemplaire entre les hommes ne suiue telle ambitieuse passion; comme les exemples en sont infinis és histoires Grecques & Romaines. Marius ayant passé par tous les degrez d'hôneur, & six fois par le Consulat (ce que iamais Romain n'auoit eu) non contêt de tout cela, voulut encores oster la charge escheuë par sort à Sylla, de la guerre Mithridatique, ores qu'il fut affoibly de grande vieillesse, se proposant d'obtenir le septiesme Consulat, & en perpetuer la souueraine authorité en sa personne. Mais ceste siēne ambition fut cause de sa totalle ruyne, & du carnage dont toute l'Italie & l'Espagne furent ensanglantées par Silla, & finallement l'estat populaire reduit en extreme tyrannie. Spurius Melius, Senateur, fut massacré, pource qu'il taschoit par certaine distribution de forment, à se faire Roy dans Rome, & sa maison razee, par Cincinatte Dictateur. Marcus Manlius, fut aussi precipité du haut en bas d'vne roche pour pareille occasiõ, il nous appert doncques assez, cõbien ce vice d'ambition est pernicieux, & digne de perpetuel blasme. Et ores qu'il ne tire auec soy telle consequence, quand ce sont mediocres & petits, qui se laissent maistriser à ceste vicieuse passion, sçachons toutefois, que tous ceux s'esloignent du deuoir & de l'honnesté, qui se monstrent ardens & desireux de pouuoir surpasser les autres en choses qu'ils doiuent auoir cõmunes ensemble pour l'ayde reciproque d'vn chacun. Car nous deuons rechercher seulement sans orgueil & enuie, l'excellence de la preference en ce qui est vertueux & profitable à la societé humaine, & neantmoins nous contenter de ce que nous pouuons, dont aussi nous ne sçaurions estre iamais blasmez, mais trop bien d'entreprédre ce qui est par dessus nostre puissance. Sur tout, nos desirs & passions doiuent ceder tousiours au bien de la chose publique, comme iadis en vserent deux grands personnages Magnesiens l'vn enuers l'autre, Critin & Hermias, car leur ville estant assiegee par Mithridate, & y ayant parauant eu grande contétion d'hõneur, & de preéminence; Critin fit offre à Hermias de luy laisser la charge de Capitaine general, & que cepandant il se retireroit hors la ville, ou bien que s'il aymoit mieux en sortir, il entreprendroit la deffendre, ne voulans pas que demeurans ensemble, ils fussent cause par leurs ialousie de quelque malheur à leur patrie. Hermias voyant l'honneste offre de Critin, & le cognoissant plus expert au faict de la guerre, luy quitta volõtairement l'authorité de commander. Detestons l'ambition qui est vn mal infiny, compagnõ de l'orgueil, tant hay de Dieu & des hõmes; & Philosophons quelquefois en ce qui fut escrit par Trajan à Plutarque. Ie porte plus grande enuie (disoit ce bon Prince) à Cincinnate, à Scipion Affriquain, & à Marc Porcie, du mespris des offices qu'ils firent, que des victoires qu'ils eurent, d'autant que le veincre gist le plus souuent en la fortune, & le mespris des charges & honneurs en la seule prudence.

D'HENRY LAPPEREL
Preuost de Paris.

HEnry Lapperel preuost de paris, feit executer à mort vn pauure hôme prisonier au chastelet lui imposant le nom d'vn riche hôme coulpable & côdâné lequel il deliura. Mais son salaire le suiuist aussi de bien pres. Car il en fut accusé & conuaincu, pendu & estrâglé. Peu de temps apres aussi vn President du Parlement nommé Hugues de Crecy, courut mesme fortune, pour vn certain iugemêt par luy corompu. Certes voila des exemples qui nous doiuent aprendre à fuyr le vice tant pernicieux de l'iniustice: il y en a qui par faicts impurs s'acumullent de iour en iour, & entassent dessus leurs testes iniquité dessus iniquité. Et pour exemple aux grands, de ne permettre iamais d'iniuſtice à l'appetit d'autruy, ramenteuōs leur le fait d'vn Monarque Payen, qui ſe leuera en iugemēt contre eux, s'ils font autrement. Alexandre ſeuere Empereur Romain, traicta d'vne iuſte façon, vn ſien chambellan, nommé Sineus, couſtumier comme vne Sanſuë de cour, de humer le ſang de ceux qui auoient affaire à ſon maiſtre, en allant au deuant leur promettre ſa faueur moyennent de l'argent, au grand deshōneur de la Maieſté imperialle, pour ce que le Prince ne doit auoir rien plus cher que la grace de ſes dons & biens faicts. Car le Monarque le feit attacher à vn poteau, & mourir a force de fumees faiſant crier par la trompette: Ainſi periſent de fumees les vendeurs de fumees. Auſſi Artaxerxes ſurnommé Lónguemain Roy des Perſes, eſtant prié par vn ſien chambellan fort fauorit, de quelque chose iniuste, & ayant par sa dilligence descouuert qu'il faisoit ceste poursuitte pour vn autre, moyennant trente mille escus qui luy auoit promis il commāda à son thresorier de luy apporter pareille somme, à dict & son chambellan, prens cet argent que ie te dōne: Car pour te l'auoir donné ie n'en sera pas plus pauure: la ou si i'eusse faict ce dont tu me requerois i'en eusse esté plus iniuste.

DE GASTON DE FOIX.

Gaston de Foix, illustre Mareschal de France, & qui estoit:

Sage en Conseil, Et prudent au Combat,

Gaigna la bataille à la iournee de Rauennes, & voulant poursuiure

vn escadron d'Espagnols qui s'en fuyoiēt, y fut tué par vn des fuyars qui se retourna, luy donnant vn coup de pique dans les flācs & mit aussi en proye des ennemys tout ce qui estoit conquesté en Italie. De mesme le Roy Iean, pour n'auoir voulu receuoir l'armee d'Angleterre à condition de paix, laquelle ne demandoit que d'eschapper la vie sauue, fut pris & emmené prisōnier en Angleterre & son armee de quarente à cinquante mille hōmes deffaite par dix mille Anglois: aucuns disēt plus, les autres moins. Les histoires sont pleines de tels exemples & tesmoignent par tout des plus petites armees, qui ont esté victorieuses des plus grandes: Ainsi que Darius contre Alexandre, Pompee, contre Cesar, Hannibal contre Scipion, Marc Anthoine contre Auguste, & Mitridates contre Silla, de tous lesquels
les

les plus grandes forces feirēt ioug sous les plus petites. Car quelquefois pour mesprifer son ennemy, & le reduire en desespoir, nous le rēdōs pl° temeraire à entreprēdre & plus violēt à executer toutes choses hazardeuses. Le desespoir (disoit Tubero) est le dernier, mais le plus puissant effort, & le donjon le plus inuincible. Du temps que Gaston de Foix estoit en Italie, Vchassin Mersich, dormant de lassitude aupres d'vne fontaine, proche du fleuue Carmanlic en la region de Bulgarie, fuyant l'ire de Mathias Roy de Seruie, du temps aussi que George Despost il fut massacré par son seruiteur, appellé Nicolas Chersonic, qui auoit esté suborné par le Roy Mathias. L'on dit que depuis ladite fontaine ou fut ledit Roy Vchassin tué, deuint amere & puante, laquelle auparauant estoit tres excellante à boire,

Bb

seruant beaucoup à ceux d'Andri-
nopoly, ville esloignee de deux
mille d'icelle, ou se font les bons
cordoüans.

DE NICOLAS SILVIO,
Senateur de Ferarre.

Nicolas Siluio Senateur elo-quent, de la fameuse Repu-blique de Ferarre, eust vne si estrá-ge frenesie, qu'il s'en vint à Paris, se vantant d'auoir l'esprit de Sainct Iean l'Apostre & Euangeliste, puis descendit à Bourdeaux ville Capi-talle de Guienne, ou à cause de ce-ste mauuaise apprehension, il fut mis en prison, ou il demeura long temps persistant à sa premiere opi-nion. Et pource qu'on ne tint conte de le mettre hors, comme il requeroit, il mit le feu aux prisons, dont se brusla quelque partie du bastiment: & comme on le cuidoit mal disposé de son entendement, on luy fit razer la barbe qu'il auoit fort grande, & puis on le chassa. Il s'en alla de là à Toulouse, ou il s'essaya toujours de persuader qu'il auoit l'esprit de S. Iean, parquoy il fut procedé à l'encontre de luy, comme heretique, & fut tout vif bruslé. Il y eust presque en mesme temps vn autre à Basle, qui disoit auoir l'esprit de S. Pierre pour cõducteur, mais ie n'ay peu sçauoir d'ou cestuy estoit, & ce qu'il deuint. Vn autre fut veu en France, du temps du Roy Louys douziesme de ce nom, aussi Italien de nation, lequel enflé de superbité & arrogance se disoit estre Mercure, jaçoit que son propre nom fut Ieã, & se vantoit d'estre Sectateur d'Apollonius Tianeus, la vie duquel à esté escrite par Philostrate, & encore deuant luy par Damis, qui luy auoit faict compagnie en tous ses voyages & peregrinations. Ayant demeuré quelque temps à Lyon, & commenceant à estre renommé il se vantoit enuers ledict Roy Louys de faire chose grandes, tellement que le Roy s'emerueilloit de cest homme: il le fit interroger par des hommes doctes, & principallement par des Medecins, afin qu'ils sceussét s'il auoit vne si prodigieuse cognoissance des choses, comme il se vantoit. Ils luy proposerent plusieurs questions, & de diuerses matieres, ausquelles il respondoit promptement, principallement en ce qui estoit de la medecine, de sorte qu'ils estoiét tous estonnez, ne sçachant d'où cela prouenoit, veu qu'il n'auoit aucunes lettres. Retournez dóc qu'ils furent au Roy, luy reciterent cóme le tout c'estoit passé, non sans grande admiration. Ledict Mercure donna vne tres-belle espee au

Roy, enuironnee de cent quatre vingt petits cousteaux, & vn bouclier, ou il y auoit vn miroir, auquel il disoit auoir quelque grãde energie: au reste on ne sçait ou il alla, ne ce qu'il deuint.

DE POPIEL, ROY DE Pologne.

Popiel Roy de Pologne, (qui regnoit l'an 346. apres l'incarnation de Iesus Christ) auoit accoustumé entre ces autres particulieres execrations de iurer & afermer ainsi. Si cela n'est vray que les rats me puissent menger: qui luy fut vn tres-mauuais presage, car à la fin il en fut deuoré, comme vous entendrez cy apres. Le pere de ce Roy Popiel sentant les angoises de la mort, laissa l'administration du Royaume aux deux oncles de son fils, gens reuerez de tous ceux du pays, pour leur preud'hommie & sainteté. Popiel estant paruenu à l'aage requis, le pere decedé, & l'enfant se voyant en plaine liberté, & sans frein, commença à se laisser transporter à ses desirs, qui fut en sorte qu'ē peu de iours il deuint si effronté, qu'il ny eust espece de vice qu'il n'experimentast, iusques à machiner la mort de ses oncles, lesquels il fit mourir de poisō. Ce faict il commēça à se faire couronner de chapeaux de fleurs, & parfumer d'vnguens precieux. Et afin de mieux solemniser l'entree de son regne, il fit preparer vn somptueux & magnifique bāquet, ou tous les Princes & Seigneurs de son Royaume furent inuitez, & comme ils commençoient à banqueter, voicy vne infinie multitude de rats, qui sortirent des corps putrifiez de ses oncles, lesquels luy & sa femme auoiēt empoisonnez, qui vindrent aſſaillir ce cruel tyrã entre ces delices, & commencerent à le caraſſer à belles dents: ce que les archers de ſa garde cuiderent empeſcher, mais ce fut en vain: car ils l'aiſſaillirent ſi viuemẽt iour & nuict, que les pauures gens demeurerent ſi las, qu'ils ne pouuoient plus reſiſter: A raiſon dequoy il fut aduiſé par le Conſeil, d'enuironner le Prince de feu, ne cognoiſſant pas qu'il ny a puiſſance humaine qui puiſſe reſiſter au vouloir de Dieu: mais ce fut choſe prodigieuſe, que les rats paſſans par les braiſes & flammes, ne ceſſoient de ronger ceſt execrable meurtrier de ces oncles: ainſi ſe voyans fruſtrez de leur premiere intention, ils aduiſerent de le mener par batteau au milieu d'vn lac, dequoy ces animaux n'eſtans aucunement intimidez de la fureur de ceſt element, trauerſans les

B b iiij

ondes penetrerent jusques au batteau, ou ils cõtinuerent leur rage, auec telle impetuosité, que les bateliers & autres deputez pour sa garde, sentans que cela procedoit de la permission diuine, furent cõtraints amener le batteau à terre, ensemble d'abandonner leur Prince à la misericorde de ces bestes: lequel se voyant seul despourueu de tout humain secours, ne sçachant plus que faire, s'enfuirent luy & sa femme en vne tour, ou ils furent en fin deschirez & consommez iusques aux os par ces petits animaux. Voyla la fin miserable de ce meurtrier de ses oncles, il ne sera indecent d'annoter quelques exemples d'amitié du parentage. Antiochus, surnommé le Sacre, faisant la guerre à son frere aisné pour sa part au Royaume de Macedone, ne laissa pas de donner preuue en son ambition, qui n'estoit pas du tout esteinte en luy l'amitié fraternelle: car au pl° fort de leur guerre, Seleucus ayant perdu la bataille auec gráde tuerie des siens, & luy tenu pour mort vn long temps, pource qu'on n'auoit aucune nouuelle de luy, Antiochus mit bas la robbe de pourpre, & se vestit de noir, puis fermant son palais Royal, mena vn tresgrand dueil de frere. Mais depuis estant aduerty, comme il estoit sain & sauf, & qu'il remettoit sus vne armee, sortant de son logis en public, il alla sacrifier aux Dieux en action de graces, & commanda aux villes qui estoient soubs luy, de faire semblablement sacrifices, & porter chapeaux de fleurs en signe de resiouyssance publique. Athenodorus Grec, ayant vn frere plus vieil que luy nommé Zenon, lequel conuaincu de quelque crime auoit faict perte de tous ses biens, qui furent confisquez, remit derechef en partage tout son patrimoine auec luy, & luy en bailla la iuste moitié. Et Pittique enquis du Roy de Lidie s'il auoit des biẽs; ouy (dict il) deux fois plus que ie ne voudrois, estant mon frere mort duquel i'ay herité. L'amour de la Persienne, dont Plutarque fait mention, fut aussi tresgrande : Laquelle interrogee pourquoy elle aymoit mieux sauuer la vie de son frere, qu'à son fils pource (dict elle) que ie puis bien auoir d'autres enfans, mais d'autres freres non, mes pere & mere estans morts. Or à plus forte raisõ si nous auons bien aymé nos peres nous deuons donc preferer a tous autres amys nos oncles. Car il se peut aquerir plusieurs amys : mais si nos oncles nous deffaillẽt, il n'est plus possible d'en recouurer, non plus qu'vne main coupee ou vn œil arraché. Surquoy l'exemple d'Agripa gendre de l'Empereur Auguste, ne viendra point mal à propos: lequel souloit dire, qu'il estoit grandement redeuable à ceste sentence de Saluste (Les petites choses par cõcorde & amitié croissent, mais par discorde elles perissent) pource qu'elle auoit esté cause de tout son bien, en s'estant efforcé de viure en paix auec son frere, voire auec vn chacun. C'est ce que Scilérus laissant quatre vingts enfans masles, leur voulust enseigner comme ils se tiendroient inuincibles, leur presentãt à chacun deux vn iauelot pour le rompre. Ce que n'ayans peu faire, il les rõpit deuant eux l'vn apres l'autre. Quant nous aurions recherché toutes les Histoires, nous ne sçaurions trouuer acte plus memorable, plus digne d'estre representé auiourd'huy, & qui merite plus d'estre suiuy, mesmes des grands querellans pour leur possession & appennage, que ce qui aduint entre les enfans de Darius, Monarque des Perses. Car Ariamenes aisné, & Xerxes puisné: ayans grāds differend ensemble pour la succession de l'Empire, l'aisné alleguoit sa primogeniture, le puisné qu'il estoit fils de Atossa, fille du grand Cirus, & né depuis que son pere auoit esté couronné Roy, comme plus prochain du Royaume apres la mort de Cābyses. Chacun d'eux auoit de grādes ligues, & plusieurs Seigneurs Persiens s'estoient bandez de chasque part. Or Ariamenes descendit de la Medie, non point en armes pour faire la guerre, comme il en auoit de grands moyens, ains tout simplement auec son train ordinaire pour poursuiure sō droict en iustice. Xerxes auant la venuë de son frere faisoit en Perse toutes choses qui appartiennent à vn Roy. Mais quand Axiamenes fut arriué, volontairement il s'osta le Diadesme & chapeau Royal, & alla au deuant de luy, l'embrassa, & du depuis luy enuoya des presens, auec commandement à ceux qui les luy portoient de luy dire. Xerxes ton frere t'honnore maintenant de ces presens icy : mais si par la sentence & iugement des Princes & Seigneurs de Perse, il est declaré Roy, il veut que tu sois la seconde personne d'apres luy. Ariamenes fit ceste responce, ie reçoy de bon cœur les presens de mon frere, & pense que le Royaume des Perses m'appartienne. Mais quand à mes freres, ie leur garderay l'honneur qu'il leur est deu apres moy, & à Xerxes le premier lieu sur tous. Apres donc que de leur consentement Artabanus leur oncle eust decidé de leur diferend, adjugeāt le Royaume à Xerxes, Ariamenes incontinent se leuant de son siege, alla faire hommage à son frere, & le prenant par la main droicte, le mena seoir dedans le siege Royal: & de là en auant fut tousiours le plus grand aupres de luy, & se mōstra si bien affectionné en son endroict, qu'en la bataille naualle de Salamine, il mourut en combatāt vaillamment pour son seruice. Le susdict Xerxes ayant apperceu que son fils Ochus dressoit embusche à ses freres pour les faire mourir, en deceda de desplaisir. Apollonide mere du Roy Eumenes, & de trois autres de ses freres, se disoit bien heureuse, & rendoit graces aux Dieux, non pour ses richesses, ny pour sa principauté, mais parce qu'elles voyoit ses trois enfās puisnez seruir de garde corps à leur frere aisné, & luy viuant librement

& en toute asseurance au milieu d'eux, ayant les espees aux costez, & les Iauelines en leurs mains. Le ieune Torquatus estant chassé de la maison de son pere, se tua de regret.

DE TROYS GRANDS
Roys, asçauoir d'Abdelmelec Roy de Thunes, & de Muhamed son nepueu, & de Sebastien Roy de Portugal.

IL y a deux Princes, contendans les Royaumes de Fez, & Maroc situez en Barbarie d'Affrique, dõt l'vn s'appelloit Muley Mahumet, nepueu de l'autre qui demandoit les Royaumes nommé Alpelmelec, ce Mahumet, qui iouyssoit des royaumes il y auoit douze ans, fut assailly trois ou quatre fois par Abdelmelec, ayant l'assistance du Turc, lequel gaigna quatre insignes batailles: & en fin les habitans de Fez, & de Maroc, receurẽt Abdelmelec, à cause que Mahumed n'estoit qu'vn tyran, & auoit fort peu d'amys, mesprisant vn chacun, se fiant à ses forces & tresors, mesmement apres toutes les pertes de ses batailles. Sebastien Roy de Portugal luy presenta son amitié & secours, mais il le mesprisa tousiours, iusques à ce qu'il n'eust plus personne qui le voulut retirer, ny suiure, ayant despendu les grand deniers qu'il auoit amassez durant son regné & s'estoit retiré en des montagnes, qui sont enuiron de la ville de Maroc six lieuës, ayant faict le mestier de voleur enuiron sept ou huict mois, auec quelques compagnies de gẽs sans adueu: qui fut derechef deffaict par les troupes d'Abdelmelec, & fut contraint se retirer aux plus inaccessibles endroits de la montagne, ou il souffrit vn million de miseres l'espace d'vn an, viuāt en deffiāce perpetuelle, pour la crainte qu'il auoit qu'on l'allast attraper en ces cachettes. Bref, la necessité le contraignit de desirer le secours qu'on luy auoit offert, & recourir au Roy de Portugal, auquel il enuoya vn messager exprés, puis deux de ses Capitaines, & cependant il trouua moyē de descendre de la montage par des lieux escartez, & se sauua dedans Tingy, ville que les Portugais tiennent en Affrique, ou il fut bien receu du gouuerneur, qui cognoissoit aucunement l'affection du Roy Sebastien, & fournit à ces deux Capitaines vne cauallerie bien armee, pour aller faire leur ambassade en Portugal. Le Roy Sebastien fut fort ioyeux de voir ces deux Ambassadeurs, qui estoiēt de son naturel fort adonnés aux armes, quoy que la dispositió de la personne, & son haut courage l'aiguillonnoient incessamment: & pource ne cherchoit il qu'vne ouuerture pour aller en Affrique: prenant son pretexte sur le desir qu'il disoit auoir d'auancer la Religion Chrestienne, & ruyner la Mahumedique, parquoy il promit soudainement, sans bien penser l'affaire, secours à Mahumet, & le remettre dans ses Royaumes: à celuy, dy-je, qu'il auoit recerché outre mer, pour cest effect, qui l'auoit mesprisé. Le Pape, le Roy d'Espagne, & plusieurs autres grands personnages ne le peurent destourner de ce faire, mais il persistoit de l'acheminer à la mort, qui la talonnoit de pres: parquoy il passe en Affrique, auec treze cens voiles, tant grands que petits vaisseaux, en ceste flotte la plus belle qu'on eust veuë de long temps. Son armee estoit composee de Lansquenets, Espagnols, Italiens, Portugais, & quelques peu d'Affriquains Mores: qui tenoiēt le party du Portugais, & trente six pieces de campagne biē affustees. En tout ny auoit que seize mille hommes de guerre, sans conter les goujats, charriers, castadours, putains, & autres gens inutils au combat. Abdelmelec ne fut endormy de son costé, qui mit aux champs soixante mille hommes, tant piquiers qu'arquebuziers, & vingt six bonnes pieces de campagne, gouuernees par gens fort experts. Abdelmelec fut fort marry de ce qu'il luy falloit venir aux mains auec les Chrestiens, car il leur portoit beaucoup d'affection, non qu'il craignist les portugais, mais preuoyant que la Barbarie seroit le tombeau du Roy de Portugal, qui estoit par trop foible pour s'attaquer à luy, qui estoit plus puissant. Et sur ce propos, il dict plusieurs fois, le Roy Sebastien deuoit regarder, qu'il n'y a ordre de se venir perdre, car de me vouloir oster les Royaumes qui m'appartiennent par droict successif, pour les donner à vn Negre, sans que la Chrestienté en soit soulagée & accomodée, ce n'est chose, que Dieu qui est iuste doiue permettre. Le bruict des voleurs d'Abdelmelec fut cause, que tous luy venoiẽt presenter seruice & obeyssance: & de toutes les Prouinces on luy apportoit de beaux presens, & dons inestimablement riches. Plusieurs Roys Chrestiens prindrent plaisir en son amitié, & luy les accepta pour amis, s'estimant heureux d'auoir leur acointance, tellement que de diuers endroicts beaucoup de Chrestiens alloient en ses pays, ou ils receuoient fort gracieux traittement, & luy leur monstra meilleur visage qu'à nuls autres hommes qui hantassent en ses terres, & leur aydoit liberallement en leur necessitez. Au contraire, Muley Mahumet opprimoit les chrestiens lors qu'on leur feit de la fascherie: parquoy Sebastien en cet endroit s'oublia grandement. Or pour ne tenir en suspeds le lecteur, les deux armees se disposerent à se choquer, & se trouuerent en vne campagne, qui duroit plus de deux lieuës si raze & vnie, qu'il n'y auoit aucuns arbres, herbes, ronces, ny pierre. L'armee de Sebastien auoit derriere soy le fleuue de l'Arache, & celle d'Adelmelec celle d'Alcassar. Or Muley Mahumet, pour qui se iouyoit ceste tragedie, contre sa promesse, n'amena aucun secours à Sebastien, & faisoit à croire, que plus de la moitié de l'armee d'Abdelmelec se viendroit rendre à luy ce qui n'aduint, car les deux armees s'entrechoquans chacune de sa part vaillament combatirent, & les Chrestiens eurent du pire, & Muley Mahumet se meit en fuitte des premiers, vers la riuiere & & fleuue de l'Arache, & le cuidât passer à gué pource que c'est vne eau boüeuse, son cheual s'estant embourbé, s'esláça de telle roideur qui luy feit perdre les estriers & ne sçachant nager se noya, demeurant suffoqué en la bourbe. quand à Sebastien, apres que tous ses gês furent mis a mort, ou en fuitte, il fut assailly de tous costez, n'ayant auec luy que sept ou huict cheualiers, fut tué & mis par terre parmy les siens en combatât tousiours vaillament. Quant à Abdelmelec auant la bataille, environ huict ou dix iours, il estoit tômbé griefuement malade, pour auoir mangé du laict en quelque village, qui se cailla dedans son estomac, lequel il ne peut vomir entierement neantmoings le iour de la bataille se feit môter a cheual, & au milieu du combat, se trouuant plus mal qu'il n'auoit faict, se feit mettre dedans sa littiere, dans laquelle il mourut a l'instant: mais on cela sa mort iusques à ce que la bataille fut finie & gaignée de son costé: & voila côme en vn iour trois Roys moururent par trois diuers moyés, car Muley Mahumet fut noyé, Sebastien finit sa vie par les armes, & Abdelmelec mourut de maladie. Leurs corps receurent aussi diuers traittements. Car le corps de Mahumet fut escorché & sa peau remplie de bourre fut portee par toutes les villes des Royaumes de Fez, & de Maroc, en signe d'ignominie. Le corps du Roy de Portugal Sebastien, fut enterré en la ville d'Alcassequier, sans qu'il y eut aucun

Prestre, ny drap pour le couurir, mais tout nud, comme il auoit esté trouué apres qu'on eut recogneu les morts, sauf vn meschant pourpoint, qu'vn de ses valets de chambre luy vestit, se despouillāt luy mesme: ce qui ne fut trouué des Mahometans: lequel valet se sauua miraculeusement, car de ceste armée Chrestienne, soit de soldats ou autres, il ne s'en sauua iamais deux cens. Abdelmelec fut porté en sa litiere tout mort, royallement vestu, à plus de vingt lieuës de là, en vn riche sepulchre, auec ses predecesseurs, & furēt fondées à certains prestres, dē la religion Mahumedique rentes, pour prier Dieu pour son ame. Leurs successeurs furent aussi bien diuers & estranges: car à Muly Mahumet succeda son ennemy mortel Hamed: à Abdelmelec, non pas ses enfans, combien qu'il en eust, mais

son

son frere bastard, ledict Hamed, car son pere le vouloit ainsi. Au Roy Sebastien Philippe Roy d'Espagne, qui luy estoit parēt de bien loing, toutefois le plus proche qui se trouuast lors. car iamais il n'auoit esté marié. Et voyla comme la fortune ioüe de la vie miserable, ou biē heureuse fin des plus grands & hauts esleuez en ce mõde, aussi bien quelle faict des petits: & par vn secret iugement de Dieu, lequel faict bien tout ce qui luy plaist. Ces choses aduindrent en Affrique, aux Royaumes de Fez & de Maroc, vn Lundy quatriesme iour du moys d'Aoust, l'an mil cinq cens septante & huict.

DE MILON, DVC DE Calabre.

AVlugelle & Valere le Grand recitent, qu'il y a en Italie vne ville nommee Crotonne, en la Calabre, de laquelle estoit Duc vn nommé Milon, qui fut si puissant & adextre, tant en batailles, qu'en ieux, festes & luttes publiques, iamais ne trouua son pareil, de sorte qu'il fut estimé le pl' vaillant de toute l'Italie. Ce Milon se pourmenant vn iour dans vn sien petit bois, pour se rafraischir, veit entre plusieurs arbres, vn chesne ayant deux grandes branches, que l'on auoit commêcé quelque peu à ouurir à force, auec des coings qu'on y auoit laissez, dont luy qui estoit hôme qui mettoit les mains par tout, desireux d'en acheuer l'ouuerture, mit les mains ay deux branches, à l'endroit de l'ouuerture, & tira tant qu'il les ouurist quelque peu plus, tellement que le coings tomberēt par terre: mais ou pource que (peut estre) les forces luy defaillirent, ou qu'il ne pensoit pas que ces branches eussent si grande puissance, il cessa quelque peu de tirer, au moyen dequoy l'arbre se rejoignit en telle soudaineté, que ses deux mains demeurerent prises dedans, de façon que ne se pouuāt eschapper, & ne passant aucun pour luy ayder, il mourut de douleur & de faim: par la plus miserable & malheureuse mort, qui iamais fut imaginee: car il fut faict proye aux bestes sauuages, & par ainsi ses propres forces le tuerent.

DE CHRISTIERNE, ROY de Dannemarc.

CHristierne fils de Iean Roy de Dannemarc, estant Roy apres son pere, employa toutes ses forces pour adiouster le Royaume de Suede au sien: ce qu'il fit en fin, tant par force que par fraude, mais il n'en iouyst pas long temps: & tant s'en faut qui le peut garder, que mesmement il fut deschassé de son pays, & propre Royaume de Dannemarc, pour sa tyrannie: si bien qu'il fut contraint de s'enfuïr en Angletterre auec sa femme, en l'an d'apres la natiuité de Iesus-Christ 1522. Or comme il cuidoit recouurer son Royaume de Dannemarc, son oncle nommé Chrestien, le print & le retint en prison, ou il mourut pauurement.

DE GEORGE, ROY DE Boheme.

GEorge Roy de Boheme, homme de grande prudence, ayát gaigné l'amitié de plusieurs du Royaume, & s'estant faict redouter de plusieurs autres, fut installé Roy, & donna sa ville à Mathias tres vaillant Roy de Hongrie. Sur ses vieux ans, Ferdinand Roy des Romains, frere de l'Empereur Charles le Quint, s'investit de son Royaume, qui n'en tenoit qu'vne petite partie, ayant esté molesté quelques années auparauant, par les Roys de Pologne, Hongrie, & l'Empereur, à la solicitation du Pape Paul second, parce qu'il se ressentoit de la doctrine des Hussites, dont il receut tant de fatigues, qu'il en mourut, l'an 1466 il fut regretté, car en sa ieunesse, & lors qu'il estoit en vigueur, il auoit faict de braues exploicts de guerre contre les Turcs.

D'ARCHAMBAVLT, GOVuerneur du pays de Ferette.

DV temps du Roy Louys vnziesme, fut faicte vne paix entre le Duc Sigismond d'Austriche & les Suisses, tendant à ceste fin, que ledict Duc Sigismond, voulut reprendre la Comté de Ferette, (laquelle il auoit engagee au Duc de Bourgogne, pour la somme de cent mille Florins) & ainsi fut accordé. Il demeura vn different entre luy & les Suisses: qui vouloient auoir passage par quatre villes de la Comté de Ferette. Ce point fut submis sur le Roy de France, qui le iugea à l'intentiõ des Suisses, tout ainsi comme cecy auoit esté cõclu, il fut executé, car en vne nuict fut pris Pierre Archambault, gouuerneur du pays de Ferette pour le Duc de Bourgogne, auec huict cēs hōmes de guerre qu'il auoit auec luy : lesquels furent tous deliurez francs & quites : excepté ledit Archambault qui fut mené à Basle, ou son procez luy fut faict, sur certains excez & violēces, qu'il auoit exercées audict pays de Ferette, & en fin eust la teste tranchee.

DE MVLEASSE, ROY de Thunes.

Mvleasse Roy de Thunes en Affrique, craignant que Barberousse, Admiral de Sultan, Soliman Empereur des Turcs, qui couroit la mer, auec vne puissante armee naualle, ne le vint dejetter de son Royaume, s'ingla droict en Sicille, pour de là aller trouuer Charles le quint à Gennes, & tirer de luy secours. Or pour garder son Royaume, il y laissa les plus fidelles qu'il y pensoit auoir; a sçauoir vn nommé Mahomet, pour gouuerner la ville, & vn Corsegue qu'il establit Capitaine du Chasteau, & constitua son fils Amidas, chef de toutes ses forces, pour garder Thunes contres les Turcs & Numides. Or comme il estoit arriué à Naples, ou l'Empereur auoit commandé qu'il seiournast, il eust certaine nouuelle d'Affrique, que son fils Amidas auoit coupé la gorge à tous ses amis, & s'estoit emparé de la ville, ce qui luy donna martel en teste, & ramassa soudain quelques gens, de façon qu'en peu de temps il eust dix huict cens hómes, lesquels il fit embarquer, puis print la route de la Goulette. Mais en chemin il fut aduerty, par vn Lieutenant de l'Empereur nommé Toarre, de n'aller temerairement se mettre entre les mains des Affriquains & Numides, que premierement il ne fut asseuré de leur bōne volonté. Neantmoins il se laissa persuader par quelques traistres, & mesprisa l'aduertissement de Toarre. Il s'en va droict à la ville, ou estant arriué, les Affriquains sortirent sur luy, & tuerent plus de quinze cens de ses gens, & le reste se mit en fuitte, & entre autres Muleasse, lesquels furent suiuis: ledit Muleasse fut recognu, & prins & mené à Amidas son fils, qui luy fit creuer les yeux auec vn fer chaud, & ainsi il l'aueugla miserablement. Autant en eurent les deux freres d'Amidas, Nahaher, & Abdelas, qui auoient esté prins auec Muleasse. En fin de là à quelque temps, il s'esleua vne sedition à Tunes, & pendant icelle il se sauua par le moyen d'vne femme qui le garda quelque iour en vne fosse,

Cc v

couuerte d'ays, & de là gaigna la Sicille, ou il vesquit long temps aueuglé, au despens des Siciliens, par le commandement de l'Empereur. Quand à Amidas, il ne vesquit que quatre ans apres auoir cōmis ce detestable acte, durant lesquels il fut continuellement molesté de guerres, par le Vice roy d'Alger, assisté des forces Turquesques, & contraint se rendre tributaire, payant presque autant que son Royaume valoit. Puis par permissiō diuine il deuint sourd dés le iour qu'il fit creuer les yeux à sondict pere. Il deuint aussi muet, puis à la parfin aueugle, & mourut ainsi en langueur miserablement.

DE HATO ARCHEVESque de Majence.

LEs Allemans ont vne histoire celebre par toutes leurs chroniques, & Annales, de Hato trente deuxiefme Archeuefque de Majence, durant lequel il y eut vne cruelle famine en la terre. Ce Loup rauiffant, voyant que les pauures eftoient preffez de male rage de faim, (fpecialement ceux de fa Prouince) s'aduifa par l'inftint du Diable, d'en faire congreger vne grande multitude en vne grange, en laquelle eftans enuironnez il y mit le feu, & les brufla tous vifs. Eftant interrogé quelques iours apres pourquoy il auoit vfé de telle tyrannie, à l'endroit de ces miferables innocens, il refpondit qu'il les auoit bruflez pource qu'il ne differoient en rien aux rats, qui mangēt le grain, & ne feruent de rien: mais le Seigneur, lequel (comme dit le Prophete à mefme foing du paffereau (ne laiffa point vne telle tyrānie impunie, car à l'inftant mefmes il fufcita vne grande troupe de rats qui le poursuiuirent iusques en vne tour situee en vn Lac ou il ce pensoit sauuer, & la executerent si promptement le commandement de Dieu, qu'ils ne luy laisserēt que les os, qui sont encores pour le iourd'huy enterrez au monastere de saint Aubin à Majence, & la tour d'ou ce malheureux Pasteur termina ses iours, est encores auiourd'huy en estre, qui se nomme la tour des rats, de laquelle Munster, apres plusieurs autres, à faict mention en sa cosmographie vniuerselle, mesme que c'est le lieu de sa natiuité. Ce qui en semblera estrange à ceux qui ont leu aux histoires, que les poux (qui sōt beaucoup moindres que les rats) ne peurēt estre empeschez pour toute la prudence des medecins qu'ils ne consumassent l'Empereur Arnoul, ne luy laissant que la Carcasse & les os tous secs: Comme en semblables ce grand Monarque Antiochus, voulant esteindre la memoire de la Synagogue de Dieu & introduire l'adoration des Idoles, veid sortir vn si grand nombre de vers de son corps, & fut tellement plongé en douleur, que de l'odeur qui sortit de sa corruption son armée en fut infectée. Celuy qui cuidoit par orgueil commander aux ondes de la mer, & passer à la balance la hauteur des montagnes, & qui estoit si enflé d'ambition qu'il pēsoit toucher les estoiles du ciel, est tellement rabaissé par l'espouuantable iugement de Dieu qu'aucun ne peut endurer sa puāteur & corruptiō: Voy ceste histoire au deuxiesme de Machabee Chapitre 9. voyla cōme ces petits animaux sont les ministres du iugement de Dieu. Elian escrit qu'il se multiplia telle quantité de rats en certains lieux d'Italie, que par la detruction qu'ils firent, des racines des arbres, & des herbes, sans qu'on y peut mettre remede, qu'ils causerent telle famine, que les habitans abandonnerent la contree. Marc Varron l'vn des plus dignes autheurs qui escriuit en Latin, dict qu'en Espagne il y eust vn gros bourg, situé en pays sablonneux, qui fut tellement fouy & caué par les connils, que finablement les habitans l'abandonnerent, de peur d'estres ensepulturez aux cachots de ces petits animaux, desquels elle fut en fin ruynee. L'on dict qu'en Affrique, il y a eu des côtrees desertes, à cause de la multitude des Sauterelles. Autrefois il y a eu vne ville en France, qui a esté renduë inhabitable à causes des grenoüilles.

D'ENGVERAND DE
Marigny.

ENguerand de Marigny, Seigneur de Concy, Comte de Longueuille, & maistre des finances, fit edifier & dresser le gibet de Monfaucon, au plus haut duquel il fut pendu, pour les conculsions, pilleries & insuportables subsides, qu'il auoit exigees du peuple, & employees à son proffit. Mais le Roy Charles pere de Philippe le Bel, qui par solicitation auoit faict mourir Enguerand, eust vn tel remord de conscience, & fut tourmenté de visions si horribles & espouuentables, qu'il en tomba en grande maladie. Ce qui le meut de faire despendre le corps dudict Enguerand, & le faire ensepulturer honnorablement, faisant prier Dieu pour son ame. Toutefois il fut trouué que la femme du deffunct, auoit faict faire deux images de cire par vn Magicien nommé Pauiot, l'vne repreſentant Louys de Nauarre fils de Philipe le Bel, & l'autre du Roy Charles: & eſtoiẽt tellement compoſees, qu'en quelque part qu'ils ſeroient piquez, celuy qui repreſentoit l'image, ſeroit malade en tel endroit d'vne douleur iuſques à la mort. Ce qu'ayant eſté deſcouuert, le Magicien fut bruſlé au pied du meſme gibet, auec vne ſorciere qui auoit aydé à l'entrepriſe, & la femme d'Enguerand auec ſa ſœur en perpetuelle priſon. A ce propos vn treſorier d'Alençon nommé S. Aiguan, lequel eſtant banny du Royaume de France, pour le meurtre commis en la perſonne du fils du Lieutenãt General d'Alençon, s'eſtant retiré en Angleterre, fit tant luy & ſa fẽme enuers le Roy d'Angleterre, lequel fit vne requeste au Roy de France, & au Duc d'Alençõ qu'en fin ils eurent grace, moyennant quinze cens escus qu'ils deuoient donner au pere du trepassé. Reuenu en sa maison, s'acointa d'vn Orateur nommé Gallery, esperãt que par son art il seroit exempt de payer lesdits quinze cens escus, qu'il deuoit au pere du trespassé. Et pour ce faire s'en allerẽt à Paris deguisé sa femme & luy. Et voyant sadicte femme qu'il estoit si longuement enfermé en vne chãbre auec ledit Gallery, & qu'il ne luy disoit point la raison pourquoy vn matin elle l'expia, & vit que ledict Gallery luy monstroit cinq images de bois, dont ces trois auoient les mains pendantes, & les deux leuees cõtremont. Et parlãt à S. Aignan luy disoit : Il nous faut faire de telle images de cire que ceux cy, & celles qui auront les bras pendans, ceux qui nous ferōs mourir, & ceux qui les esleuent seront ceux de qui nous voudrons auoir la bonne grace & amitié. Et ce Thresorier disoit: ceste cy sera pour le Roy, de qui ie veux estre aymé, & ceste cy pour monsieur le Chancellier d'Allençon Brinon. Gallery luy dict: il faut mettre les images soubs l'autel ou ils oyront leur messe, auec des paroles que ie vous feray dire à l'heure, & en parlant de celles qui auoient les bras baissez, dict le Thresorier, que l'vne estoit pour maistre Gilles du Mesnil pere du trespassé, & vne des femmes qui auoit les mains pendantes, estoit pour madame la Duchesse d'Alençõ, sœur du Roy. La seconde femme ayant les bras pandans estoit pour sa femme, qui estoit cause de tout son mal, quant la femme qui voyoit tout par le pertuis de la porte, entendit qu'il la mettoit au rang des trespassez, se pensa qu'elle l'y enuoyeroit le premier. Tellement qu'elle en aduertit vn siē oncle, maistre des Requestes du Duc d'Alençon, lequel cōta toute l'histoire au Chācelier, & ledit Chācelier alla conter le cas estrange à madame la regēte mere du Roy, laquelle soudainemēt enuoya querir le Preuost de Paris, nommé la Barre, lequel fit si bonne diligence, qu'il print le Thresorier & Gallery son Inuocateur, lesquels sans gehenne & contrainte, confesserent librement la debte, & fut leur procez faict & rapporté au Roy. Pourquoy furent luy & Gallery enuoyez à Marseille aux galleres de S. Blanquart, ou ils finirēt leurs iours en grande captiuité, & eurent loisir de recognoistre la grauité de leurs pechez.

DE PHILLIPPE EMPEREVR d'Allemagne.

PHilippe 22. Empereur Allemād, ayant espousé Irexe fille de l'Empereur de Constantinople, & faict appoinctement auec Othon son competiteur, & auec les Princes electeurs de l'Empire, s'estournant à Bamberge, vn iour comme vn chirurgien le seignoit, n'ayant soupçon d'aucun mauuais affaire, ce bon Prince estant seul, au moins n'ayant pas grand train auec luy en sa chambre fors seulement son Chancelier, & son Escuyer de Vualpeurch, soudain va entrer en sa chambre Othon de Vuitelpac, la race duquel Federic premier auoit fort esleuee & mise en credit. Cestuy voyant que l'Empereur n'auoit pas grand compagnie tira son espee, & luy en donna en la gorge. Lors l'Escuyer oyant le bruict accourut pour secourir son Prince mais ce meurtrier se sauua à la fuitte par sa legereté. De ce coup mourut Philippe & fut ensepuely à Bāberge. Mais apres le corps, fut enterré à Spire par le commandemēt de Federic second.

DE BOLESLAS ROY DE Pologne.

BOleslas deuziesme Roy de Pologne, s'estant adonné à toute intemperance & dissolution, ne faisoit aucune difficulté de rauir les femmes de ses suiects, dont l'Euesque de Cracouie l'admonnestāt souuent, & ayant, a cause de sa perseuerance obstinee, procedé contre luy iusques à l'excōmunier : il fut transporté de telle fureur, qu'il tua ce sainct personnage. Puis apres ses subiects luy courans sus il fut contrainct de s'enfuyr en Hógrie, ou alienné de sens, il se tua.

DE FEDERIC EMPEREVR
Alleman.

FEderic dict Barbe rousse Empereur Alleman, apres auoir dompté les Milannois ceux de Bauieres, & les Venitiens. S'en alla auec grād appareil en Asie, pour recouurer la ville de Hierusalem, qui auoit esté de nouueau perduë. Il print en Galilee maintes grādes & puissantes villes, & deffcit les Sarrazins & Turcs : qui donna si grande terreur au Souldā qu'il s'ēfuyt en Egipte. Les Roys de France & d'Angleterre estoient desia arriuez en Asie, auec vne grosse armee certainement fortune qui n'est pas tousiours fauorable, commancea à leur vouloir mal. Federic apres auoir prins Armenie, pour se refrigerer, à raison de la grãde chaleur qui pour lors estoit, entra à cheual dãs vne impetueuse riuiere nommée Abdue, ou il fut noyé, l'an mil cent octante neuf.

DE IACQVES, ROY d'Escosse.

IAcques Roy d'Escosse dernier de ce nom, qui apres auoir rompu la foy à son beau frere le Roy d'Angleterre, sans luy declarer la guerre, court, pille & butine ses pays. L'Anglois irrité d'vn si desloyal acte, se mit aux champs, vint trouuer sõ ennemy, qui s'estoit desia deschargé du butin, rauy sur ses terres, luy donne bataille & le met en route. L'Escossois rassemble ses gens se presente auec plus grãde asseurance, deuant l'Anglois, pour la seconde fois, qui derechef le combat, gaigne la bataille, ou le vaillant Roy fut tué, auec deux Euesques, & bonne partie de sa noblesse & autres gens de guerre, & coustumieremēt ceux qui rompent leur foy, finissent leur vie miserablement.

DE THOMAS MORVS.

Thomas Morus Anglois, hōme de grand sçauoir & doctrine, fut Archeuesque de Cantare, il estoit versé en la langue Grecque, & à faict de doctes traductions de Grec en Latin, mesmement les Dialogues de Lucien: il a faict l'Vtopia, & plusieurs excellēs Epigrammes, & autres œuures dignes de luy, & florissoit enuiron l'an de nostre Seigneur 1530. Le Roy d'Angleterre Hēry huictiesme le fit grand, & l'esleua aux grands honneurs & dignitez, le cognoissant amateur de la singuliere

liere vertu, mais depuis à cause qu'il ne le vouloit supporter, ny adherer aux cruautez qu'il faisoit iournellement, mesme à l'endroit de ses femmes, qu'il faisoit mourir cruellement, il le fit premierement bannir, & à la fin le fit mourir. Mais peu de temps apres ce Roy mourut tenant le vere en main, & le morceau dans la bouche, par vne Apoplexie qui l'estouffa.

DE HIEROSME SAVOnarole.

Hierosme Sauonarole Ferrarois, de l'ordre des Freres Prescheurs, fut austere en sa maniere de viure, sçauant & d'vn esprit subtil, lequel estoit si docte & eloquent en ses predications, & pourueu de telle faconde, qu'il faisoit du peuple ce qu'il vouloit, lequel estoit empesché à cest heure là à restituer & restablir la Religion, s'esiouyssant merueilleusement de la liberté qu'il auoit n'agueres recouuree. Il se mesloit des affaires d'aucuns particuliers, & estoit admis au Conseil, & gouuernement des affaires publiques. Il a escrit vn liure du Caresme : il a faict vn commentaire sur les Pseaumes de penitence : il a aussi commenté beaucoup sur les Prophetes. Et comme il reprint aigrement les mœurs du Pape Alexandre, il reuoqua en doute la saincte puissance, & à la fin à la requeste & poursuitte dudict Pape, Alexandre fut condamné au feu, & excecuté par iustice l'an 1499.

D'AMVRAT.

Murat Roy des Turcs, fils d'Orcan, & d'vne Chrestiëne fille du Roy de Cilicie, maintenant nommee Caramanie. Cest Amurat estoit moqueur, homme double & faux, debile de sa personne, & de mauuaise inclinatiõ, ambitieux & fort desireux d'augmenter son Royaume; dequoy il eust belle occasion, lors que l'Empereur de Constantinople, auec quelques Princes ses subiects, ausquels fauorisoit le Seigneur de Bulgarie, qui est portion de l'ancienne Missie la basse, la où l'Empereur fut contraint de demander secours à cest Amurat Roy des Turcs, qui luy enuoya quinze milme hommes deslite, par le secours desquels l'Empereur vainquit ses ennemis : Et laissant partie de ces quinze mille Turcs en ces terres, & renuoyant le reste, Amurat fut aduerty de la disposition du pays, à cause dequoy il détermina d'aller en Grece, soubs couleur de vouloir secourir l'Empereur cōtre ses ennemis. Et de faict il passa soixante mille hommes de pied, & grand nombre de cheuaux, auec lesquels il se fit Seigneur de la ville de Galipoly (que ie nommerois plus proprement ville Gauloise, pour auoir esté bastie par les Gaulois) & d'autres forteresses, estans aux enuirons: pareillement de la ville d'Andronople. D'autre costé le grand maistre de Bulgarie nommé Marc, apres auoir mis sus le plus gros exercite qu'il peut, auec l'ayde de Lazare dispos de Seruie, qui est vne Prouince sur les limites de Thrace, anciennement nōmee Misie la haute, & encores aydez d'aucuns Princes d'Albanie, allerent contre le Turc, ou il eust grande bataille, mais en fin les Chrestiens furent vaincus & desconfits, & y mouturēt quasi tous. Ainsi Amurat malgré l'Empereur, demeura Seigneur de grande portió de Thrace, & de Grece. Et ayāt regné vingt trois ans, vn esclaue qui estoit seruiteur de Lazare, Seigneur de Seruie, le tua traistreusement l'an 1363.

D'ORCAN, ROY DES *Turcs.*

ORcan fils d'Otoman, fut le 2. Roy des Turcs, & ne fut moins vaillant & fort que son pere, & encor plus industrieux & aduisé en ses conquestes. Outre il fut grand inuenteur d'instrumens de guerre, magnanime & liberal à tous. A ceste cause il augmenta tellement le regne de son predecesseur, & le nombre des gens de guerre, que outre le pays que son pere auoit en Asie, il vsurpa la Bithinie, sur le pays de Constantinople, & en la petite Asie il subjugua Hircanie, Phrigie, Carie, & autres terres. Il extirpa des mers de sa domination, les Pirates, Corsaires, & autres telles especes de voleurs maritimes. Puis ayant regné 22. ans en assiegeant vne ville il fut tué l'an 1350.

DE IEAN D'ALBRET,
Roy de Nauarre.

IEan d'Albret Roy de Nauarre, perdit son Royaume, qui fut saisi par Ferdinand Roy d'Espagne, pour auoir esté anathematisé du du Pape Iules, parce qu'il auoit secouru le Duc de Ferrare, & assisté au Roy Louys douziesme, aux guerres contre luy faictes, & sur tout à la bataille de Rauenne, & duquel iusques à present les successeurs n'ont iouy.

DE CHILPERIC ROY
de France, & autres.

CHilperic premier du nom, Roy de France, pour mieux iouyr d'vne putain qu'il espousa depuis (à sçauoir Fredegonde) contregnit sa premiere femme nõmee Andouere, de se rendre religieuse, & fit mourir deux de ses enfans, qu'il auoit eus d'elle, le tout par le conseil de sadite concubine : puis en seconde nopces ayãt espousé Galhonde fille du Roy d'Espagne, la fit estrangler, se mariant à Fredegõde, laquelle depuis voyant qu'il s'estoit apperceu de sa lubricité & scandaleux gouuernement, le fit tuer, punition bien deuë à son intemperance. Commode Empereur Romain, ne trouuant dequoy assez satisfaire à son intemperance de trois cens concubines qu'il auoit en son Palais, fut incestueux de ses propres sœurs : comme auoit aussi esté Caligule, l'vn tué par sa femme, & l'autre estranglé par vne paillarde. Sigismond Malateste, Seigneur d'vne partie de la Romagnole, Prouince d'Italie, s'efforça de cognoistre charnellement son fils Robert, lequel enfonçant son poignard dans le sein de son pere, vēgea vne tant grande meschanceté. Tarquin Roy de Rome, surnómé pour son orgueil le superbe, fut priué de son Royaume, pour la force faicte par vn de ses enfans à Lucrece, Dame Romaine, & ores qu'il assemblast de grandes armees pour rentrer en son estat, il n'y peut iamais paruenir. Qui plus est, du depuis le nom de Roy demeura tant odieux entre les Romains, qu'ils ne voulurét iamais permettre qud personne entr'eux portast ce tiltre, changeans deslors le gouuernement de Monarchie en celuy de Democratie, & abolissans toutes les loix Royalles : au lieu desquelles ils enuoyerent vers les Atheniens, pour auoir les loix de Solon, qui depuis furent gardees par eux, & appellees les loix des douze Tables. Apie Claude, l'vn des dix qui auoient toute authorité au gouuernement de cest Empire, pour auoir voulu rauyr Virginia, fille d'vn Citoyen Romain nómé Virginius (qui la tua pour luy sauuer son honneur) fut chassé auec tout ses compagnons en la mesme charge, & leur forme de police changee en l'authorité des Consuls. Que cuida il arriuer au grand Cesar, qu'vne mort honteuse, apres qu'il eust cóquis les Gaules, les Espagnes, l'Allemagne, l'Italie, & mesme vaincu Pompee, pour vn fol amour qui le fit aller en Alexandrie en habit difsimulé, pour iouyr de Cleopatra; ou vn Eunuque & vn enfant faillirent à le tuer, s'il ne se fut ietté du haut d'vne Tour en la mer, se sauuant à nage en son camp par defsous les galleres de ses ennemis? Tendezille Roy des Espagnes pour auoir commis adultere par force auec vne Dame de maison, fut par le mary d'elle priué & de vie & du Royaume. Childeric premier du nom, Roy de France, apres auoir long temps regné, fut chafsé du Royaume pour sa paillardise, Iean Comte d'Armignac, espousa vne de ses sœurs: aufsi fut il priué d'Estat & de vie par l'Empereur Charlemagne. Rodoaldus Roy des Lombards, surpris en adultere, fut tué par le mary de la femme dont il abusoit. Roderigo, Roy d'Espagne, fut priué de son Royaume & de la vie par les Sarrazins, qui y furēt appellez par vn Comte nommé Iulian, pour se venger de son Roy qui luy auoit violé sa fille. Galeatius Maria, Duc de Milan, estant à la messe fut tué d'vn Citoyen, qui le frappa dans l'estomach auec vn poignard feignant parler à luy: Et la cause principalle, fut pour le soupçon qu'il auoit que le Prince entretenoit sa femme. Du tēps de Philippe le Bel, Roy de Frāce, deux Cheualiers freres nōmez d'Annoy, furent escorchez vifs pour leurs paillardises commises auec vne Royne de Nauarre, & auec la Comtesse de la Matche, fille du Comte de Bourgogne, lesquelles aussi furent condamnees à prison perpetuelle. De n'agueres Pierre Louys, Duc de Plaisance, y fut meurtry pour les incestes & paillardises incroyables: Entre lesquelles on escrit de luy, qu'il força

Cosme Chery, Euesque de Valence, qu'il faisoit tenir par ses gens; puis le fit empoisonner, & peur qu'il ne l'accusast vers l'Empereur. Abusafid roy de Fez, fut massacré auec six de ses enfans, par vn sien secretaire, de la femme duquel il auoit abusé.

DE CHARLES DVC DE Bourgongne.

CHarles Duc de Bourgógne fils de Philippe fut, l'vn des plus puissants & redoutez Princes de la Chrestienté, il viuoit l'an 1422. il se sentoit si grand & riche: qu'il pretendoit se faire créer Roy, mais Federic tiers du nom pour lors Empereur, ne voulut eriger ses terres en Royaumes. S'on pere luy laissa beaucoup de deniers, & de grands hypoteques sur beaucoup de Seigneuries, ayant presté quatre cens mille escus, à Charles septiesme Roy de France, & tenoit toutes ses villes qui estoient sur, & autour de la riuiere de Somme, comme Amiens, Abeuille, Sainct Quentin & plusieurs autres. Il tenoit aussi par hypotheque, de Sigismond Archiduc d'Austriche en Alemagne, ses terres qu'il auoit, tant deça que de la le Rhin, & la Comté de Ferrette pour 70000. Florins, dont le Gouuerneur qu'il meit sur ses terres, fut cause de plusieurs maux, & ignominies qui le suruirent bien tost. Outre ce, il estoit Seigneur de quatorze belles Prouinces, comme du Duché de Bourgongne, de la Franche-Comté, de Flandres, Brabant, Holande, Zelande, Frize, Henaud, Artois, Namur, Gueldre, Luxembourg, Vtrec, l'Embourg, tous lesquels païs valloient bien vn grand

Royaumes. Et a cause de ses grādes richesses, il deuint si orgueilleux, qu'il fut bien si hardy, pour vn peu de soupçon qu'il auoit, que Louys vnziesme Roy de Frāce auoit intelligēce auec les Liegeois ses ennemis, que de mettre en prison ledit Roy dedans la grosse tour de Peronne, ou tous deux s'estoient la trouuez, pour conferer ensemble: & se fit condescēdre à le suiure par tout, aux guerres qu'il auoit contre les Liegeois. Voyre iusques à ce que il eust ruiné leurs Villes, & le pays. Il remit Edouard d'Angleterre chassé de son Royaume luy ayant donné argent, & armee naualle pour ce faire. Apres il attaque l'empereur, & presque tous les Princes d'Allemagne assiege la Ville de Nuz, qui n'est loin de Cologne, l'espace d'vn an, mais en vain. Chacun l'estimoit grand, heureux & inuincible, neātmoins nous verrons le contraire & comme, peu à peu, il s'achemine à sa ruine, comme il s'ensuit. C'est que ledit Charles, auoit institué Gouuerneur, sur ses terres qu'il tenoit engagees de l'Archiduc d'Austriche, vn larron & tyran, nómé Pierre de Hagembach Côte de Thierstein, lequel tourmenta tant ceux de Mulhuse, & les Suisses, qui le constituerent prisonnier, & apres luy auoir faict son procez, le degraderent de l'ordre de Cheualerie & fut decapité publiquement. Apres les septante mil Florins furent consignez chez vn Banquier à Basle, & luy fut signifié par vn Herault, par l'Archiduc d'Autriche luy auoit hypotequez: dont il s'en fascha, & cherchoit tous moiés de s'en venger, comme de la mort de Pierre de Hagembach, assembla vne armee, estát assisté du Duc de Milan, & de la Duchesse de Sauoye, & print Lausanne, qui estoit confederee aux Suisses. De là il assiegea la ville & chasteau de Grāson, & les sollicita de se rendre: & s'estant rendus, ledict Duc en fit pēdre quatre vingt, & noyer deux cens au lac, prochain de la ville. Cest acte esmeut non seulement les Suisses, mais aussi ceux de la haute Germanie, lesquels auec l'armee du Duc d'Austriche de laquelle Herman d'Extingen estoit conducteur) chasserent de Grāson le Duc, & tuerent vne partie de son armee, perdit son artillerie, & son appareil de guerre, qui estoit grand & riche, puis despendirent tous leurs compagnons, que le Duc auoit faict pendre, & en leur lieu y meirent autant de Bourguignōs. Les meubles de sa maison qu'il faisoit conduire auec soy, estoient de tresgrād de valeur, & parmy iceux y auoit tant de riches têtes, toutes-

de draps de soye, & vaisselles d'or, d'argent, & de piereries, que ce seroit chose trop longue à raconter. Aucuns Suisses vendirent beaucoup de plats d'argent pour deux sols piece, n'en sçachans pas la valeur. Vn diamant le plus gros & net qui fut de ce tēps là, qui estoit estimé cinquante mille escus, fut vendu douze sols: vne grande tine d'argent & dorée, dans laquelle il se soulloit baigner, fut donnée pour quatre liures. Ie ne mets les grandes tapisseries de haute lice, qu'il faisoit traisner apres luy. toutes de soye: Somme, le Lecteur s'enuiroit de lire tout au long les grādes richesses que cest infortuné Prince perdit, dōt ses ennemis triompherent. Pour reprendre mes erres ledict Duc, tombe en vne grande & longue maladie, & estant guery, reprend cœur, retourne pour la seconde fois contre les Suisses: il auoit parauant ôté au Duc de Lorraine, Nancy: Parquoy ledict Duc de Lorraine se ioignit auec les Suisses. Lors que le Duc de Bourgogne estoit deuant Morat, ceux de la ville sortirent, & par ensemble enuahirent l'armee des Bourguignons, ou vingt mil, selō *Fasciculus temporum*, ou vingt deux mil sept cens, selon la mer des histoires furent tuez. La despouille fut laissee au Duc de Lorraine, lequel aussi depuis recouura la ville de Nancy. Pour la troisiesme fois le Duc de Bourgogne, estant marry d'auoir esté vaincu d'vn si petit Prince que le Duc de Lorraine, qui auoit reprins sa ville de Nancy, retourna & l'assiegea derechef : il auoit quatorze mille combattans, & attendoit encore quelques autres bandes. Le Duc de Bourgogne fut desconfit, & toute son armee : & n'a-on peu iamais trouuer son corps. Les Bourguignons ne vouloient croire qu'il fut tué, mais qu'estant eschappé s'estoit retiré en Allemagne, & qu'il auoit voüé de faire sept ans penitence. Le Roy de France ayant entendu la mort dudit Duc, print Montdidier, Roye, Peronne, Abbeuille, Monstreuil, Arras, & Hesdin, & les deux Bourgognes, à sçauoir la Duché, & Comté. Voyla comme ce grand Prince à finy sa vie, accompagnee de beaucoup de malheurs, il ne laissa qu'vne fille, laquelle fut mariee bien pauurement, par ceux de Gand, qui firent mourir son Chancellier.

DE MELEN, ROY DE
Grenade.

MElen Roy de Grenade estoit more & Sarrazin, & tous ses subjects aussi, lesquels faisoient beaucoup de dommage aux Espagnols, vsans d'estranges cruautez & pilleries. Mais Ferdinand, ayeul maternel de Phillippe Roy des Espagnes naguere decedé, estãt paruenu à la couronne, employa six ans à les dompter, & finallement les chassa du Royaume de Grenade, ayant pris en bataille Melenleur Roy, auquel il fit trencher la teste. Depuis les desloyaux Mahometistes n'ont plus osé se ietter sur l'Espagne, ou ils auoient tenu le Royaume de Grenade huict cens ans. Aussi l'an de nostre Seigneur 1233. Alphonce Roy d'Espagne, tua en diuers lieux, plus de deux cens mille Sarrazins, lesquels tenoiẽt des fortes villes en Espagne, qui leur fit quitter : & qui depuis ont esté demolis. Henry Empereur en fit vn autre grand carnage l'an de Iesus-Christ 1010. en Italie, & les en chassa du tout : & parmy les Sarrazins il ny auoit pas seulement des gens genereux, mais aussi de doctes, comme Auicene, Mesué, Isaac, Mensor, Auerroës, & plusieurs autres bons autheurs, qui ont traicté de ces Sarrazins, auquels i'enuoye le Lecteur, comme Blondus, Sabellicus, l'Euesque Tyrien, Vollaterā, Ammian Marcellin & plusieurs autres.

D'VTILPHAR SEIGNEVR de Majorque.

Vtilphar Seigneur de Majorque, battit vn sien esclaue More qui l'auoit offencé. Et s'en allant aux champs, reuenant puis apres, trouua les portes de son chasteau fermees, & regardant en haut, veit ietter ses deux petits enfans par les fenestres, par le meschant Esclaue, lequel viola sa maitresse. Et restant encor vn petit enfant, ledit Vulphar supplia à mains iointes son esclaue de ne le precipiter, lequel luy respondit arrogamment, si tu te veux maintenāt couper le nez, ie te promets ne precipiter ton enfant. Ce qu'il feit se coupāt le nez pour sauuer la vie a son enfant: mais le perfide More Esclaue precipita aussi tost l'enfant, & se lança luy mesme par apres, monté sur le plus haut lieu du chasteau, ayant violé & tué sa maistresse, precipité trois enfans, & faict couper le nez à son maistre.

Il y eut aussi vn Senateur Romain nommé Carinus, qui fut accusé par vn sien serf deuant l'Empereur Tybere: de ce que l'image dudit Tybere, qui estoit grauee dans vn anneau qu'il portoit, auoit touché l'vrinal, en voulant vriner ce qui fut prins pour crime de leze Maiesté, & fut ledit Carinus, condamné à estre decapité, ce qui fut executé. C'est vn grand danger d'auoir multitude d'Esclaues, car autant d'Esclaues, autant d'ennemis, et ce sont les esclaues qui ont accreu la puissance de Mahomet, sous la conduicte de Homar capitaine & Lieutenant du susdit Mahomet.

D'AMADOVR BASCHA de Valachie.

Monsieur de Môtagnac, sieur de Trenchillon, qui accompagna François de Noailles Euesque de Das, Ambassadeur en Orient, dict qu'vn Turc: Bascha de la ville de Patare en Licie, fit mourir par ialousie, vn Bascha de la Valaschie, nommé Amadour, luy ayant fait present de certains brodequins rouges, auquel il vouloit mal de mort, dissimulant toutefois la haine qui luy portoit, parce qu'il n'auoit voulu depoſer que le Turc Baſcha Patarien, eſtoit monté des premiers ſur la breſche d'vne petite ville, mais bien forte que les Turcs auoient aſſiegee & priſe en Hongrie. Car ceux qui peuuēt prouuer en Turquie qu'ils ont faict quel acte genereux, ſont recompenſez d'vne grande ſomme de ducats outre leur commune penſion, & ſi ſont eſleuez aux plus honnorables grades. Amadour n'euſt pas pluſtoſt porté en ſes iambes les brodequins deux heures, qu'il luy ſuruint vne grande chaleur & rougeur aux iambes, ſans qu'il s'en apperceuſt: & les ayāt deſchauſſez, icelles rougeurs ſe tournerent en puſtulles, dont tout ſon corps fut auſſi toſt ſaiſi & mourut dans douze heures. Les mouchoirs empoiſonnez, paſſez deſſus le viſage peuuent faire mourir vne perſonne, & ie ſuis aſſeuré, qu'on qu'on à faict mourir il y a quelques ans, vne grande Dame de France, qui iouyſſoit de quelques grands biens durant ſa viduité en ceſte ſorte.

DE GVIDO DVC d'Vrbin.

Guido Duc d'Vrbin fut vn bó Prince, ayant la crainte de Dieu, vaillant & magnanime, lequel rencontra ſi bien en ſon mariage, qu'il euſt à femme vne de la maiſon des Colonnes, dont ceſte Ducheſſe, pour ſes grãdes vertus, fut eſtimee l'vne des premieres, en bonne grace & pudicité, qui fut de ſon temps : Parquoy pluſieurs nobles & illuſtres perſonnes tant hómes que femmes, ce mirent de la maiſon de ce Duc d'Vrbin, afin de ſuiure ſa Cour, & entre autres le ſieur Gaſpar Paluoiſin, l'vn des

Ee

plus vaillants qui fut en la Lombardie, Cesar Gonzague, Robert de Berry, Frederic, Fregose, qui fut Archeuesque de Salerne, le Comte Ludouic, qui fut Euesque de Bayeux, le sieur Octauien qui fut Duc de Gennes, Bernard Bibiena, qui fut Cardinal de Saincte Marie aux Portiques, Pierre Bembe, qui fut Secretaire du Pape Leó, le Magnifique, qui fut Duc de Nemours, & grand Maistre de Fráce, François Maria Rouuere, qui fut Prefect ou bailly de Rome, & plusieurs autres. La Cour de ce Prince, n'estoit remplie que de gens vertueux, doctes, magnanimes, & vaillans Il fut empoisonné par vn Venitien, qui luy fit present d'vn œillet fort beau & large, mais empoisonné, de la senteur, duquel soudain il tomba mort. Aucuns disent que ce fut vn Lombard, nó vn Venitien, qui luy fit present dudict œillet, luy voulant mal de mort, pour auoir esté chassé de la Seigneurie, à cause de ses vices & meschancetez.

DE DEVX ROYS
Indiens.

ON blasmera tousiours le traittement, que les Espagnols firent à deux Roys des Indes prins en bataille: à celuy du Perou, qu'ils condamnerent à estre pendu & estranglé publiquement, apres auoir tiré par la rançon, vn million, trois cents vingt & cinq mille, cinq cens pesant d'or, outre l'argent & autres choses qui ne monterent pas moins, luy faisant croire que pour se mettre en liberté, il vouloit faire sousleuer ses Prouinces: à celuy de Mexico, lequel ils feirent griller & rostir, par vne nouuelle cruauté de gehêne, pour luy faire declarer le reste de son or, qu'ils vouloient butiner, & depuis le pendirent, ayant courageusement entrepris de s'affranchir par armes, d'vne si longue captiuité, ou de mourir. Les Romains ne tuerent pas Bitis, fils de Cotis Roy de Thrace, Perseus Roy de Macedoine, ny Gentius Roy des Illiriens, ny Iuba Roy de Mauritanie. Les Princes sõt tousiours Princes, & la qualité de Roy est tousiours vnie en leurs personnes, soit qu'ils soyent en chaisnes d'or ou de fer. Le Roy Porrus, prisonnier d'Alexandre le Grand, enquis par luy comme il vouloit qu'il le traistat, respondit, en Roy. Et comme Alexandre luy repliqua, s'il vouloit rien d'auantage: Non, dict il, car tout est comprins soubs ce mot là, en Roy, faire mourir vn Roy prins en bataille chose inouye. Or s'il estoit tué en l'ardeur du combat, passe, c'est la fureur du rencontre, il y a du malheur. Si c'est de sang froid, & apres que le Prince, est recogneu pour Prince, il y a de l'inhumanité.

DE CONRADIN.

STrabo, Iosephe, Dion, & Plutarque, parlent d'Anthoine le Triumuir, comme d'vn monstre, parce qu'il fit decapiter Antigone Roy des Iuifs en Antioche, & asseurent que cela ne s'estoit iamais veu, de faire mourir vn Roy; car comme dit le sieur de Commines, les Roys n'ōt autre iuge que Dieu. Conradin Roy de Sueue, fils de l'Empereur, estant rompu & mis en route en plaine bataille, fut prins prisonnier, & cōduit à Charles Duc d'Anjou, seruit de spectacle à la ville de Naples, entre les mains d'vn bourreau qui luy trencha la teste. Tous les François qui estoient en sa Cour detesterent ceste cruauté le Comte de Flandres son Gendre l'en blasma, le Roy d'Arragō luy escriuit que cest acte le rendoit plus Neron, que Nerō, plus Sarrazin que les Sarrazins Gauerston aymé & vniquement fauory du Roy Edouard deuxiesme d'Angleterre, preferé à tous les autres seruiteurs de la Cour, enrichy des finances du Roy, & substance du peuple, fut bāny & exillé du pays à leur requeste, puis pensant que la iuste colere du peuple fut appaisee il reuint, ou il fut decapité. il estoit comme on dict natif de Gascogne.

D'EDOVARD, ROY d'angleterre.

EDouard deuxiesme Roy d'Angleterre, fut homme de neāt,

subiect à ses plaisirs, d'vne ame poltronne, peu soucieux des affaires de son Royaume, qui profana les deniers destinez pour la deffence de la Religion, les donna à Gauerston son mignon, accabla son peuple de grands & excessifs imposts, vendit, engagea, & donna vne partie de son Domaine, traitta indignement la Noblesse, ne vouloit voir les gens de bien, estoit grand hypocrite, pensant couurir vn grand nombre de faicts ennormes pour auoir basty & edifié vn Couuent de Iacobins, ses Barons le contraignirent plusieurs fois à tenir les Estats, pour reformer les abus de la Cour, lesquels il fit assembler, feignant luy mesme qu'il recognoistroit la maladie du Royaume, à laquelle il desiroit remedier: mais c'estoit pour attraper les Princes & Seigneurs, & les faire mourir, comme il aduint en faisant aprehender iusques au nombre de vingt & deux, ausquels il fit trencher les testes. Il fut à ceste cause, degradé & deposé de la dignité Royalle, les Seigneurs du pays le firent mourir d'vn broche rouge de feu, laquelle ils luy mirẽt par le fondement. Punition bien deuë, à ses ennormes & detestables vices.

DE CARRAFE, CARdinal.

LEs Chefs des factions sont tellemẽnt odieux aux Princes, ialoux du repos de leur Estat qu'ils ne pardonnent pas à leur propre sang, comme le Roy Philippe qui ne pardonna à Dom Charles son fils vnique, qui voulut s'emparer du pays bas. On sçait pourquoy, le Cardinal Carraffe fut estranglé, parce qu'il vouloit briguer par ambition le sainct siege Romain. Le Pape Xiste fit mourir au premier an de son siege, le Comte de Pepolly, l'vne des plus illustres familles d'Italie, pour auoir recelé en sa maison des bannis siens parens. En nostre France on a veu Iean Comte de Harcourt, de la maison Royalle d'Escosse, Louys de Luxembourg Connestable de France, Iacques Comte de la Marche, yssu des Roys de Castille, prēdre fin honteusement.

DE BAYARD, CHEuallier François.

LE Grand Roy François, enuoya en Italie le Mareschal de Foix, lequel rendit Cremone par faute de secours, à Prospere de Colonne. Auparauant il y eust vne bataille donnee, ou l'inuincible Cheualier Bayard mourut.

Ee v

Lequel se sentant blessé à mort d'vne harquebuzade dãs le corps, conseillé de se retirer de la meslee, respondit qu'il ne commenceroit point sur la fin à tourner le dos à l'ennemy, & ayant combattu autant qu'il eust de force, se sentant deffaillir & eschapper du cheual, commanda à son maistre d'Hostel, de le coucher au pied d'vn arbre, mais que ce fut en façõ qu'il mourut le visage tourné vers l'ēnemy, comme il fit. C'estoit l'vn des plus braues Gentil-hômes de son siecle.

DE CHARLES LE QVINT
Empereur, & Roy des Espagnes.

CHarles le Quint Empereur des Allemagnes, & Roy des Espagnes, fut Prince magnanime & vertueux, lequel estant en Allemagne, ayant donné plusieurs batailles, forcé plusieurs villes prins prisonniers les chefs des Protestans, & reduit l'Allemagne en tel estat, qu'elle ne retenoit rien de son ancienne gloire. Vient seiourner à Prague, ou estant assis à table & souppant, le plancher de la chambre où il estoit tomba, & tous ceux qui estoient auec luy, & ne demeura ne table ne viande, sinon luy suspendu à vne Soliue de bois, & plusieurs de ceux qui tomberent moururent, les autres se rompirent bras & iambes. Ainsi voyla comme ce Prince eschappa aydé de Dieu, d'vn estrange accident : quelque temps apres estant en la Comté d'Ispruck, se reposant estant ja vieux, vn Gentilhomme Flamand, qui luy vouloit du mal, luy fit present d'vne pomme de senteur empoisonnée, le Prince l'ayant receuë, la fleura tout à l'instant, & se sentit saisi d'vn grand mal de teste, & sõ medecin cognut

Ee vj

aussi tost que c'estoit du poison qui luy estoit monté au cerueau, parquoy incontinēt on y appliqua beaucoup d'antidotes, qui le garderent pour ce coup de mourir, neantmoins depuis il ne fut sain, parquoy considerant, que les maladies luy amoindrissoient les forces naturelles, qu'apres le plus sage des Princes du monde, il auoit essayé, qu'en toutes les felicitez de la terre on n'y trouue que vanité & trauail d'esprit, que quant il auroit enclos tout le rond de la terre en son *Plus Outre*, il n'auroit acquis sinon vn poinct au pris du Ciel, car:

Quand par ruze, ou par guerre
Vn Prince auroit conquis tout le rond
de la terre,
Vn poinct d'aiguille, vn atome, vn
festu,
Seroit tout le loyer de sa rare vertu:

Vn poinct c'roit on regne, vn riē tout
son Empire,
Et si moindre que rien, rien icy se peut
dire.

Ce prince recognoissant que la bonne fortune luy auoit tourné le dos, & que plusieurs Princes s'estant opiniattrez à la suiure, auoiēt veu enterrer leur Royaume deuāt eux, & suruescu longuement leur grandeur, ou qu'il se souuint que la vie n'est point vie, si elle n'est en repos, & que tel auoit vescu plusieurs annees, qui toutefois arriuant à vne grande vieillesse, confessa n'auoir vescu que bien peu d'annees, se despoüilla de son gré de toutes ses corónes, ses victoires & triomphes & comme autrefois Isaac Comene Empereur de Constantinople. Lotaire Empereur, fils de Louys le Debonnaire, Alphonse Roy d'Arragon, & Amedec Duc de Savoye, quitta les grandeurs & douceurs de la Cour. Et ayant instruit son fils Philippe, Roy d'Espagne, de l'Estat des Provinces, qu'il luy remettoit, & communiqué seul à seul six sepmaines entieres, les plus importans de ses affaires, il luy remit tous ses biens & Estats en l'assemblee generalle des pays bas, passa en Espagne, & en la solitude d'vn monastere choisit vne vie sainctement heureuse, au de là de toutes autres sortes de vie, se reseruant seulement l'vsurfruict de Castille, & surintendance de toutes les commanderies. Il mourut au monastere de S. Iust le 21. Septembre, 1558. son fils Philippes succeda à ses humeurs aussi bië qu'à ses richesses, il eust grande guerre contre Henry 2. Roy de France, tous deux estimans qu'il y auroit trop de deux Roys, en ces deux grands Royaumes de l'Euro-

des Hom. Illustres. 756

pe, qu'il n'en falloit qu'vn, non plus qu'vn Soleil.

Comme le Ciel ne peut soustenir deux Soleils,
La terre aussi ne peut souffrir deux Roys pareils,
En richesse & vertu.

Charles le Quint recognoissoit que ses victorieuses batailles venoient de Dieu, & non des hommes: car ayant gaigné vne grande & memorable bataille contre les Protestans d'Allemagne, & notāment contre les Saxons le 24. d'Auril 1547. ne dict pas du tout comme Iules Cesar, qui ayant deffaict ce grand Pompee, escriuit au Senat Romain ces trois mots, *Veni vidi vinci.* Mais Charles plain de grande pieté, & sçachant que les victoires venoient d'enhaut, escriuit: *Veni, Vidi, & Dominus Deus* meus vincit: Qui signifie, ie suis arriué, i'ay veu, & Dieu mon Seigneur a vaincu. Au contraire Iules Cesar, se faisoit accroire, voyāt qu'il auoit obtenu l'Empire Romain par armes, qu'il y auoit plus que de l'humanité en son faict, & se persuadoit yssu de la race des Dieux, du costé de Venus. Ce que cognoissant beaucoup de Princes, & de Republiques aussi, luy desirant complaire en ses ambitions, luy dedioient des Temples, ou on luy faisoit des sacrifices : comme celuy qui se voit auiourd'huy à Sidon, ville de Phœnicie, ou il y a sur la porte escrit, *Diuo Iulio Cæsari dicatum.* Et en vne Colomne, qui est situee sur vne montagnette, sur la bouche du Pont Euzin, exposee de tous costez aux flots de la mer. Ladicte Colomne est de dix-sept pieds de long, & de huict & demy de tour, au soubassement de laquelle est escrit ce vers.

Cesar tantus erat, quod nullus major in orbe.

Qu'est à dire : Cesar estoit si grand, & de telle puissance, qu'il se peut dire le premier & plus excellent de tous les hommes du monde : l'on sçait bien que ce fut luy qui fit mettre ceste inscription, il n'a iamais recogneu pourtant que ses victoires vinsent de Dieu, aussi ne regna il gueres, car il fut assasiné, comme le Lecteur la peu voir cydeuant. Cublay Empereur des Tartares, voyant que ses subiects molestoient les Chrestiens, à cause d'vne victoire qu'il auoient euë sur eux fit vn Edict, disant, ie deffends à toutes personnes de quelque qualité ou Religion qu'ils soient, de ne molester les Chrestiens sur peine de mort. D'autant que leur Dieu

Iesus Christ est tenu de nous pour l'vne des plus grandes Deïtez celestes, plain de toute equité & & iustice: qui cognoissāt les Chrestiens me faire iniustemēt la guerre, à permis que i'aye gaigné la iournee: aussi dict on qu'il est le Dieu des batailles.

DE VITELLY GENERAL
des Florentins.

COmme les armes Françoises prosperoient dans la Duché de Milan, & que les Venitiens estoiēt embesongnez aux Cremonois: les Florentins estoient apres la reintegrande de Pise. Et pour y paruenir donnerent à Vitelly leur General, vne armee de dix mille hommes de pied, & grand nombre de cheuaux, auec lesquels ayant prins Casine & toutes les autres places qui lors faisoient esbaule a Pise, il se campa deuant, le dernier iour de Iuillet l'an 1499. Entreprise difficille tant pour la forteresse de la ville, que pour la valeur, & obstinatió des Citadins qui pour ne retourner soubs la puissance des Florentins eussent volontiers preferé tout autre aduersité. Vingt pieces de grosse artillerie foudroyerent la forteresse de Stampace, & la muraille tant a main droicte qu'a gauche. Vitelly donne l'assaut, & l'emporte auec tel estonnement des Pisans qu'abandonnans les rempars chacun cherchoit a se sauuer à la fuitte. Et si le General eust viuemēt poursuiuy sa pointe, ceste matinee le combloit d'hóneur, au lieu qu'elle fut le commancemēt de ses miseres. Car preuoyant que ses soldats soubs esperance du pillage accouroient à la foulle, il arresta leur ardeur faisant retirer la pluspart des troupes: & donna cependant loisir aux assiegez voysnt la premiere boutee rallentie, de reprendre courage & remonter à la garde des ramparts. De façon que comme il trauailloit d'obtenir la victoire, auec que le moindre dōmage que l'armee pourroit souffrir: voicy qu'elle estant logee en pays plain d'estangs & de marais, qui sont entre la marine proche de la ville, & la saison subiecte aux vents pestilentieux vne cōmune contagion luy rendit en peu de iours tant d'hommes inutiles, que le nōbre des sains se trouuāt trop foible, pour vn assaut general, il leua le siege contre la volonté des Florentins, qui promettoient rēplir de nouueaux soldats les places vacantes. Ainsi la mauuaise opiniō que le peuple Florentin auoit desia conceu contre luy, s'augmenta tellement, que soubs ombre d'aduiser aux departemens des compagnies, ayant esté par les Commissaires de l'armee appellé dans Caloine, il fut aresté prisonnier, de la mené par le commandement du Magistrat à Florence, puis publiquement decapité. Loyer assez ordinaire aux ames par trop genereuses, qui se donnent au seruice d'vne communauté.

DE IEAN DVC D'ANguien.

IEan Duc d'Anguien, qui deffit le Marquis du Gast aupres de Cerisoles, finit sa vie bien piteusement, car au mois de Feburier les neiges estant fort grandes, & la Cour estant à la Roche Guion, quelques ieunes Seigneurs estans pres la personne du Dauphin, dressent vne partie, les vns de garder vne maison, les autres de l'assaillir à coups de pelotes de neige. Mais helas! que que ce passetemps se termina bien tost par vn piteux & funeste accident. Comme le Duc sortoit de ceste maison là, voicy qu'vn coffre plain de linge ietté de la fenestre en bas, luy tombe sur la teste, & dans peu de iours l'enuoya reposer au sepulchre de ses ancestres, non sans laisser beaucoup de soupçon contre quelque grands ialoux & enuieux de sa vertu, reputation & faueur qu'il auoit acquis vers le Roy, vers les peuples & gēs de guerre, desquels il estoit plus qu'aucun autre de son aage, aymé, prisé, respecté. Aussi en ceste mesme annee, fut empoisoné Henry 8. de nom Roy d'Angleterre, qui laissa pour successeur son fils Edouard mineur de huict ans.

DE LOVYS COMTE DE Flandres.

Louys Comte de Flandres, ayant reduit le Gantois à vne extreme necessité de viures, les vouloit contraindre à se presenter à luy, pieds & teste nuds, la hart au col luy demandant pardon de leur rebellion, sans les asseurer de leur pardonner. Cinq mille de ces miserables qui n'auoient plus rien que les armes, & le desespoir en main, sortirent sur luy & le combatirent si vaillamment & desesperduëment, qu'ils desfirent son armee, qui estoit de plus de quarente mille hommes. Quant à luy, il fut contraint se cacher en la paillasse du lict d'vne pauure femme en la maison de laquelle il se sauua, & le lendemain comme il pensoit sortir, il fut recogneu, & enfermé dedans ladite maison, ou l'on mit le feu. Aussi c'est vne maxime qu'il ne faut iamais attaquer ceux qui n'esperēt rien qu'un desespoir. Boudouin frere de Godefroy de Buillon, auec trois cēs cheuaux, & neuf cens hommes François, fit quitter le ieu au Caliphe, qui estoit au milieu de neuf mille cheuaux, & vingt mille soldats, cinq cens Etoliēs plus façōnez à la bergerie, qu'à la gendarmerie, meirent en route neuf cens Lacedemoniens. Epaminondas auec quatre mille hommes, deffit l'armee de Sparte, qui estoit de six fois autant. Certes c'est vne imprudente temerité, de se fier au douteux euenemens d'vne bataille.

DE HENRY

DE HENRY D'ARLEY ROY
d'Escosse.

MArie Stuart Royne d'Escosse, apres la mort du Dauphin de France espousa Hēry d'Arley gentil-homme aagé de vingt deux ans aymé de tous, hay de peu. Comme elle estoit la plus belle Princesse de l'Europe il estoit beau en toute perfectió, & iamais on ne veit mariage au commencement mieux accordé en aage, en humeur & en affections, le premier & dernier fruict duquel fut Iacques sixielme Roy d'Escosse. Mais ce bouillon d'amour fut aussi tost refroidy qu'embrazé, le desdain & la ialousie estouffant sa vigueur par les artifices & perfidies du Bastard d'Escosse, qui suscita le Roy a faire tuër aux yeux mesme de la Royne enceinte vn genril-

homme estranger qu'elle fauorisoit sur tous, malheureux vrayement en ces faueurs, & non pour
auoir eu trop d'heur & d'auance-
ment en pays estranger. Cest acte
rompit toute l'harmonie du mariage, se changeant en vne haine
irreconciliable. Le Roy estant à
Edimbourg, vne traisnee de poudre sur la minuict emporta sa chābre, & ceux qui estoient apostez,
pour le tuër l'estranglerent. La
Royne espousa le Comte de Bot-
suel, soupçonné de ce meurtre,
surquoy le peuple s'esleua, l'accusa d'adultere & de paricide, la fait
prisonniere, son mary se retire en
Dannemarc ou il mourut prisonnier. Elle eschappe prent les armes
contre la mutinerie de ses subiects
mais en fin elle est contrainte de se
retirer en Angleterre, ou apres v-
ne prison de dix huict ans elle fut
decapitee comme nous escriuons

cy apres plus amplement en son lieu. Voila des histoires bien tragiques, de faire estat des felicitez du monde. Ceste Royne deuoit pour euiter à vn si grand peril, se hazarder au danger, ainsi que le dit Mõsieur de Bellieure à la Royne d'Angleterre disant plus outre à sa Maiesté, ce que Menodorus dict à Sexte Pompee : Marc Anthoine & octaue soupoient en la nauire de Pompee, auec lequel ils auoient traicté de luy laisser la Sicille, & la Sardeigne, & Corseque soubs ceste charge qu'il s'opposeroit aux courses des Pirates sur la mer : Au milieu du soupper & de la bonne chere, comme ils conferoient de leur accord, Menodorus dict à l'aureille de Pompee voulez vous Mõsieur que ie vous fasse Seigneur, non seulement de ces trois isles, mais aussi de tout l'Empire de Rome, en me permettant de couper les cordages, & donner voile en plaine mer auec ce que nous tenons. Tu le deuois faire (dict Pompee) sans le demāder, il y a des choses lesquelles ja faictes sont trouuees bonnes, & ne vaut rien à demander si on le fera.

DE CHAMBER, CAPItaine François.

Charles Emanuel Duc de Sauoye, au commencement de son regne voyant la France diuisee, entreprint l'vsurpation des terres de France, enclauees au Piemont, se voulant seruir de ceste maxime politique d'Espagne, *Plusieurs choses sont deffendues, qui tiennent tousiours quand elles sont faictes.* Or pour executer son dessein, il auoit faict solliciter vn an entier le Gouuerneur de la Citadelle de

Carmagnolle, lequel faisāt double jeu, prenoit d'vne main l'argent du Duc, de l'autre il escriuoit sa negotiation au Roy, fit tant par ce temporisement, qu'ayant gaigné à ceste pratique pl^9 de vingt & cinq mille escus, il se retira à la Cour, sans deliurer la place que le Duc auoit marchandé, lequel se voyant trompé de ce costé là, & que toute la France alors estoit empeschee, redresse vne seconde pratique, de s'efforcer de surprendre la Citadelle de Carmagnolle, par l'ētremise d'vn Capitaine nommé Chamber, lequel descouuert & surpris en ce dessein, traistre & desloyal, fut pendu par les pieds en la place de Carmagnolle, puis estranglé auec ses complices.

DE CHARLES DE BOVRbon, Duc de Montpensier.

Charles de Bourbon, Duc de Montpensier, despité de voir qu'on luy querelloit la Duché de Bourbonnois, & que le Roy auoit donné l'auant garde de son armee, au camp de Valenciennes, au Duc Charles d'Alençon, & au Mareschal de Chastillon, & non à luy, qui comme Connestable, portoit l'espee de France, & commandoit apres le Roy, à toutes les forces du Royaume, fit par despit ce qu'il ne deuoit faire par raison. Il quitta celuy du Roy, pour suiure celuy de de l'Empereur, conseillé qu'il feroit mieux d'abandonner sa patrie, que d'y viure en necessité. Tellement qu'estant chef d'vne armee en Italie pour l'Empereur, il y fit bien decliner les affaires du Roy.

Puis mettant la ville de Rome à sac, fut tué montant à l'assaut d'vn coup de Coleurine. On luy donna pour Epitaphe ceste inscription, *Aucto imperio, superata Italia, deuicto Gallo, Pontifice obsesso, Roma Capta, Caroli Borbonij, hoc marmor cineres retinet.* Ceste mesme annee Pierre Louys Farnese Duc de Parme, estant assis à table pour disner, fut tué & pendu aux creneaux de la Citadelle. Ronsard en ses Odes d'escrit ceste saison.

Ce fut quand Mars arma l'Espagne
Contre les François indomptez,
Et ce peuple que la mer bagne
Hors du monde de tous costez,
L'Espagne en piques violentes
Furieuse, & ce peuple icy
Par ses flesches en l'air volantes,
A craindre grandement aussi.

Quelques temps aussi apres cela,

le Roy François premier mourut à Ramboüillet, apres auoir luitté vn an entier contre sa maladie.

D'ISABELLE DAME DE Guyenne.

ISabelle Dame de Guyenne, (il ne m'est pas permis de dire sa qualité) vint à Paris, ou estant vn ieune Seigneur (mal aduisé) deuint amoureux d'elle, & voyant qu'il ne pouuoit attenter sur sa pudicité, trouua moyen de luy faire aualler le poids de trois dragmes de poudre de Cantarides parmy des herbes, comme choux verds cappus, blancs & frisez, pour l'induire à luy obeyr en ses voluptez, par le conseil d'vn pauure necessiteux, & meschant ignorant Apoticaire, qui luy vendit trois escus lesdites Cantarides en poudre. Ladite Dame trois heures apres, tõba en des grands accidents, comme en vne chaleur estrange, & exulceration des reins & vescie, ayant volonté à tous momens d'vriner, auec de grādes cuissons, en fin elle en mourut: & fut ouuerte apres sa mort les reins, vescie, & matrice furent trouuez noirs, alterez, & excoriez. A ce propos vne Courtisane de Paris, se faschant d'estre brunette, s'adressa à vn certain Charlatan pour la rendre blanche, lequel luy appliqua sur le visage & col, vn cataplasme, dans lequel entroient beaucoup de Cantarides, qu'elle garda douze heures: de celà la fieure la saisit, & trois iours apres mourut. Elle fut ouuerte present vn Medecin (nommé Greaume) & furent trouuez ses reins, vescie, & matrice gangrenez & tref puants. Paré tref-expert Chirurgien, à escrit que de son temps dans Paris, vne Dame donna par-

F f v

my des confitures, quantité de Cantarides à vn Abbé, auec lequel elle deuoit coucher, lequel mourut le lendemain: & luy furent trouuez, comme à la courtisane, reins, vescie, & parties genitiues mortifiees, & tout le reste du corps sain. A Limoges au commencement de l'vnion, mõsieur de Vantadour s'estant ietté dedans Limoges, pour donner ordre, comme Lieutenant de Roy qu'il estoit, que la ville fut maintenuë pour le seruice du Roy, & ayant donné terreur à aucuns, il y eust vn esleu, qui se renferma dans vn Cabinet, afin de n'estre descouuert, ou la vapeur d'vn petit feu de charbon le tua dans douze heures. Estant ledit charbon venimeux, incurable si on ny met du fer. Le Gros de nation Picard, Chirurgien de Louys de Bourbon, Prince de Cõdé, ayant manié ou porté vne põme de senteur cinq ou six heures, de laquelle vn parfumeur Italien fit present audict sieur Prince, & soudain donnee en garde audict Chirurgien, lequel tomba en des Sincopes, vomissemens, tourmens de teste, conuulsions, & puis en vne tref-griefue langueur : qui deux moys apres fut assisté & secouru d'vn Medecin Piemontois, qui estoit au Mareschal d'Anuille, qui le guerit. Et vn seruiteur de l'Apoticaire, nommé Gouier, de Paris, qui mesprisant l'aduertissemēt que luy auoit donné ledit Chirurgiē pour auoir porté vn iour dās sa pouchette, la susdite pomme, en mourut huict iours apres.

DE IEAN DE BOVRGOgne, Duc de Neuers.

IEan de Bourgogne, Duc de Neuers, fut vn Prince doüé de tou⁹

Ff vj

les qualitez côuenables à vn grãd Capitaine. Il fut enuoyé auec vne belle armee Françoise en Epire, côtre Bajazet Empereur des Turcs, pour assister les Hongrois, mais apres auoir exploicté vn million d'actes genereux, & côme toutes choses ont leur vicisitudes, il fut pris, & faict prisonnier auec le Cônestable de France & autres, & toute l'armee Françoise deffaicte. C'est vne maxime veritable, que les guerres loingtaines, sont tousiours plaine de pertes, & c'est la totalle ruyne d'vn Estat. Comme il aduint au Roy Louys 9. de ce nom, qui perdit vne grãde armee de Noblesse, & de braues soldats en Sirie, & y fut prins prisonnier, qui cousta beaucoup au Royaume. Et depuis estant de retour, voulut retourner, mais il mourut deuãt la ville de Thunis, & perdit la plus grande partie de son armee, par la persuasion des Genneuois, Charles 6. du nom Roy de France, enuoya vne armee en Barbarie, contre la ville d'Affrique, mais vne partie des François y moururent de faim, par l'inclemence de l'air, & le reste s'en reuint, sans auoir aquis aucun honneur. Louys douziesme enuoya vne armee contre les Turcs, laquelle assiegea Metelin, ville de l'Isle de Lesbos, mais en vain, car il y perdit presque tous ses gens. Toutefois s'il se faisoit vne ligue contre vn Prince infidelle, & que tous les Princes Chrestiens, ou la plus part y fussent conuiez & solicitez par sa sainteté, le Roy y doit contribuer argent & hommes, & n'y aller en personne, & qu'il aye paix asseuree auec tous les Princes ses voisins. Et encore qu'vn Roy eust conquesté vn pays loingtain, si ne le sçauroit il garder longuement, car les meurs des estrangers ne s'acordent iamais auec ceux du pays, si ce n'estoit à forces de Citadelles, & la faudroit Philosopher sur l'entretenement d'icelles: car Platon disoit, que les Roys deuoient Philosopher & les Philosophes regner. La Philosophie d'vn Roy, est de bien establir son throsne, afin qu'il ne puisse iamais estre esbranlé. Pour conclure suiuant mon premier propos, ie dis qu'il est meilleur à vn Roy, de s'entretenir sur les forces de sa gendarmerie & fidelité de ses subiects, qu'à des murailles. Ce que les Lacedemoniens ont tousiours practiqué, par l'aduis de Licurgue. Mais depuis qu'ils enuironnerent la cité de Sparte de murailles, & qu'ils se meirent à fortifier des places, dés lors leur Republique fut reduite à rien. Le Turc pratique le mesme encore pour le iourd'huy, les premiers cantons des Suisses, n'ont aucunes murailles, & ne sont que grands villages, se fians plus à leurs forces, qu'à des murailles.

DE GERVHT ROY DE
Moscouie, & de Baudoin Comte de Flandres.

BOdin a escrit au liure deuxiesme Chapitre 3. de la Demonomanie, que le sieur de Noailles, Abbé de l'isle, & depuis Euesque de Dax, Ambassadeur à Constantinople dict, qu'vn Gentil-homme Polonois nommé Pruiski, qui à esté Ambassadeur en France, luy dict, que Geruth, Roy de Moscouie, voulant sçauoir l'issuë de son Estat, fit venir vn prestre Necromantien & enchãteur, lequel dict la messe : & apres auoir consacré l'hostie, trencha la teste à vn ieune enfant de dix ans, premier né, qui estoit preparé pour cest effect, & fit mettre sa teste sur l'hostie, puis disant certaines paroles, & vsant de characteres, qu'il n'est besoing de sçauoir, demanda ce qu'il vouloit, la teste ne respondit que ces deux mots: *Vim Patior* en Latin; c'est à dire, i'endure violēce. Et aussi tost le Roy Geruth entra en furie, criant sans fin, ostez moy ceste teste, & mourut ainsi enragé. La mere de Baudoin, Cōte de Flandres, qui estoit Espagnolle, enuoya cōsulter les enchāteurs & magiciens de la ville de Tollede en Espagne, ou les Arabes auoient laissé de leur doctrine, pour sçauoir qu'elle seroit l'issuë de la guerre que son fils entreprenoit contre Philippe Auguste, de ce nom deuxiesme Roy de France, lesquels luy respondirent, que ledict Roy seroit foulé des pieds des cheuaux en la bataille, & seroit sans sepulture, & que son fils Baudoin seroit mené en grand triomphe dans Paris, ce qui aduint: car le Roy en la bataille qui fut dônee à Bouines, entre luy & ledit Comte, fut abbatu de dessus son cheual, & foulé des pieds des cheuaux, & neantmoins remonté, poursuiuit la bataille qu'il gaigna, & n'eust point de sepulture, car il ny mourut pas: print prisonnier le Comte, qui fut mené à Paris, ou le Roy y fut receu en grád triomphe. Voyla des effects ordinaires des Diables, ne se faut esbair si ceste Comtesse de Flandres, fut trompee, veu que les deuins mesmes, qui font profession de deuiner pour eux & pour les autres, voire les plus excellents y sont trompez, ou ne peuuent obuier à leur *Fatum*, ou malheur: comme Tiresias, qui sçauoit bien qu'il deuoit mourir au siege de Thebes, ou en fin ne sceut tant faire qu'il ny allast : comme Cassandre qui ne sceut donner aucun remede par ses predictions à la prise de Troye, pour soy, ny pour les autres, & mesme ne peut euiter la force & violence d'Aiax Oyleus. Et comme Eunomus Duc des Mysiens, tres-excellent augure, occis par Achilles, duquel Homere dict cecy, que nous pouuons aussi bien dire de tous les autres.

Mais pourtant par science d'Augure,
Fuyr ne peut sa mauuaise aduanture.

Il y eust des enchanteurs deuāt Sultan Mehemet Empereur des Turcs, qui rompirent de grosses barres de fer auec les poings, que le feu auec grands coups de marteaux n'eust peu faire, ils trencherent vn enfant par le milieu, & puis le reioignirent, marcherēt sur des barres de fer ardétes sās se brusler.

DE IEAN LEYDAN, ROY de Munster.

IEan Leydan cousturier Hollandois, facond & eloquant, fit si bien par ses persuasions, enuers les Anabatistes, qui leur persuada qu'il estoit Roy d'Israël, comme Dauid: à ceste cause ces mutins l'esleurent pour leur Roy, & auec vne armee de leurs semblables, se rendirent maistre de la ville de Munster, chasserent l'Euesque, & tous les habitans qui ne vouloient estre de leur party. Ce Iean Leydā estably Roy, se plongea en toutes les voluptez, à la façon des Mahumediques, il auoit des gens de guerre, pour le moins cinq ou six mille hommes, qui estoient partie de Munster, Saxe, Holande, & autres lieux circonuoisins, de religion Anabatistes, qui couroient &

ravageoient le plat pays. Il auoit plusieurs femmes, & portoit sur sa teste vn Diadesme, à trois couronnes d'or massif. Or l'Euesque qui auoit esté chassé, vint assieger la ville, aydé de plusieurs Princes d'Allemagne, tant protestans que Catholiques, & speciallement de l'Archeuesque de Cologne : ledit siege demeura deuant Munster pres de six moys, & fut serree si estroittement de tous costez, qu'ils estimoient iouyr de grandes delices, quand ils trouuoiēt quelques rats, ou souris, iusques à manger des peaux cuittes au lieu de pain, & neantmoins le Roy n'auoit faict aucune chose. La disette fut si extreme, que deux hommes s'enfuirent vers l'Euesque, desquels il apprint par quel costé la ville estoit forçable : Alors l'Euesque les exorta de se rendre, mais les habitans en la presence de leur Roy, respōdirent par Bertrand Rotman, qui estoit comme son Lieutenant que iamais ils n'abadonneroient leur premiere apprehension. Ainsi dõc quinze cens hommes conduits par les fugitifs, gaignerent vn des bastions de la ville, ou ils tuerẽt tous ceux qui estoient en garde, & soudain entrerent dans la ville : ou apres auoir combatu auec les Citoyens, ouurirent la porte de la ville au reste de l'armée. Lors toutes les troupes entrerent à la foule, & passerent presque tout au fil de l'espée, pardonnans toutefois à quelques vns, qui requeroiẽt pardon. Le Roy & ses Conseillers Rotman, Cuiperdoling, & Crechring furent prins, & ayans esté prisonniers quelque moys, à la moquerie de tout le monde, furẽt l'an 1536. punis d'vn supplice qu'ils meritoient bien : car estant liez à quelques troncs, ils furent tenaillez longuement, & apres d'vn coup d'espee au trauers du corps on leur osta la vie. Finalement ils furent tous enfermez en des cages de fer, & pendus au sommet de la plus haute Tour de la ville, & le corps du Roy estant au milieu, & plus haut que tous les autres. En ce temps là François Pizarre Capitaine Espagnol, conquesta le Royaume de Peru, & fit decapiter le Roy d'iceluy Royaume, qui se nommoit Atabalippa: dequoy tous les perusiés se resiouïrent fort, de voir mourir celuy qui auoit fait tuer son frere aisné pour estre Roy, contre la coustume du pays, conforme au testamment du pere, lequel ayant deux cens enfans, voulut que Gasca son fils aisné luy succedast au Royaume sans diuision.

D'OLIVIER LE DAIM
Conseiller de Louys vnziesme Roy de France.

IL se dit communement, que de bonne vie vient bonne fin : ce qui se trouue veritable : Or il faut entendre, que le Roy Louys vnziesme du nom, Roy de France, coiffé de l'amitié qu'il portoit à Oliuier le Daim (qui de son premier mestier estoit Barbier) luy auoit donné la capitainerie du Chasteau de Loches, qui estoit & est encores, à present vn bel estat, & le gouuernement de sainct Quétin en Picardie & de gentil homme de sa chambre, & auoit acquis de belles Seigneuries Et de tant qu'il auoit de beaux gages & reuenus, & estoit à son aise, il se plongeoit en toutes voluptez, aussi bien apres la mort de son Roy, que pédant qu'il viuoit. Il aduint vn iour qu'vn ieune gentil-homme cômit quelque crime, & le Preuost de l'hostel du Roy le print prisonnier la femme d'iceluy cognoissât qu'il y alloit de la vie, se meit à soliciter les vns & les autres qu'elle pensoit auoir credit & faueur enuers le Roy Charles hictiesme de ce nom. Or elle pensoit qu'Oliuier le Daim fut en mesme credit que quand Louys viuoit pource qu'il estoit bien suiuy, richement habillé & entroit en la châbre du Roy quâd il vouloit, parquoy elle s'adressa à luy, & le pria pour la deliurance de son mary: ledit Oliuier voyant que ceste soliciteresse estoit belle, ieune, & de bonne grace, luy promit qu'il feroit sortir sô mary hors de prison pourueu qu'elle luy pretast son corps, ce que la Damoiselle luy accorda, mais auec beaucoup de difficultez. Et pour satisfaire

faire à sa promesse il s'adressa au Preuost, le priant qu'il iustifiast le gentil homme, ce qu'il ne voulut iamais faire: & de rechef le pria qu'il luy fit ouuerture des prisons, & qu'on tiendroit cela pour vne fuitte: encor moins peut il obtenir cest article. En fin maistre Oliuier se voyant esconduit, commancea à reprocher au Preuost sõ ingratitude, car il l'auoit mis en cest estat, & fait dõner au feu Roy Louys, beaucoup de dons: & qu'vnefois le Roy estãt irrité cõtre luy d'auoir mal administré son Estat, qu'il l'auoit appaisé. En fin les parolles piquantes eurent telle efficace enuers le Preuost, qu'il luy dict qu'il aduisast le moyen de le faire euader, pourueu, qu'il ne fut point en peine de representer ledit prisonnier, ayant affaire a forte partie. Lors maistre Oliuier dit, que le meilleur seroit, & la

Gg

voye plus asseuree d'estrangler le prisonnier en la geole, & le ietter en la riuiere, & que par ce moyen la partie seroit vengee & satisfaite & la femme du mort biē aise pour n'auoir encouru note d'infamie, & que les choses se passās ainsi, toutes parties seroient contentes Ces choses ainsi arrestees entre eux, il solicita la Damoiselle de le venir trouuer la nuict prochaine en son logis, pour satisfaire à son plaisir: ce qu'elle feit, s'asseurant que le lēdemain elle verroit son mary en liberté. Mais fut deceuë, car cepādant que maistre Oliuier la caressoit dans le lict son valet de chambre nommé Daniel, & vn nommé Oyac, vont estrāgler dans les prisons du Preuost le miserable gentil hōme, puis le traisnerent dans la riuiere de Seine, le corps duquel flottoit sur l'eau, ne l'ayant sceu faire enfoncer au fonds de ladicte riuiere. Il fut tiré par les basteliers à la riue, ou tout le long du iour il fut visité de grande multitude de peuple, & fut recogneu pour tel qu'il estoit. La femme qui s'estoit leuee de grand matin, bien frottee, testonnee, & estrillee par Oliuier le Daim, pensant auoir recouuert son mary, entendit d'aucuns, que sans doubte son mary estoit mort, & qu'il estoit sur la riue de l'eau, Elle y estant allee, trouua que c'estoit luy. Alors ceste infortunee damoiselle se ietta sur le corps, faisant de tres lamentables complaintes, & fondant toute en larmes, maudissoit Oliuier le Daim, qui l'auoit deceuë, luy ayant rauy son honneur, auec promesse de luy rendre son mary. Les lamentations de ceste Damoiselle esploree esmeurent tellemēt le peuple à commiseration, qu'il aduertist la iustice de ce forfaict.

Gg ij

dont maistre Oliuier fut saisi & condamné à la gehenne: qui sans beaucoup estre tourmenté, confessa le faict, estimant qu'on ne l'oseroit condamner, se fiant à la faueur du Roy. Mais ce fut tout le contraire, car estant hay à cause qu'il auoit abusé de l'authorité du Roy Louys, fut condamné à estre pendu & estranglé, & son Daniel luy tint compagnie condamné en beaucoup d'amēdes enuers la vefue. Et quand à Oyac (que ie cuide estre cestuy que Sessel appelle l'Admiral de Louys) il ne fut pendu parce qu'il estoit verifié, qu'il n'auoit voulu assister à l'estráglement du gentil-homme prisōnier si auoit il bien aydé à le ietter dans l'eau, il eut les oreilles coupées & banny du Royaume. Ceste histoire doit apprédre à ceux qui ont des graces d'estre bien venus des Roys, & autres grands Seigneurs, de n'abuser de la liberalité d'iceux, ne s'en rēdre plus orgueilleux ou vitieux : mais tenir vne mediocrité en toutes leurs actiōs, voyans l'instabilité qu'il a aux affaires de ce monde, plain de vanité, & comme dict Heraclite :

O monde vain, ô vanité mondaine,
Il nous faut tous mourir, dequoy nous
sert la peine.

La mort est le commun destin des miserables mortels, qui la doiuent patiemment attendre, & ne l'auoir en horreur, quand elle se presentera, comme enseigne Platon sous la personne de Socrates, disant: il nous faut ainsi comporter en ceste vie, comme les ioüeurs de comedies, ausquels il n'est licite, ny bien seant, & honeste, de s'en aller & quitter le ieu, que la comedie ne soit acheuee.

Gg iij

D'AMILCAR DVC DES
Carthaginois.

AMilcar Duc des Carthaginois, fils de Hannon, & pere d'Hannibal, ayant mis le siege, deuant la ville de Siracuse, Capitalle de la Sicille, eust phantaisie qu'en dormant il auoit ouy vne voix qui l'aduertissoit, que le prochain iour d'apres il soupperoit dedans la ville de Siracuse. De ceste bône nouuelle, & côme si les Dieux luy eussent fait promesse de la victoire, il disposa pour aller côbattre ou aller à l'assaut. Mais côme il estoit fort empesché, il se leua vne mutinerie de son camp, entre les Carthaginois & les Sicilliës, durant laquelle les Siracusains ayât surprins son camp au despourueu, par vne saillie qu'ils firent, ils l'emmenerent lié & garotté dedäs leur ville. Tellement plustost trõpé de son esperance que de son songe, il fut mené prisonnier à Siracuse, mais non en qualité de victorieux, comme il auoit presumé & esperé. Et ayant esté l'espace d'vn mois en vne austere prison, il fut publiquement decapité dans la ville de Siracuse. Aussi, à ce propos Valere est autheur, qu'Alexãdre songea que Cassader fils d'Antipater auoit conspiré sa mort, encore que lors de son songe il ne l'eust onques veu. Ce qui aduint depuis ayant esté empoisonné par Cassander, toutefois ie n'ose asseurer ceste histoire, pource que Plutarque nie qu'Alexandre fut mort empoisonné, & vse de cest argument, pour prouuer qu'il ne le fut pas: c'est à sçauoir que le corps d'Alexandre, par la dissention en laquelle entrerent ces principaux Capitaines apres sa mort) demeu-

Gg iiij

ra plusieurs iours nud sans estre ensepuely, en pays chaud & estouffé, & neantmoins il n'apparust sur le corps signe aucun qui donnast soupçon ou conjecture de poison, ains se maintint tousiours net, frais & entier. Mais le mesme Plutarque vn peu deuant confesse, que quelques vns eurent six ans apres quelques indices qu'il eust esté empoisonné, & que pour ceste occasion Olimpias mere d'Alexãdre fit mourir plusieurs personnes, & ietter au vent les cendres de Iolas, auparauant decedé fils aisné de Cassander, qui auoit esté premier eschanson d'Alexandre, pource qu'on disoit que c'estoit luy qui luy auoit baillé le poison à boire. En ce temps là de la mort d'Alexãdre. Archilous excellent Poëte Grec, fut banny de Lacedemone, apres auoir esté fustigé par ce qu'il auoit escrit, qu'il valloit mieux quitter le bouclier, & les armes, que de mourir en guerre. Les Lacedemoniens ont esté iustes obseruateurs des loix de l'art militaire: comme Agesilaus, Agis Brasidas, Archidamus, Damonidas, Calicratidas, Herondas, Themisteas, & vn million d'autres.

DE LA CHASTAIGNE-
raye Cheualier François, & d'vn Comte de Pancalier.

EN France il y a enuiron soixāte ans, qu'vn dueil fût octroyé par le Roy François, premier de ce nom, à deux Cheualiers François, l'vn nómé la Chastaigneraye, & l'autre Iarnac, qui auoient vne grande querelle à demesler, pour ce que le sieur de la Chastaigneraye auoit offencé l'honneur d'vne Dame, qui appartenoit au sieur de Iarnac, lesquels deux Cheualiers

Gg v

estant venus au combat de dueil, & que selon le iugement du Roy, de tous ceux de sa Cour, & des Spectateurs, il sembloit que Chastaigneraye deuoit surmonter sa partie, pour auoir faict preuue de sa personne en plusieures batailles, & combats de dueil. Neantmoins apres s'estre baillez l'vn à l'autre plusieurs coups d'estocade, Iarnac tua Chasteigneraye. Aussi n'a on iamais sçeu qu'aucun Cheualier, ayāt entreprins combat pour soustenir l'honneur d'vne femme ayt iamais esté vaincu, comme il se peut voir par l'histoire que Valentinius Barruchius, natif de Tolette en Espagne à fait, en vn gros tome Latin, escrit purement & en bons termes : qui estoit, qu'vne fille d'vn Roy d'Angleterre, estant mariee auec vn Comte de Sauoye, & Prince de Piedmont, pour n'auoir voulu obeyr aux demandes impudiques d'vn Comte de Pancalier, que le Comte son mary auoit laissé regent, & son Lieutenant en toutes ses terres en son absence, estant occupé aux guerres de Fráce, pource qu'il en estoit Connestable, qui luy imposa faussement le crime d'adultere, qu'il disoit qu'elle cōmettoit auec son nepueu, & pour mieux iustifier sa fausse accusation, & ayant à combattre to' ceux qui voudroiét soustenir le contraire de la deposition, se presenta: En fin, vn inspiré par le vouloir de Dieu, de la noble maison de Mendoze, qui combien qu'il fut beaucoup inferieur en forces corporelles, tant pour auoir esté longuement malade, que du long chemin, dont luy & ses cheuaux estoient presque recreus, ayant accepté le combat pour soustenir l'honneur de ceste vertueuse Princesse, le surmonta, & luy fit

Gg vj

confesser son imposture: dont à cause de quelques playes ledit Côte Pancalier mourut. En ceste mesme annee là Spada Cheualier Albanois, tua auec plusieurs coups de poignard vne tres belle ieune Dame, veufue vertueuse, de natiõ Grecque, qu'il auoit espousee, afin que persõne ne iouyst d'elle apres sa mort, & puis se tua apres, se dõ-nant du poignard mesme dans le corps.

D'ARCOPAFAT.

Arcopafat estoit Lieutenant de Somphosi Roy des Tartares. Il estoit gouuerneur de la Vallee de Tipomet, sur les frontieres de Perse. Iceluy Arcopafat sçachant que quelques Religieux, auoient conuerty à la Religion Chrestienne, vn nombre de Tartares de son gouuernement, il ne cessa par l'espace de huict iours, à destruire & exterminer ceux qu'il sçauoit auoir receu baptesme, tellement que vingt cinq milles personnes de ceste Valee, tant femmes qu'enfans, furent cruellement mis à mort, quittant les miseres de ceste vie pour aller auec les bienheureux. Les piteuses nouuelles de ceste deffaire, arriuee aux Chrestiens de Perse, ils se meirent en priere, & ieusnerent trois iours, vrayes armes pour vaincre toutes sortes d'ennemis : puis ayant presenté vne requeste au Roy de Perse, tandant aux fins qui luy pleust de les assister, pour auoir végeance de la cruauté commise par les Tartares. Le Roy leur donna quinze mille Persiens, & trois mille Grecs, conduits par le vaillant Cabramon : & ayant passé la montagne, il fit des signalees deffaictes, par l'espace de quinze iours, & mesme en la bataille difinitiue. Arcopafat fut prins prisonnier, & presque tous ces gens deffaicts, puis le lendemain Cabramó le fit desmembrer tout vif, & manda aux quartiers principaux de ceste Vallee, qui incontinent se rendirent à luy, & furent parties bruslees, partie desmentelees & destruites: tellement que ceste, qui iadis souloit estre superbe Vallee, est à present inhabitable.

DE FAFILLA.

Roderic Roy d'Espagne, estát mort, Pelage son oncle second fils du Roy Reseuind, print le nom de Roy, & resint le pays des Asturies, & de Galice, deffendu par des montagnes fort hautes, & des valees fort estroites, & estát son siege en la ville de Leon, appellee par les gens du pays Castillnouuelle, pour diference de la vieille Castille, qui estoit entre Cordouë & Seuille. Cestuy Pelage regna vingt ans, & fit continuellement la guerre aux Mores, recouurans plusieurs places qui estoient tombées entre leurs mains aux premieres attaques des violēces de la guerre. Finablement dōnant bataille à Almensor Roy de Grenade, il fut tué, & pareillemēt ledict Almensor fut tant blessé qu'il en mourut vne heure apres la mort de Pelage. Fafilla fils de Pelage succeda au Royaume d'Espagne, & ayant seulemēt regné quinze iours, il fut deschiré & mis en pieces par vn Ours, comme il chassoit. A raison dequoy son Cousin Alphóce luy succeda, lequel mourut, ayant regné cinq ans, laissant seulement vn fils appellé Friol, qui fut couronné Roy d'Espagne, lequel mit en pieces en vne bataille cinquante mille Mores, il deffit aussi l'armee des Normands venuë en Galice, & brusla soixante de leurs Nauires. Finablemēt la douziésme annee de son regne, il fut meschamment tué par Aurele, son beau-frere, lequel fut crée Roy d'Espagne, & le troisiesme an de son regne il mourut enragé, ayant esté mordu par vn chiē qui l'estoit aussi.

DE FRANCOIS PREMIER,
Roy de France.

FRançois premier du nom, Roy de France, pere des lettres, la magnanimité duquel ne le peurēt guarentir des aguets de la fortune, non plus que les precedents, qui le fit tomber entre les mains de Charles le Quint Empereur, enuieux de sa grandeur, & qui auoit esté son Competiteur en l'Empire,

& qui s'opposoit à beaucoup de ses desseins, lequel le tint prisonnier plus d'vn an pendant lequel il eust vne tres grande maladie, qui le contraignit, pour auoir liberté à beaucoup de griefues conditions & fort dures: comme renoncer à beaucoup de droicts qu'il pretendoit sur plusieurs grands Duchez, Côtez, & Royaumes, & donner si grande quantité de deniers, tant pour les despences & frais des guerres, qu'on luy dict qu'il auoit faict faire au vainqueur, que pour sa raçon, si bien que son Royaume s'en resentira à iamais.

DE HENRY DEVXIESME,
Roy de France.

HEnry second du nom, Roy de France, succeda à son pere François de Valois, audict Royaume en l'an 1547. l'an suiuãt il donna secours aux Escossois, anciens amis & alliez de Fráce, pour resister aux Anglois, qui furent repoussez & vaincus. Il renouuella l'alliance faicte par son pere auec les Suisses, print d'assaut les fortes places d'alentour Boulogne sur la mer, tenues des Anglois, & assiegeant icelle, contraignit le Roy d'Angleterre à faire paix, & depuis à la requeste de plusieurs princes d'Allemagne, allant luy mesme en personne auec grosse armee audict pays, prins Mets : & au retour print d'assaut Dauuilliers, Yuoy, Mommedy, & plusieurs autres villes & Chasteaux. Cependant le Pape Iules, troisiesme du nom, traitta d'appointemēt auec le Roy, qui deliura la Mirandole, & Parme, & remit Sienne en liberté, deschassant les Espagnols. Tandis que ces choses se faisoient par le Roy en Italie, l'Empereur qui s'estoit retiré, vint assieger Mets auec 100000. hommes, ou plus ; mais le Roy l'auoit auparauant bien munie, si qu'en fin fut l'Empereur contraint derechef se retirer ayant faict grande perte de ses gens, tant par fer que par froid, & par famine, l'an 1555. treues furent accordees auec l'Empereur les Roys d'Espagne & d'Angleterre, qui durerent peu. Les forces de France estans lors en Italie, S. Quentin fut prins, Monsieur de Guise à son retour print Calais, & l'an suiuant Thiomuille, & bien tost apres fut conclud la paix entre les deux Roys, par le moyen des mariages de la fille aisnée du Roy, auec le Roy d'Espagne, & de Madame Marguerite de France sa sœur auec le Duc de Sauoye, dont fut fait grãdes festes de tournois, mais la ioye se changea bien tost en pleurs : car le Roy fut frappé, par le Comte de Mongomery, d'vn coup de lâce en la teste, dõt il mourut le deuxiesme Iuillet 1559. peu de temps apres lediā Cõte de Mongomery fut prins dans Dãpfront, par Monsieur le Mareschal de Matignon, & fut amené à Paris, ou il fut decapité.

DE CHARLES HVITIESme, Roy de France.

CHarles huitiesme de ce nom, Roy de France, estant de retour en son Royaume, ne faisant que venir d'Italie, y ayant conquis le Royaume de Naples, & les grandes Duchez de Calabre & de Poüille, & gaigné deux insignes batailles en ce pays là. Vne vigille de Pasque fleurie, le septiesme d'Auril 1498. menant sa femme par la main Anne de Bretagne, pour voir quelques Gentil-hõmes

des Hom. Illustres. 810

iouer à la paume, dans les fossez du Chasteau d'Amboise, entra dans vne gallerie descouuerte & rompuë, dans laquelle entrant se donna à la porte vn grand coup de la teste contre le haut d'icelle, encore qu'il fut de petite corpulence, & estans sur les appuis d'icelle, pres d'vn lieu ou chacun par certaine coustume vuidoit son vrine, & autres inmondices, auquel lieu, parlant & deuisant auec la Royne, & autres compagnies, & iugeant des beaux & meilleurs coups que faisoient les ioüeurs, fut saisi d'vn Catharre, dont il perdit promptement les forces, & le mouuement de toutes les parties de son corps, & la parole. Ce qui fut cogneu par tous les assistans, qui estoient pres de luy, & fut couché par terre, sur le lieu mesme, qui estoit vn lieu puant, ord & sale, sans qu'on eust l'entendement de le transporter dans son lict Royal, qui n'estoit qu'à vingt pas loing de là: il lãguit l'espace de neuf heures & mourut en ceste latrine. N'est ce pas chose digne d'admiration, de voir mourir vn si puissant Roy en vil & puãt lieu, estãt dans sa maison, entouré de tous ces officiers, & de beaucoup de Noblesse? que luy qui estoit Roy des fleurs de Lys bien odoriferantes, expirer & finir ses iours, non parmy des herbes & fleurs de plaisante odeur, mais en vn lieu plain de la plus grande immundicité du monde.

DE MARIE STVARD,
Royne d'Escosse.

LEs Comtes de Strasbourg & de Kendt, accõpagnez des principaux de la Noblesse d'Angleterre, prononcerent l'arrest de mort, à Marie Stuard Royne d'Escosse, l'an 1587. le Mardy 17. Feurier, & sur le vespre, arresté auec elle l'execution au lendemain, à huict heures du matin. Elle fut menee en la grande sale du Chasteau de Fodringaye, sur vn eschaffaut tapissé de noir, suiuie de cinq Dames de son train, lesquelles pleuroient & detestoient sa mort: mais elle d'vne constance admirable reprenoit la vanité de leurs larmes, & d'vn courage ambrassoit la fin d'vne si longue captiuité, ayãt vne resolution genereuse, & plus que masle à la mort, estant ferme en sa Religion, & d'vne pieté recommanda son fils, & tous ses seruiteurs. Elle ne voulut permettre que le bourreau la despoüillast, disant qu'elle n'auoit accoustumé le seruice d'vn tel homme, dont elle mesme despoüilla sa robbe, se mit à genoux sur vn carreau de velours noir, & presenta sa teste au bourreau, qui (contre le priuilege des Princes luy fit tenir les mains par son valet, pour luy donner le coup de mort auec plus d'asseurance. Puis l'on veid la teste separee du corps au coing de l'eschaffaut, & le peuple cria viue la Royne : à l'instant que sa teste fut separee de son corps, sa coiffure cheut en terre, alors l'on veid que l'ennuy & la fascherie l'auoit renduë toute blanche & chenuë, en l'aage de quarāte & cinq ans, ceste Royne qui viuante auoit emporté le prix, des plus belles femmes du monde. La Royne d'Angleterre sa sœur la fit mourir, parce qu'elle estoit faussement accusee par vn certain Anthoine Babinton, & d'vn sien Secretaire appellé Gilbert Curle, d'auoir recherché l'ayde du Roy d'Espagne, & d'auoir faict venir ceste grande flotte de vaisseaux Espagnols, conduits par le Marquis de Medina, lesquels furent pour la plufpart pluſpart periz. Peu de temps apres le Duc de Norfold fut executé à mort en la ville de Londres, eſtant conuaincu & atteint de crime de leze Majeſté, en la perſonne d'Iſabel Royne d'Angleterre, laquelle fit auſſi mourir le Milord Thomas de Lanclaſtre, & le Comte d'Arondel.

DE CATHERINE DE
Medicis Royne de France.

LA Royne Catherine de Medicis mere de Charles neufieſme Roy de France, ayant faict la viſite des Prouinces de ſon fils, & accordé les maiſons de Guiſe, & de Chaſtillon à Moulins, fit venir ſix mille Suiſſes ſoubs vne feinte peur du paſſage du Duc d'Albe, auec lequel elle auoit conferé à Bayonne, que pour viure à ſon aiſe, il falloit peſcher les grands Saumós & laiſſer les Grenoüilles. L'Admiral s'en apperceut, & reſolu de ſe ſauuer pluſtoſt auec les bras qu'auec les iambes, s'approcha ſi pres du Roy Charles ſuſdit, qu'il faillit à le prēdre à Meaux, pareillement le força de ſe retirer à Paris, conduit par le regiment du Coronnel Phiffer. Puis apres le Prince de Cōdé print la ville de Sainct Denis, aſſiegea Paris, bruſla les Moulins, les deux armees vindrent aux mains, la bataille ſe donna pres Sainct Denis. Les Princes proteſtans ſe retirerēt, le Roy demeura vainqueur, mais la victoire luy couſta la vie du Cōneſtable, l'vn des premiers Capitaines de l'Europe, qui ayant commandé, donné & receu en ſept batailles, mourut à la veuë de Paris & de ſon Roy, à la teſte d'vne armee victorieuſe par ſa conduite, ayant rompu les machoires à celuy qui l'auoit bleſſé au viſage, receut d'vn

Escoſſois vne piſtollade dedās les reins, & mourut de la ſeptieſme bleſſeure en ceſte ſeptieſme bataille, aagé d'onze fois ſept ans. Ceſte mort apporta vne paix fourrée, qui ne dura que ſix mois, & ſe fit vne guerre de deux ans, entre les Princes de Nauarre, & de Condé, & les Ducs de Guiſe, & du Maine, finablement le Prince de Condé fut tué à Baſſac, le vingt & vnieſme Mars, mil cinq cens ſoixante & neuf.

DE LOVYS PRINCE
de Condé.

LE Prince de Condé, fils du Prince de Condé ſuſdit, qui fut tué à Baſſac, fut doüé de toutes les qualitez conuenables à vn grād Capitaine, & au reſte ennemy irrecōciliable de ſes ennemis. Il eut vne maladie violente, par le boucon qu'il receut de ses domestiques: car vn Ieudy troisiesme iour de Mars, vne demie heure apres auoir souppé, vne forte maladie d'estomac, & vne dificulté de respirer, vne grãde dureté de ventre, vn continuel vomissement, auec beaucoup de soif & de douleur le surprint. Le Samedy apres que les Chirurgiens & Medecins eurent employé tout ce qui estoit de leur art & experiẽce, & de la fidelité, cõmme toutes les choses alloient en pis, vne entiere suffocation de toutes les facultez le saisit, en laquelle il mourut vne demie heure apres. Le corps fut ouuert, auquel on trouua le ventre inferieur liuide, noir, blessé, les intestins pleins d'eau rousastre, l'estomac au dessus de l'orifice percé à trauers en rond, & toutes les parties vitalles qui d'elles mesmes estoient tressaines & bien composees, furent trouuees par la grāde quantité du poison, tout vlcerees & liuides. Le Roy de Nauarre à son retour de Gascogne, commāda tres expressement, la punition de tous ceux qui estoient soupçonnez de cest empoisonnement, & l'execution s'en ensuiuit.

DE VALENTIN.

Mathiole dict que Valentin, qui estoit tenu pour fils naturel du Pape Alexandre sixiesme, lequel voulant empoisonner certains Cardinaux en vn festin, s'empoisonna soy mesme sans y penser, son pere aussi, & plusieurs autres qui moururent dans peu de iours, d'autres quelques moys apres, & luy se pensoit sauuer, par le moyen de beaucoup d'antidots, & autres remedes : entre autres fut mis dans des ventres de plusieurs mulets, & mules tuees fraischement, iusques à tant que la chaleur fut passee. Mais tout cela ne luy seruit de rien : car le ciel vengeur des offences, permit iustement que ce poison le suffoquast.

DE MENSOR, ROY DE Tidoré.

MEnsor Roy de Tidoré, fut vn personnage bien versé en l'Astrologie, & affable contre le naturel des Mahumediques de religion, lequel receut les Espagnols amiablement, comme il fit aussi les Portugais par apres, permettant à tous ses subiects d'estre instruicts en la Religion Chrestiéne, & se faire baptiser qui voudroit : lesdits Portugais auoient mené des Prestres, des religieux, & des Iesuistes, qui y firent de grands fruicts, cepandant le Diable enuieux de ce que le regne de Dieu ce preschoit auec grand fruict en ces riches & populeuses Isles, y fit bien tost changer l'Estat de la Religion Chrestienne, car ce bon Roy Mensor ayant receu le Christianisme, son fils mal-affectionné à la religion Chrestienne le fit empoisonner, & non seulement interdit le comerce aux Portugays parmy ses subiects, mais commanda de les tuer qui pourroit inopinement, & que nul ne fut si hardy de faire profession de la foy Chrestienne, & moins d'en faire aucun acte parmy le Royaume de Tidoré.

DE GVEBRON.

Gvebron gouuerneur d'Vri, ville cantonnee des Suisses, outre ce qu'il auoit exigé sur le

Hh iiij

peuple beaucoup de moyens, entra en telle presomption, & si grãde folie, qu'il fit planter vne perche en la grand place dudict Vri, sur laquelle il fit mettre vn bonnet qu'il auoit autrefois porté, & commanda qu'on en fit autant au village de Suuits; puis fit commendement aux paysans de porter autant de reuerance à ce bonnet, comme s'il y estoit luymesme en personne. Il y eust vn homme de cœur genereux, natif du pays, nommé Guillaume Tellier, qui refusa de ce faire, lequel fut prins & mené, deuãt le superbe & insuportable gouuerneur, qui luy enjoignit à peine de mourir, pour sa desobeyssance, de tirer & abattre vne pomme, qu'il auoit faict mettre sur la teste d'vn petit enfant dudict Tellier, aagé de cinq ans, de la distance de cinquante pas, auec vn traict d'arbaleste, (or cest homme auoit le bruict d'estre vn bon arbalestrier) ce qu'il fit estant contraint, sans blesser sondict enfant, mais ce fut plus par la grace de Dieu, que de son industrie. Or ce gouuerneur apperceut que ledict Tellier auoit encore vne flesche, parquoy il luy demanda que c'est qu'il en vouloit faire, il respondit, que s'il eust tué son enfant, qu'il la reseruoit pour le faire mourir. A cause de ces paroles, il fut pris, lié, garotté, & mené dedãs vn bateau, pour estre conduit aux prisons. Or il falloit passer vn lac pour y aller, en passant il eschappa miraculeusement: car s'estant ietté dans l'eau, trauersa ledict lac, & gaigna quelques montagnes, ou il attendit ledict Guebron, en vn destroit, & le tua d'vn coup de flesche.

DE THADEVS, MEDEcin de Florence.

THadeus, Medecin Florentin, fut homme tres-auaricieux, qui ne vouloit poit sortir de la ville pour aller visiter les malades, qu'il n'eust cinquante escus par iour, & pour aller voir le Pape Honorius, qu'il n'eust cent escus aussi par iour, ainsi qu'il se list dans les œuures de Cardan, lequel à laissé vn petit traicté, qui n'a iamais esté imprimé qu'ō sçache, car il viuoit l'an mil deux cens quatre vingts, dans lequel il parle de l'vsage du laict, du vin, de la biere, & de plusieurs autres choses, & principallement du miel & de la manne, & mesme allegue Galien, mais il ne dict pas de quel liure il a tiré ce qu'il en dict. Or ce Medecin auaricieux, auoit deux seruiteurs, lesquels quinze ans y auoit qu'ils estoiēt à son seruice, & ne leur bailloit point de gages annuelles, leur promettant que quand ils luy auroient faict bon seruice il les mariroit, & leur donneroit à chacun vn Estat pour recompense. Mais ces deux seruiteurs en se iouant ensemble, casserent vne phiolle, où il y auoit de la medecine dedās. Ce que sçachant Thadeus les chassa. Ces seruiteurs ainsi frustrez, resolurent par desespoir de tuer ce maistre ingrat, parquoy de nuict pour mettre à execution leur dessein, entrerent dans la maison de Thadeus, sçachant bien les estres, se cacherent soubs son lict, & lors qu'ils veirēt qu'il estoit endormy, luy couperent la gorge, & prirent toutes ses richesses, pour leur subuenir, & depuis on ne sceut iamais qui auoit commis ce meurtre.

Hh vj

D'HIRCAN, GENTIL-homme Milanois.

Hircan Gentil-homme Milanois, veuf & vieux, estant deuenu amoureux d'vne fille de village, deuint si ialoux, qu'il en tua son propre fils aisné, à cause que la paillarde ne se contentant des embrassemens dudit vieillard, s'estoit adressee au fils, qui estoit beau & de bonne grace, lequel ne voulut consentir à vn si mal-heureux acte. La putain faschee de ce, donna à entendre au pere malheureux, que son fils la poursuiuoit, qui sans s'imformer plus auant du faict, tout furieux & rauy de ialousie tua son fils. Et luy apres, ayant recogneu sa faute, s'enferra de son espee, la paillarde voyant tant de meurtres à cause d'elle, se precipita dans vn puits. De mesme Emilie,

Damoiselle Romaine, tua Fabie son amy, afin qu'il n'en aymast vn autre, que ses pere & mere, luy vouloient faire espouser, puis elle mesme s'occit. Galeas de la Valee Gentil-homme Vincentin, ne deuint il pas forcené, & presque hors de son entendement, estant deuenu ialoux d'vn peintre, à cause que sa Dame s'estant faicte pourtraire par luy, & par le commandement dudict Galeas, ledict peintre en deuint extremement amoureux, & la Dame aussi de luy, quittant l'amitié du Vincētin: lequel poussé d'vne extreme ialousie tua le peintre, à cause dequoy il fut banny de la Seigneurie. Aussi vn ialoux l'an 1594. notaire d'vne Baronnie en Perigort, soupçonnant sa femme s'arracha les genitoires. Et Spada Cheualier Albanois, tua auec plusieurs coups de poignard, vne belle ieune Dame, veufue vertueuse, afin que personne ne jouyst d'elle apres sa mort, & puis se tua apres, se donnant du poignard mesme dans le corps.

D'ANTOINE DE BOVRbon.

Anthoine de Bourbon tresnoble & vertueux Duc de Vendosme, Gouuerneur pour le Roy en la Picardie, print à forces d'armes le Chasteau de Tournehã, en l'an 1542. & le fit razer, & eust victoire sur les Flamens & Hennuiers: auitailla Teroënne, nonobstãt les forces du Seigneur du Ru, Lieutenãt pour l'Empereur Charles le Quint, sur lequel il recouura Hedin, & meit plusieurs autres forteresses de ce pays bas, en la puissance du Roy. Il espousa Ieãne d'Albret, fille vnique du Roy de Nauarre, & de celle grande &

renommee Princesse Marguerite Royne de Nauarre, sœur de François de Valois. A l'aduenement du Roy Charles neufuiesme à la Couronne, il fut faict son Lieutenant General, au moys d'Octobre 1562. au commencement des troubles de Fráce il alla assieger Roüẽ, lequel estoit detenu par ceux de la Religiõ pretẽduë reformee, deuãt laquelle il fut blessé, & tost apres mourut, au grand regret de tout le Royaume, lequel à la verité fit vne grande perte.

DE FRANCOIS DE LOR-
raine, Duc de Guise.

FRançois de Lorraine, Duc de Guise, estant venu auec son armee à S. Mesmin, village distãt d'vne lieuë de la ville d'Orleans, & passant la riuiere de Leret, pour s'en aller au Portereau, fut prodi-

toirement tué d'vn coup de pistolet, par vn nómé Iean de Poltrot,
Seigneur de Merey. Il y auoit lōg
temps que ledict Poltrot auoit enuie d'executer son pernicieux dessein, & voyāt que le Duc de Guise
estoit venu en son armee, il achep-
ta du Seigneur de la Mauuoisiniere, vn cheual d'Espagne, le marché
se faisant au village de Messas pres
de Boigency, moyennant la somme de cent escus qu'il bailla audict
Seigneur de la Mauuoisiniere, auec
le courtaut sur lequel il estoit mō-
té auparauant. Il fut par quelques
iours logé au Chasteau de Corneil,
distant de trois lieuës de S. Mesmin, diferant d'executer sa meschāte entreprise, iusques à ce qu'il
veit qu'on pressoit fort la ville
d'Orleans, & qu'on faisoit tous efforts de la prendre : & craignant
lors que plusieurs gens, qui estoiēt
de ses amis, fussent tuez & sacagez,

il resolut en sõ esprit d'executer sõ mauuais dessein. Et pour ce faire apres auoir disné en vne mestairie, distante de demie lieuë de la maison ou estoit logé le Duc de Guise, & voyant qu'il passoit la riuiere de Leret pour s'en aller au Portereau, il le suiuit & accompagna, puis il s'en retourna par le pont & village d'Oliuet, ou estoient logez les Suisses, & la attendit le Duc de Guise au passage de ladicte riuiere de Leret, eu intention, soit qu'il fut bien ou mal accompagné, d'executer sa damnable entreprise, comme il fit : & oyant vne trõpette qui sonnoit le retour du Duc de Guise, quãd il voulut entrer dãs le bateau pour passer l'eau, il s'approcha de la riuiere, & apres que le Duc de Guise fut descendu à terre, accompagné seulement d'vn Gentil homme qui marchoit deuant luy, & d'vn autre qui parloit à luy monté sur vn petit mulet, ledict Poltrot le suiuit par derriere, & approchant de son logis en vn carrefour ou il y a plusieurs chemins, tournans de costé & d'autre, il tira contre le Duc de Guise son pistolet, chargé de trois balles, de la longueur de six à sept pas, s'efforçant de le frapper à l'espaulle, parce qu'il pensoit que le Duc de Guise fut armé par le corps, neantmoins des trois balles, il n'y en eust qu'vne qui porta dans la teste, laquelle enuoya cét inuincible Prince reposer au sepulchre de ces ancestres Roys de Hierusalē. Quant audict Poltrot, il fut par la permission de Dieu prins le lendemin dās vne mestairie, & condamné par iustice bien tost apres à estre tout vif d'esmēbré par quatre cheuaux, ce qui fut executé.

DE HENRY DE LORRAIne Duc de Guise.

IL y a merueilleuse incertitude aux circonstances de cet histoire a laquelle chacun donne tel visage & telle couleur, qu'il luy plaist tourne comme on dit le plus beau de sa passion, & faict qu'entre tant de varietez, le iugement ne peut rien saisir clairement. Le Roy Héry 3. Roy de France & de Polongne, craignant d'estre preuenu, proposa de faire tuer Henry de Lorraine Duc de Guise au soupé que l'Archeuesque de Lion luy donnoit, & à Monsieur le Cardinal de Guise son frere, le Dimanche auant la S. Thomas: mais ne pouuant faire executer son dessein il remit l'execution à vn autre iour Le vendredy 23. iour de Decembre, l'an 1588. le Roy manda son

Conseil & voulut qu'il s'assemblast & dit à sept des quarente cinq, qu'il auoit trop enduré du chef de la ligue, & qu'il estoit resolu de faire mourir le Duc de Guise : le point donc de l'execution arresté Messieurs les Cardinaux de Vandosme, de Guise, & de Gondy, l'Archeuesque de Lion, le Duc de Guise, les Mareschaux d'Aumont & de Rets, Messieurs d'O, de Rãbouillet, de Maintenon, Marcel, & Petremolle : viennẽt pour tenir le Conseil. Cependant le Roy auoit dõné ordre de fermer les portes du chasteau de Blois (car ce fut à Blois que ceste tragedie se ioüa) aussi tost qu'ils seroient entrez. Or le Duc de Guise premier que partir de la chambre du Conseil, enuoya vn page en la sienne demander vn mouchoir blanc, & son Secretaire lia en vne des cornes de ce mouchoir, vn memoire pórtãt aduertissemēt audict Duc de Guise, qu'il sortit hastiuement autrement il estoit mort. Ledit mouchoir fut apporté mais non baillé: car il fut osté au page auec le memoire, lors qu'il remonta. Le Cōseil estant assis sur les huict heures, & disputant du faict que le sieur de Petremol Intendant des Finances auoit proposé. Le Duc de Guise sentit destranges eslancemens en son ame des esmotions extraordinaires, son esprit estāt le Prophete du malheur qui le suiuoit, il sentit sur ceste deffiance vn affoiblissement de cœur, & dit à l'huissier du Conseil qu'il allast demander de l'escorce de citron à sainct Prix valet de chambre du Roy, lequel luy enuoya quelques prunes de Brignolles, & raisins de Damas dont il mengea, & meit le reste dās vn drageoir d'argent qu'il portoit. Sur ce le Roy le feit appeller par le sieur de Reuol, l'vn des Secretaires de son Estat, & comme il sortoit de la chābre du Conseil, pour trauerser en celle ou estoit le Cabinet du Roy, & qu'il leuoit d'vne main la tapisserie pour y entrer, il se vit chargé de coups d'espee & de poignards, par cinq ou six des quarente cinq, lesquels ne se peurent ruer auec tant de violence, qu'il ne les tirast apres soy vn tour de chambre, ne voulant quitter sa peau si laschement, pour monstrer les derniers efforts de ceste inuincible vaillance qui honnora sa vie & rend encore sa memoire honnorable à ceux qui prisēt la valeur d'vn grand courage. Et ainsi finit ce grand Capitaine sa vie, parangonnee à celle de Iules Cesar, & la mort de mesme similitude. Car Cesar fut tué dans le Senat, & le Prince au milieu du Conseil. Il estoit issu (comme sont tous ceux de sa maison des Roys de Hierusalem, & des Ducs de Lorraine, par la descēte de son pere, & des Roys de France, par celle d'Anne d'Est fille de Renee de France qui estoit fille du Roy Louys douziesme. Il estoit vn des plus beaux Princes de la cour, grand, haut à proportion, vne face amiable, vn œil si vif qu'il perçoit tout pour recognoistre & choisir ses seruiteurs, les plus esloignés de luy & fourrez parmy la presse. Au Printemps de ses ans il fut en la guerre de Hongrie contre le Turc, deffendit Sens & Poictiers, combatit vaillammēt à Montcontour, & remporta des marques honnorables de son courage en assaillant les Reïstres. Il estoit exellēt messager & du temps & de l'occasion, & ses ruzes militaires estoient des excellēts Stratagemes, contre les plus violents efforts de ses ennemys. Les Reïstres ont emporté en Saxe & Pomeranie, les effects de ceste pratique, par les rencontre d'Anneau & de Vimory. Il recognoissoit l'humeur des siës: bref il est parangóné, osté le Chrestianisme, à Camille, Themistocles, Numa Pompilius, Licurgue, Scipion, Epaminondas, Marcel, Pelopidas, Pompee Agesilaus, Silla, Lisander, & aux plus grands Capitaines de cet Vniuers, esgal d'Aspect & de Maiesté, à Charles le Grand, & à Henry quatriesme Roy de France & de Nauarre, la merueille des Roys, & le Roy des merueilles. Pour conclusion ie dis qu'Alexandre le Grand Roy de tout le monde ne surpassoit ce Prince en toutes les vertus digne de luy.

DE VIL.

DE VILLARS, ADMIRAL de France.

LE Duc de Boüillon executa vne entreprise hazardeuse, mais importante sur la ville de Há, qui ouuroit le chemin à l'Espagnol depuis la frontiere iusques à Beauuais & Amiens, auec tel ordre que de tous les Espagnols qui estoient dedans, il ne s'en sauua pas vn seul, & y eust de six à sept cens prisonniers. Mais lesdits Espagnols se vengerent incontinent de ceste surprise sur le Catellet, Et bien plus aspremēt sur Dorlans, car ayant empesché & mis en route le secours que le Duc de Boüillon amenoit, & tué plusieurs braues Capitaines, il prindrent la ville par assaut, y entrerent auec telle furie, qu'ils ne pardonnerent ny a sexe, ny à aage, & tuerent miserablement de sang froid Monsieur de Villars, Admiral de France, qui estoit dedans ladicte ville de Dorlans. Les Espagnols n'auoient autre raison de ces espouuentables cruautez que la redition de ceux de Han, criants entrans dans ladite ville de Dorlans, *per exemploy vangença de lo de Han*. Peu de temps apres le Duc de Fuentes print Cãbray, l'ayant assiegé auec vne armee de dix sept mille hommes, & septante deux pieces d'artillerie.

DE RAVENNEL.

Rauennel President du Baillage de S. Fleurant petite ville de Bretaigne, estoit natif de Vitré, ville distante de cinq lieuës de S. Fleurant. Il fut pris dans le fort & Abbaye dudict S. Fleurant, emportee d'assaut par Mõsieur le Duc de Mercœur, & fut pendu trois ou quatre heures apres, par les gens du sieur de Heurtaut, Capitaine dudict Duc de Mercœur. En ce mesme temps il fut donné vn combat pres le Vau de Chaueigne, pres de S. Malo en Bretaigne, ou fut tué vn braue Cheualier nommé Desforges, Seigneur dudict Vau de Chaueigne, par vn des soldats de Desesues Capitaine de la garnison de Rochefort. D'auantage en ceste mesme annee Goulay gouuerneur de la ville de Craon en Bretaigne fut tué par vn nommé Ernault Grenetier de ladite ville de Craon, estant suruenu vne seditió populaire. Criquebeuf Capitaine du Chasteau de Montjan, & Ville-Luisant, Seigneur de Lassay, furēt aussi tuez de sang froid dedans ladite ville de Craon. Henry quatriesme pour lors Roy de Nauarre, fit punir iustement les mutins & seditieux.

DE HENRY TROISIES-
me de ce nom, Roy de France &
de Pologne.

HEnry troisiesme de ce nom, Roy de Fráce & de Pologne, apres auoir esté chassé de Paris, par les Parisiens mesmes, sejourne à Tours attendant le reste de ses trouppes, que luy amenoient le Prince de Dombes (qui en le venant trouuer print Dorat & quelques autres places & chasteaux) receut nouuelles comme le Côte de Soissons, qu'il auoit enuoyé pour commander en Bretagne, auoit esté deffaict à Chasteau Gyron, trois lieuës pres de Rennes, qu'il auoit esté mené prisonnier auec le Comte de l'Auaugour, & plusieurs autres Seigneurs, à Nantes, dont il fut fasché. Il part en fin de Tours à la my-Iuin, estant arriué à Bloys, le Prince de Dôbes l'y vint trouuer, il l'enuoya en Bretagne, où il arriua heureusement, & fit rendre l'obeyssance à sa majesté en plusieurs lieux. De Blois il arriua à Boisgency, ou le Roy de Nauarre (depuis Roy de France) l'attendoit, il commanda au Mareschal de Biron, de faire passer l'armee qui estoit du costé de Beausse, en la Soulongne, & tirer droict à Gergeau, qui fut dés le lendemain inuesty. La Chastre qui estoit dedans Orleans, sortit auec trois cens cheuaux pensant enleuer quelque logis de l'armee du Roy, mais le Duc de Monbason, & le Marquis de Nesle auec leurs côpagnies de cheual le chargerent & deffirent, il se sauua en grád haste à Orleans, & laissa son Lieutenant & cinquante des siens morts sur la place & quelque prisonniers. Le Roy fit battre Gergeau, lequel fut prins le iour mesme par force. Ainsi donc le Roy s'approchoit de Paris, où le Duc de Mayenne reuenu de Montereau Faut-yonne, estoit fort empesché, se voyant talonné par tant d'endroicts, & d'ennemis si puissans. Ses soldats commencerent de viure à discretion aux fauxbourgs, ce que les Parisiens goustoient assez impatiemment : mais les petits n'osoient se plaindre : & quant aux grands, ils pratiquoiët le commun dire, *bonne mine à mauuais ieu.* Le Roy print incontinēt Estampes, cependant le Duc de Longueuille ayāt ioinct les trouppes de Champagne, & recueilly és enuirons de Chastillon sur Seine, les Suisses & Lansquenets que coduisoit le sieur de Sancy, lequel auoit esmeu la guerre contre le Duc de Sauoye és enuirons de Geneue, & l'ayant accroché là, s'estoit acheminé en Fráce, fit de tout vn corps d'armee d'enuiron vingt mille hõmes; puis alla passer à Poissy la riuiere de Seine, & se rendit aupres du Roy, lequel battoit Pontoise, dont les assiegez se rendirent le lendemain 25. iour de Iuillet à cõposition, puis le Roy suiuy de celuy de Nauarre, alla bien veigner l'armee des Suisses rengee en bataille, & voulut passer par tous les escadrons, auec tant de desmonstration de contentement, de resjouyssance, & de caresse aux chefs, que tous luy firent paroistre la grãde affection, qu'ils auoient de luy faire seruice. Ayant toutes ses forces ensemble, qui faisoiẽt vn corps de quarẽte mil hommes, il s'achemina promptement vers Paris, & à coups de canon se rendit maistre du Pont S. Cloud. Mais le malheur voulut qu'y estant logé, vn ieune Iacobin nommé Iacques

Clemēt aagé de vingt deux à vingt trois ans, natif (à ce que l'on dit) d'vn village appellé Sorbonne aupres de Sens, homme cōfit en desbauches, ayant passé par les mains de quelques confesseurs, & communiqué auec son Prieur, que l'on nommoit Bourgoyn, homme seditieux (qui depuis vaincu, fut executé par iustice en la ville de Tours) auec quelques autres de mesme farine, auoit esté pour quelque promptitude trouuee en luy, iugé propre à faire vn grand coup. Ils le cathechiserēt à leur mode, & luy promirent qu'aussi tost qu'il seroit party pour tuer le Roy, l'on mettroit en prison tous les Politiques, & tous ceux qui tenoient le party du Roy: afin qu'apres auoir faict le coup, la prison de tant d'hōmes, l'empeschast d'estre tué, ou executé, & que par ce moyen il seroit sauué, & eschaperoit soubs la menace de faire mourir tous ceux qui seroient constituez & mis prisonniers dedans la ville, si on luy faisoit aucun desplaisir: que faisant ce coup il seroit riche à iamais, & pourroit changer son froc en vn roquet d'Euesque, ou chappeau de Cardinal: joinct que quant en tout euenement, il en perdroit la vie temporelle, qui n'estoit rien, & ce qui n'aduiendroit pas toutefois, pour les raisons susdites, il se deuroit estimer bien heureux, & qu'il se deuoit asseurer d'vne place en Paradis, par dessus tous autres. Ce moine abreuué de sa fureur, & de tant d'allechemés de caresses, promesses, & protestations de felicité tēporelle, & eternelle, se resiouyt, & promet de tuer le Roy. Le peuple qui ne pensoit point, & ne sçauoit riē de si cruelles menees, parloit de se rēdre, & auoit beaucoup rabattu de sa colere. Toutefois quelques gens qui auoient authorité sur le peuple, preschoiët qu'ils eussent patiëce encore huict iours, & que l'on verroit quelque grande chose. Le moine ayant donné ordre à son project, sort de Paris, & s'achemine à S. Cloud, aussi tost qu'il fut party, l'on fit mettre en prison plus de deux cens des principaux Citoyens, & autres gens riches, q̃ l'õ sçauoit auoir des amis & du credit, auec ceux du party du Roy, pour gage, afin de sauuer le moine Scelerat, apres auoir attenté ou executé son entreprise damnable, s'il estoit arresté. Le moine ainsi pratiqué de longue main, par ceux qui auoient du pouuoir & authorité en son party, choisit l'opportunité de se presenter à sa majesté: & le premier d'Aoust, s'estant adressé à vn personnage fort affectionné au Roy, se descouurit auoir quelque chose d'importance, qui ne pouuoit, ny deuoit estre communiquée à autre qu'à sa Majesté mesme: & qu'elle sçauoit bien donner libre accez aux Religieux & gens d'Eglise: enquoy, pour effectuer sa diabolique entreprise, il ne se mesprenoit; car s'il y eust iamais Prince, qui portast reuerence aux gens d'Eglise, sa Majesté en estoit l'vn, & ne se peut dire que iamais ce soit veu aucun Ecclesiastique se departir d'elle mal content. Le Roy donc ayant entendu qu'il auoit lettres d'vn de ses plus affectionnez seruiteurs, & creance de sa part, selon qu'il aymoit le personnage: duquel l'integrité & la foy luy estoient parfaictement cognuës, par la preuue qu'il en auoit eu, fit appeller ce faux Religieux en la chambre, où il n'y auoit autre que le sieur de Bellegarde, premier Gentil-homme d'icelle, & vn autre de ses plus fidelles Officiers: lesquels sa Majesté fit mesmes retirer, tant il auoit de fiance en cest habit, qui la trôpé estimant deuoir apprēdre quelque chose de bien secret, attendu la desmonstration qu'en faisoit ce detestable hypocrite, qui se voyāt seul l'occasion en la main, asseurant sa contenance le mieux qui luy fut possible, en quoy il montra vne grande impudence, veu la grande Maiesté du Prince, qui esbloüissoit la veuë des plus asseurez tira d'vne de ses manches vne lettre, qu'il presenta au Roy; & cepandāt qu'il estoit ententif à la lecture, le malheureux tira de l'autre manche vn cousteau, duquel auec violence il donna vn coup à costé du petit vētre de sa Majesté, laquelle se sentāt griefuement blessé, retira de la playe ce cousteau que ce meschant y auoit laissé, & en donna vn coup au dessus de l'œil à ce maudit Apostat suscité du Diable, qui fut le premier chastiment, qui luy fut donné suiuy au mesme temps de la mort, laquelle il receut trop honorablement de plusieurs Gentils-hommes, qui y accourent esmeus de l'indignité d'vn si execrable forfaict. Le Roy fut porté en son lict, & les Medecins & Chirurgiēs appellez, luy fut appliqué le premier apparcil, & la playe iugee non mortelle, dont sa Majesté fit escrire & donner aduis de l'attentat, & de l'espoir de sa briefue guerison, à tous ses bōs & fidelles seruiteurs, les gouuerneurs des Prouinces : voulurēt que les Princes estrāgers, ses amys en fussent aduertis, afin qu'ils abhorassent, & l'iniquité du faict, & les autheurs d'iceluy : mais Dieu ayant autrement disposé de sa vie, le retira à soy des les trois heures du iour suyuant, au grand regret de tous les bons François;

& comme il sentoit sa fin prochaine, il les consola, & leur dict ces dernieres paroles. *Ie ne regrette point* (dict-il) *d'auoir peu vescu, i'ay assez vescu puis que ie meurs en Dieu, ie sçay que la derniere heure de ma vie sera la premiere de mes felicitez: mais ie plains ceux qui me suruiuent, mes bons & fidelles seruiteurs, que si mes ennemis ont eu tellement leurs esprits abandonnez au mal, que ny la crainte de Dieu, ny la dignité du Prince n'a peu les retenir, qu'ils n'ayent attenté à ma personne, qui les fera respecter ceux qui m'ont suiuy? Vne seule chose me console, c'est que ie lus en vos visages, auec la douleur de vos cœurs, & l'angoisse de vos ames, vne belle & loüable resolution de demeurer vnis pour la conseruation de ce qui reste d'entier en mon Estat, & la vengeance que vous deurez à la memoire de celuy qui vous a si curieusement aymez. Ie ne recherche point curieusement ceste* derniere, remettant à Dieu la punition de mes ennemis: & i'ay appris à son escole de leur pardonner, comme ie fais de bon cœur: mais comme i'ay à ce Royaume vne premiere obligation de luy procurer sa paix & son repos, ie vous coniure tous par l'inuiolable fidelité que vous deuez à vostre patrie, & par les cendres de vos peres, que vous demeuriez fermes & constans deffenseurs de la liberté commune, & que ne posiez iamais les armes, que vous n'ayez entierement nettoyé le Royaume des Perturbateurs du repos public: & d'autant que la diuision seule sape les fondemens de ceste Monarchie, auisez d'estre vnis & conioincts en vne mesme volonté. Ie sçay, & i'en puis respondre, que le Roy de Nauarre, mon bon frere legitime, successeur de ceste Couronne, est assez instruict és loix de bien regner, pour bien sçauoir commãder choses raisonnables: & ie me promets que vous n'ignorez pas la iuste obeyssance que vous luy deuez : Remettez le different de la Religion à la cōuocation des Estats du Royaume, & apprenez de moy que la pieté est vn deuoir de l'hōme enuers Dieu, sur lequel le bras de la chair n'a point de puissāce. A Dieu mes amys, cōuertissez vos pleurs en oraisons, & priez pour moy. Voyla à peu près les derniers propos de ce Grand Roy, sur lesquels il sanglotta, & rendit l'esprit. En ce Prince deffaillirent les Roys de la race de Valois, qui ont regné en France, depuis l'an 1515. iusques en l'an 1589. Son corps fut conduit & mis en depost à Compiegne, & son cœur fut enterré dedans l'Eglise de S. Cloud, ou Benoise Secretaire de son Cabinet à faict mettre cest Epitaphe en lettre d'or, dans vn cœur faict de marbre noir, que tiennent deux Anges de marbre blanc.

D. O. M.

Æternæ memoriæ Henrici III.
Galliæ & Pologniæ Regis.

Adsta Viator & dole Regum vicẽ,
Cor regis isto conditum est sub marmore,
Qui iura Gallis, iura Sarmata dedit,
Tectus cucullo hunc sustulit Sicarius,
Abi Viator, & dole regum vicem,
quod ei optaueris tibi veniat.

C. Benoise Scriba regius & Magister rationum, domino suo beneficentissimo meritiss.

P. A. 1594.

Et au dessous dans vne autre table de marbre noir sont ces vers François.

Si tu n'as point le cœur de marbre cõposé,
Tu rendras cestuy cy de tes pleurs arrosé,
(Passant deuotieux) & maudiras la rage,
Dont l'enfer anima le barbare courage,
Du meurtrier insensé qui plongea sans effroy
Son paricide bras dãs le sang de son Roy
Quand ces vers t'apprendront que dans du plomp enclose,
La cendre de son cœur soubs ce tombeau repose:
Car comment pourrois tu ramenteuoir sans pleurs (heur
Ce lamentable coup source de nos mal-
Qui fit que le ciel mesme en sanglan-tant ses larmes
Maudit l'impieté de nos ciuilles ar-

mes
Helas il est bien tygre, ou tient bien du
    rocher
Qui d'vn coup si cruel ne se sent point
    toucher:
Mais ne r'entamons point ceste inhu-
    maine playe
Puis que la France mesme en souspi-
    rant essaye.
D'en lascher la douleur, & en feindre
    l'oubly
Ains d'vn cœur gemissant & de larmes
    r'emply
Contentons nous de dire au milieu de
    nos plaintes
Que cent rares vertus icy gisent estein-
    tes:
Et que si tous les morts se trouuoient in-
    humez
Dans les lieux qu'en viuant ils ont le
    plus aymez,
Le cœur que ceste tombe en son giron
    enserre   (terre
Reposeroit au ciel, & non point en la

Aussi vn des excellents Poëtes de ce temps, luy à faict ce tombeau qui se voit à Compiegne, ville de Picardie, ou son corps est inhumé.

Puis que l'ingrate France, vn tombeau te refuse
On n'en peut esleuer qui soit digne de toy,
Appollon t'en dresse vn par les mains de ma Muse
Tesmoignant son amour, ton merite, & ma foy.
C'est bien de ta grandeur vne eternelle marque
Qu'on ait peu de bastir de sepulchre assez beau:
Ce Royaume est petit pour vn si grand Monarque,
L'vniuers à voulu luy seruir de tombeau.
De nuict le ciel est plain de lumieres funebres,

Pour esclairer le corps, dont l'esprit est
 aux cieux.
Et de iour le Soleil redorant ces tene-
 bres
Sert de lāpe allumée à ce Roy glorieux.
 La vine Renommee ayant pris sa
 naissance
Des actes nompareils, de ce Roy non
 pareil
Va bruire en voix d'airain, au monde
 que la France,
Sa loüange enterrant luy refuse vn cer-
 cueil.
 Aussi le grand Phœbus, & les Mu-
 ses pucelles
Nommant la France ingratte, & les
 François ingrats
Luy dressent ce tombeau de leurs mains
 immortelles,
Tombeau qui le faict viure en despit du
 trespas.
 Cy gist le corps sacré du plus grand
 Roy du monde,
Ou plustost icy gist la liberalité

L'honneur, la Maiesté, la grace, la faconde,
Le chef d'œuure accomply de la Diuinité.

Autant qu'il y eut destonnemēt de tristesse & de lamētatiōs en l'armee Royalle, pour la mort du Roy autant veit on d'asseurāce, de ioye & de contenance alaigre es Ligueurs, sur tout dedans Paris, ou les festins, mascarades, passetemps furent dressez, ou le Roy fut couuert de toutes sortes de maledictions & imprecations horribles. L'effigie du moine assasin, fut prōptement faicte en bosse & platte peinture. On en garnissoit les maisons. Il fut tenu pour canonisé, & inuocqué des imperstitieux, cōme nouueau Martir. Tout ceux qu'on peut recognoistre luy appartenir de parenté furent enrichis d'aumosnes & contrabutiōs publiques

Au contraire il fut detesté de ceux qui reueroient la dignité Royalle, & en l'Anagramme de son nom, *Frere Iacques Clement*, furent trouuez ces mots, *C'est l'Enfer qui m'a creé*: Aussi sēbla il qu'apres le coup les furies fussent sorties d'Enfer, pour renuerser, sans dessus dessous toute la France Ce Prince fut blasmé d'aucuns, de n'auoir que trop tard sceu discerner ses amys d'auec ses ennemis, d'auoir esté nonchallant, & par ce moyen enhardy ses ennemis, pres & loing, dedans & dehors le Royaume, à beaucoup remuer. Quoy q̃ ce soit, encores qu'aucuns ayēt pensé qu'il fut tant adonné à ses plaisirs, qu'ils ayent aueuglé au gouuernement politique de son Estat, il craignoit Dieu, & n'auoit autre volonté que d'auancer la religion Catholique, reformer les abus & mal-versatiõs de ses officiers, en toutes les charges de son Royaume aymoit les lettres, & aduançoit les gens d'esprit, certes ce Roy estoit vn des meilleurs Princes de son temps, & ie suis esmerueillé comme il y a des hommes si miserables, qui blasmēt la vertu, & louent le vice. Quant à moy ie blasme le vice & louë la vertu, & tout ce que i'escris, ie l'escris auec verité, & sans passion. Ce siecle à bien retranché de la franchise & liberté d'escrire, qui reluit en nos anciēs Croniqueurs, Froissard, Montrelet, de Comines, si est-ce que ie ne me veux point tāt laisser aller à la flatterie, ny a la crainte, vrayes pestes de l'histoire, & gehēne des esprits, que ie ne rēde le reste des histoires de ce liure, (aussi bien que les precedentes) simples & de bonne foy. Ie confesse qu'aux endroits, qui deux mesmes sont vituperables, i'y mesle quelque chose du mien pour les blasmer

blasmer, comme ie n'espargne riē pour louër la vertu, & ou la valeur est recogneuë, mais aux choses qui sont entre deux, ie suis contrainct suspendre mon iugement, plutost que de m'infrasquer entre tant de refreins & de destours : car il est malaisé que tout n'aille de biais, si la passion penche plus d'vn costé que d'autre. Mon cadran est la verité, Platon est mon amy, aussi est bien Socrates : mais i'ayme plus la verité, pour conclusion ie dy que ceux là sont vituperables, qui blasment les actions de Henry troisiesme, car si ses meurs eussent esté blasmables, les Polonois ne luy eussēt envoyé leurs Ambassadeurs, (lors qu'il assiegeoit la Rochelle) luy offrir la couronne de Pologne, & l'inuiter à la possession d'vn grād Royaume, riche & puissant. Grād parce que son estenduë contient deux fois plus que la France. Ri-
K k

che pour l'abondance de tout ce qui est necessaire à la vie, renommé en armes & cheuaux : Puissant pour la splendeur de la noblesse, vaillante & guerriere, y ayant plus de Gentils-hommes en ce Royaume, qu'il ny en a en France, en Angleterre, & en Espagne. Le Roy Sigismõd laissa à sa mort cinq mille cheuaux en son escurie, ce que Henry trouua, lors qu'il fut paruenu en Pologne.

DE CHARLES DE GONzagues, & de Cleues, Duc de Neuers.

CHarles de Gonzagues & de Cleues Duc de Neuers, Prince doué de toutes les qualitez cóuenables & requises à vn grand Capitaine, voyant la France en paix de toutes parts, le seruice du Roy, & le repos de ses subjets bien estably, particulierement en la Prouince de Champagne, ou il commande : pour ne tomber en loisiueté des armes ennemies des grands courages, ains rechercher de la gloire digne du sié, & de son aage, se propose auec la permissiõ de Henry quatriesme, pour lors regnant, partist de Paris pour se trouuer en l'an 1602. en l'armee Chrestienne, & pour en gaigner la saison, qui n'estoit lors assez aduancee, se resolut d'aller enrichir ses yeux, & son esprit de la veuë des païs estranges du costé du Septemtrion, pour les adiouster à l'Italie, & à ceux qu'il auoit desia veus, assisté d'vn bon nombre de Gentils-hommes, commança par le siege d'Ostende, signalé comme chacun sçait, de perte d'hõmes, & de longueur de temps, de fortifications, & de plusieurs exploicts de guerres de part & d'autre, d'où (apres auoir esté bien receu des Alteſſes de l'Archiduc, & de l'Infante à Nieuport) va viſiter les villes de leur obeyſſance, qui luy reſtoient à voir en tout leur Eſtat. Reuenu à Calais, paſſe en Angleterre, non moins attiré de la grande reputation de la Royne qui y regnoit, que de celle de Londres, & des belles choſes qui y ſont. Là ceſte Sereniſſime Royne ne laiſſa rien par l'eſpace de quinze iours à luy faire voir de plus remarquable, & faire recognoiſtre que ſes ſingulieres vertus faiſoient dés long temps balancer eſgallemēt le bon heur de paix, & l'amour de ſes ſujets auec la grandeur de ſon nom, & la puiſſance de ſon Royaume. Apres auoir pris congé d'elle, qui baptiſa ceſte diſcrette troupe du nom de Caualiers, vient dans l'vn de ſes grands Nauires arriuer en Zelande, ou ayant veu Fleſſingue,

Mildelbourg, & le reste de l'Isle, passe en Holande, & trauersant à loisir les tres belles villes de ceste grande Prouince, dont les ports son herissez d'vn incroyable nombre de Nauires, visite à la haye l'excellence du Prince Maurice, le Comte Henry son frere, le Comte Eruest (qui luy allerent au deuant) le Comte de Holacq, & les plus signalez du pays, lesquels n'oublierent en toutes façons à luy rendre des tesmoignages de bon accueil, de courtoisie & d'honneur. Son Excellence luy fit voir le bel ordre du combat de sa compagnie de gēs de pied, practiquee par toute son armee, vn chariot allant à voilles, & autres singularitez: y visite aussi l'Amirante d'Arragon prisonnier. De là vient à Leyden, & y recognoist le poëte Scaliger de nostre France, & apres les villes de Harlem, & d'Amsterdam (qui est maintenant l'abord du plus riche commerce de la Chrestienté) paruint à Vtrecq, ou emporté de preuoyance que son desir de se rendre en l'armee Chrestienne, ne fut interompu d'aucune difficulté, se deffaict de la charge de son train, & de plusieurs Gentils-hommes de sa suitte: faict ellection seulement de cinq ou six, dont la valeur & la compagnie luy estoit lors la plus agreable, ayant voulu rester pour ceste fois plus paré de sa qualité, & de la bonne fortune de son dessein, que d'aucune plus grande trouppe. Auec cela rebroussant vn peu pour voir la Northolande, ou il se trouue de grandes raretez; & entre autres, outre la diuersité de viure & d'habits des originaires du pays, l'ouurage d'vne femme marine prise & nourrie parmy eux. Vient à Grœninque, ville la plus forte de la Frise, & celebre du dernier siege qui la emportee. De là passant les principalles villes du costé de la mer, comme Bresmes, Hambourg, & Lubecq, trouve vn vent à propos pour aller en Dannemarc, s'embarque & aborde à Copehague, ou le Roy tres courtois, apres luy auoir faict voir mere, femme, freres, & sœur, donné toute sorte d'honneste plaisir, & faict entrer dans ses superbes vaisseaux, qui luy maintiennent les tributs & autres de la mer Baltique, le laisse partir auec de tres-grandes offres de son amitié, auec vne escorte tres honnorable. En apres costoyant vn peu la Suede, vient en Pomeranie, d'ou il rabbat en Brandebourg, & y voit le Prince du lieu l'vn des Eslecteurs de l'Empire, continuë son chemin par le pays de Saxe, & s'arreste à Dresda, ou il reuisite à son aise, le grand & magnifique Arcenac d'armes & de canons de toutes façons, exquisement polis, qui sert d'admiration à tout le monde. De là vient à Prague, sejour de l'Empereur, duquel en peu de temps il gaigne l'honneur de la veuë, & de l'audience d'vne faueur inacoustumee, qui fut precedee des visites du Nunce du Pape, & des Ambassadeurs d'Espagne, de Venise, de Flandres, de Florence, de Mêtoüe, & des plus grands de la Cour dudict Empereur. Se delibere d'aller en Pologne, sollicité du souuenir du Roy Henry 3. Tellement que prenant son chemin par la belle ville de Breslau, vient à Cracouie, ou il est incontinent visité des Seigneurs Palatins du Royaume, & premierement du Nunce du Pape, de l'Euesque de ladicte ville, du Vice-Chancellier (le Chancellier estant employé en l'armee de Liuonie) du Pan Cracoski, que l'on dict posseder quatorze mille villages, & deux milles villes: mais sur tout y est bien receu du Roy, honnoré de ses présens, & d'autres grandes demonstrations de son amitié, auec lettres de sa Majesté au Roy Henry quatriesme, comme auoit fait aussi la Royne d'Angleterre, & le Roy de Dannemarq, ayant tous voulu luy tesmoigner leur contentement de ceste visite, tant pour les particuliers merites qu'ils ont recogneu en ce Prince, que pour n'auoir iamais veu personne (disoient-ils) qu'il leur parlast auec tant de suffisance & verité de l'heureuse grandeur de la France; cela faict, preuoyant que le temps desiré approchoit que l'armée Chrestienne se pourroit mettre sur pied, auquel but il auoit dressé tous les pas de ce voyage, vient à Vienne: mais sur son chemin passe par les maisons du Marquis de Miroue qui l'y auoit conuié, lequel ne ceda, ny en magnificences, ny en presens à toutes les bonnes cheres des Seigneurs Polonois. Arriué qu'il est a Vienne, bien venu de l'Archiduc Mathias, frere de l'Empereur, logé au logis du Duc de Mercœur, tous les iours visité des principaux Gentils-hõmes de son Altesse, & des premiers Capitaines de l'armee. Apres auoir faict quelques preparatifs de tentes, d'armes & d'equipage, & n'auoir oublié ceux qui se doiuent en telles occasions, à la santé de l'ame & du corps. Il partit sur la fin du moys d'Aoust pour si aller rendre, mais estant son courage piqué des nouuelles d'Albe Regale, lors assiegee par les ennemis, & prests de l'emporter, tire droict à Papa, croyant estre le chemin de l'armee qui se preparoit au secours : apres s'estre entretenu vn iour ou deux auec le sieur Nadoski Hongrois, qui auoit bien mis ensemble deux mille hommes de ces quartiers là, fut estonné de recognoistre aussi tost la perte de ladite ville, que la fuitte de plusieurs qui s'en estoient sauuez. Surquoy ne luy restant autre deliberatiõ que de se ioindre à l'armee, qui estoit lors aux enuirons de Rab, autrement appellé Iauarin, & de Camorre, il si rendit auec autant d'affection & de peril, passant assez proche des courses des ennemis, qui fut au commencement de Septembre. Il n'y fut pas plustost, que son genereux dessein, sa modestie, & les autres belles parties recognuës, luy donnent entree au cœur des principaux, & mesmes du sieur de Rousseuuorme, Mareschal general de Camp, duquel il fut tousiours appelé auec honneur en tous les Conseils qui se tenoient, & logeoit à main

K k vj

droicte pres de luy. Apres quelque séjour, ou il profitoit par la veuë du Camp, & des plus braues qui y estoient de toutes sortes de nations, impatient de s'employer, escoute volontiers vn aduis que les ennemis tenoient vn corps de garde de deux mille hommes a vne lieuë de l'assiette de leur armee, faict la partie pour y entreprendre soubs l'adueu dudit General, & partant le douziesme dudict moys, assisté du Comte de la Tour, & d'vn Capitaine Polonois, & de quelques trouppes, va à douze grandes lieuës de là, armé de toutes pieces, enleuer le corps de garde, l'ayant sceu attirer dans vne embuscade en vn boys, qui en estoit proche, auec tant d'heur, de iugement, & de valeur, qui l'eust le plaisir apres ceste deffaicte, de voir sa retraicte honnoree de la suitte de bien soixante mil cheuaux, qui n'oserent iamais entrer dans le boys. Retourné en l'armee, & recueilly selon son merite, ledict General deliberant de faire teste à celle des ennemis à Strigouia, que l'on disoit qu'ils vouloient attaquer. Fut aduerty des occasions qui les auoit faict separer, & aller les vns vers la Transsiluanie, pour fauoriser le Themisbar, contre George Baste (qui estoit pour l'Empereur) & les autres vers l'Escriuain, qui broüilloit autrement que par le papier, les affaires de leur grād Seigneur. Pour profiter les occasiōs, ledit General fit marcher toutes les troupes Chrestiennes, qui n'estoit pas gueres de plus de vingt mille hommes de pied, & cinq mil cheuaux, le premier iour d'Octobre 1602. droict à Bude, ville capitalle de la Hongrie: ou ayāt iugé en ses approches, par la contenance de ceux de dedans, & le mauuais ordre qu'ils auoit tenu en ce qui estoit sorty dehors, qu'il estoit facille d'entreprendre, fit donner si chaudement la nuict suiuāte à la basse ville, par eau & par terre, qu'elle fut incontinent emportee, & les Turcs resserez dans la haute ville. Deux iours apres il executa la mesme chose à Pest, qui est situee vis à vis de ladicte ville, de l'autre costé de la riuiere du Danube, ou il y eust vne grande perte & desolation pour les mescreans, auxquelles prises ou l'honneur combattoit auec le danger, ce Prince qui ne dormoit pas, ne se disant, ny ne se voulant montrer autre que soldat de Henry 4. esleué aupres de luy, eust l'ambitiō d'estre des premiers, & mesmes entre les mousquetaires du sieur de Tilly, auec lesquels il essaya le premier hazard, & asseura son logement. L'armee des infidelles aduertie des exploicts de l'armée Chrestienne, & en craignant pour eux vn pire succez, retourne du costé de la Transsiluanie en toute diligence, quittant là tous ses desseins, tellement que les moyens de la batterie de la haute ville n'estoient pas biē recogneus, qu'ils paroissent de l'autre costé de la riuiere. Le General Rousseuuorme, comme surpris de cest inopiné retour, duquel il auoit mesprisé la creance de deux Renegats Chrestiens qui furent empalez, s'auisant lors du besoing qu'il y auoit de fortifier la teste du pont, qui trauersoit vers eux, & donner ordre à Pest qui s'alloit perdre, & retirer les bouches in vtilles auec quelque bagage. A quoy ce Prince l'ayant accompagné, voicy sur leur retraitte vn grand obstacle qui se presente. Ce General pour la fauoriser, auoit faict ietter le Colaich, commandant à vn regiment de Cauallerie, au deuant de la venuë des ennemis, auec trois mille cheuaux pour les entretenir cependant en escarmouches : ce qu'il fit assez long temps, mais les voyant croistre & fondre sur luy auec vn nombre trop in-esgal, iugeât qu'il s'en alloit estre enueloppé, se retire, bride en main toutefois, & visage deuant eux, d'vne façon si habille & asseuree, que les pas du reculement commençans par les derniers, les ennemis furent estónez qu'ils le virét de la l'entree du pont, duquel Colnich ayant saisi la place, & ledict General retournant de Pest, pensant que ce fut encore luy & les siens, comme il estoit desia assez proche de ses troupes, recogneust à coup que c'estoient des ennemis (les Hongres & eux ne differant pas beaucoup d'habit & de façon de combat.) Ce Prince trouuant son courage animé de la necessité de passer, s'aduance l'espee à la main & dône dedans si hardiment, n'estant pas suiuy de quarente cuirasses, qu'il se fit voye parmy eux, renuersant tout ce qui resistoit deuant luy. Mais qui pl° est, retourne à la charge, pens.nt desgager le Comte Martinaugue, qui neantmoins combatant vaillamment, & n'ayāt eu loisir de s'armer, fut tué pres de luy. Ceste atteinte sur les plus courageux des ennemis auec son ardente inclination à la guerre, fut cause que de là en auant à toutes heures, tant de iour que de nuict, il se desroboit le repas & le dormir, pour courrir au bruict de la premiere harquebuzade, & assister à tous les combats qui se rendoient, tantost du costé de Pest, tātost vers l'armee des ennemis, & tantost vers la haute ville, selon que les occurences les appelloenit, &

lors pendant qu’elles luy donnoient trefue. Il s’employoit à recognoistre les batteries de l’armee Chrestienne, & celle des ennemis, qui se heurtoient les vnes contre les autres, en diuers endroicts, assister au Conseil & voir ce qu’il se faisoit au Camp. De sorte qu’il estoit en continuel exercice, & pour en restraindre les particularitez dãs la briefueté, ie diray qu’en toutes les occasions qui se passoiēt, il s’en est meslé deuant tous & signalé d’vn extreme courage, ny ayant presque iour qui ne luy aquist quelque nouueau merite. Mais au bout de tout cela vn accident luy suruint, accident disie qui le combla de gloire qui couronna ses actions en ceste armee, & par tout l’vniuers. Ledit General prudent & valeureux, considerant que la saison pourroit bien tost deuenir mauuaise, & que les incommoditez & les pertes, pourroiēt d'aduantage affoiblir de ce qui luy restoit de gens de combat. Se resolut de faire vne furieuse batterie à ceste haute ville à la barbe des ennemis. La bresche faite mais fort peu raisonnable, restant encores fauorise d'espaules & de petits retrenchemens il ne laisse de donner ce mot le 22. dudict mois d'Octobre, pour l'assaut General. Duquel le Prince desireux y auoit lōg temps plus que du salut de sa vie, n'ayant peu estre diuerty d'y aller, y marche asseurement pensant par son exemple rehausser le courage aux vns qui en demordoient par le peril, & y amener les autres. Le chemin pour y aller estoit tout glissāt de coups qui se tiroient, & descouuert, on y tomboit assez dru, rien neantmoins ne l'estonnoit, il trauersoit de mesme pas le nombre des morts que celuy des blessez &

des fuyats. Mais comme il approchoit de la bresche, voicy ceste fortune de guerre, clairvoiante aux courages, & aueugles aux qualitez, qui luy enuoye vne grãde harquebuzade tiree parmy vne extreme quantité d'vne des espaules de ladicte breche, & l'atteint iustement au costé gauche, penetrãt dans le Thoras pres du cœur & du poulmon. Mais si diuinement cõduicte que ne luy rompant ny offenceant aucune partie noble, luy laisse pour iamais autant de gloire, que de miracle de sa conseruation. La balle venuë du haut en bas percea le hausse col, & demeurant dãs le corps à vn demy doigt pres de la sortie, il luy fallut faire vne incission au derriere du dos pour la luy oster, respondant plus bas que vis à vis de l'entree, mais il la supporta, & tout le reste qui luy a esté fait depuis, sans esmotion quelconque ce qui ne causoit pas peu d'admiration aux Altesses dudit Archiduc, & de Ferdinand (qui estoit puis naguieres venu de Grats en l'armee lesquels auec ledit sieur du Rousseuuorme prenoient la peine de le visiter en sa tente. Sur sa chaleur de combattre, il n'auoit point comme senty ce coup, & bien que l'on luy dict qu'il estoit blessé, & veit son sang, vouloit neantmoins opiniastrer de passer outre, disant qu'il luy en restoit encore assez pour la cause de celuy qui n'auoit le premier espargné le sien pour nous. C'est la verité aussi, que ceste incision se faisant, & endurant les violentes douleurs de son premier appareil, cōme il entēdoit encore la gresle des harquebuzades de l'assaut, qui dura trois heures, & acheua la vie de pl^9 de deux mil cinq cens Chrestiens, enuoya dire audit general lequel en estoit en peine, qu'il ne sentoit point tant de mal de sa blessure comme il receuoit de desplaisir de ne pouuoir assister ceux qui combatoient: deffendant apres aux siens de ne luy parler plus en aucune façõ du succez de l'armee, afin que tournant bien ou mal son regret ne fut tousiours de ny pouuoir plus estre. Voila l'accident qui arriua à ce grand Prince qui c'estoit porté cõme soldat de Henry 4. la merueille des Roys, & le Roy des merueilles,) à bon droict tel auoué de luy (comme avant l'honneur d'auoir esté son nepueu) de tenir mesmes de son sang qui n'enfante que de la valeur. Mais il n'appartient qu'aux grands perils à faire le prix des grandes gloires : Prince heureux en tant de façons qu'il ne se peut exprimer. Vn certain personnage de ses subiects feit ce sonnet sur son voyage.

Mon Prince te voyant par pays voyager
Estre comblé d'honneurs, de prodigues
carresses
Ce sont bien des tesmoings de renom
que tu laisses
Mais foible estant acquis auec peu de
danger.
La ou quant ie te voy d'vn cœur plus
haut changer
Ces venes en combats, ces honneurs en
prouesses
Ton renom receuant de plus dignes a-
dresses,
Volle par les perils trop plus fort & leger
Le premier se peut rendre a qui te seroit moindre,
Et en tes premiers pas l'on te pourroit
atteindre,
Aussi l'enuie d'aucuns estoit de si porter.
Mais si tost qu'ils ont sceu en ta fai-

son non meure
Ia ton courage orné, d'vne telle blef-
sure
Alors ces derniers pas l'ont du tout fait
quitter.

L'accident de ce grand Prince ne se doit point appeller tragique, ains accident naturel aux cœurs genereux, aux enfans de Mars, & aux vertueux. Et c'est vn acte de vertu & magnanimité: car comme dict le Poëte Grec Euripide.

Le meilleur est qu'vn chef d'ost pour
sa gloire,
Ayant vaincu suruiue sa victoire,
Ou bien s'il est mort en terre abatu,
Qu'il meure au moins en homme de
vertu,
Et ceste fin est dicte vertueuse,
Nous ne deuons l'appeller mal-heureu-
se.

Et la

Et la cause pourquoy les accidēs Martiaux, ne sont point tragiques comme les autres, est que la Fortune le plus souuent se dolente à offencer les gēs vertueux, ou bien c'est à cause qu'il n'y a rien tant necessaire à l'homme iuste, que d'auoir l'honneur d'estre esprouué, par miseres & inquietudes, qui le rend plus parfaict: comme est purifié l'or par l'ardente braize. Mais comme tant de Tyrans dont i'ay traitté, ceux là comme leur vie estoit estrange, vouloient aussi que leur mort le fust. A la verité il y a eu tant de bons & iustes Roys qui ont esté massacrez, & empoisonnez: & biē c'est le revers de la Fortune, ceux là iustes desiroient, que comme leur vie auoit esté equitable, que leur mort le fut aussi Mais quoy il faut ceder à la force: car si le nocher perit en mer, apres auoir de tout son pouuoir combattu l'orage, & fait resistance aux flots, on ne peut l'accuser ou de negligence ou de cruauté contre luy mesme. Et si nous n'estions forcez de suiure autre chose que nostre desir nous ne serions iamais miserables: car il n'est pas à croire que nous fussions ennemis de nous mesmes, ny contraire à nostre volonté. Aussi c'est bien malgré nous que les maladies nous arriuent, toutesfois il faut les receuoir. Bref les mortels ne se peuueent exempter des accidents, non plus que le Nocher son Nauire de chocquer contre vn roch, lors qu'il y est furieusement poussé des vents & des vagues.

DV MARESCHAL DE Biron.

L'An mil six cens deux, le dernier iour de Iuillet, le Mareschal de Biron, fut executé en la cour de la Bastille, par sentence de Iustice, pour auoir esté conuaincu & atteint de certaine coniuration en la personne du Roy Henry IIII. Son corps fut inhumé la nuict suiuante dans l'Eglise sainct Paul. Sur la mort dudict Duc de Biron, vn certain personnage feit ces Stances funebres:

Biron auoit acquis trois fois dix & deux playes
Au seruice d'Henry nostre Hercules François
Nourry par fins trop fins d'ambitions trop vrayes
Veut combler son pays de Casques & de harnois.

Les promises grandeurs, l'or venu de Castille,
Et l'hymen entrepris faisant breche à sa foy, (le,
Ont sa gloire sapé puis dans vne Bastil-

Faict victimer son chef pour satisfaire
  au Roy.
 Il ne pouuoit sortir de nos yeux que
  des larmes.
Puis que sa vie estoit de la France la
  mort,
Et que pour esquiuer les efforts de ses
  armes,
Il falloit que sur nous tombast le mesme
  sort.
 Ses valeureux exploits & signalez
  seruices,
Ont faict mille lauriers sur son front esleuer,
Ses factieux desseins, & les vains artifices,
Ont causé son trespas sans le pouuoir sauuer.

Epitaphe dudict Duc de Biron.

Biron repose icy qui fut l'honneur des
  armes,   (deffait
Ne t'informe passant, quel destin l'a

Mais ...*tāt par pitié des soupirs & des larmes,*
Dict que dessus la terre il n'est rien de parfaict.

AVTRE.

Cy gist ce grand Biron, dont l'extreme vaillance,
De nos fiers ennemis a surmonté l'effort,
Ie te dirois passant la cause de sa mort,
Mais l'honneur des François m'ordonne le silence.

Toutes ces especes de morts, par lesquelles tant d'hommes Illustres ont terminé leur vie, sont estranges, & dignes d'estre exactement considerees à ceux qui ont quelque apprehension des iugemens de Dieu, & specialement à ceux qui ensanglantent la terre, & qui suscitent tant de tragedies par le monde, attendu qu'autant leur en pend à l'œil: car comme disoit ce genereux Empereur Marc-Aurelle, qu'elle infortune apres si bonne fortune? qu'elle ignomie apres si grande gloire? Asseurez-vous (disoit-il) que moy estant eux, j'eusse mieux aymé ma vie estre moins glorieuse, & que ma mort eut esté honnorable, car mauuaise mort, met en grand doubte la bonne vie, & la bonne mort excuse la mauuaise vie.

DE HENRY LE GRAND,
Roy de France & de Nauarre.

TOut ce que les enfers ont d'horreur, & tout ce que les Poëtes ont attribué de rage aux furies, animoit ce maudit François Rauaillac, les enfers luy ont donné naissance, peruers digne de to' les supplices & de toutes les gehenes, qui se peuuent imaginer ceste debonnaire clemence, qui reluisoit sur l'Auguste face de loingt du Seigneur, n'a elle sçeu adoucir ta ferocité? Ceste debonnaire & inefable clemêce, qui auoit faict tomber tant de fois le fer des mains des ennemis, qui luy auoiët esté quelquefois rebelles, n'a-elle peu faire tomber le cousteau homicide de ta main meurdriere, n'a-elle peu engourdir ce bras qui la poussé aux resolutiós de perpetrer vn si maudit, meschant, & abominable attentat. Auois tu retenu & faict tó profit du pernicieux souhaict, que faisoit iadis ce detestable Misantrope, qui desiroit que tout le móde n'eust qu'vne teste, afin qu'en l'abatant tout finit? mais tes attentes ont esté frustrees par la preuoyance diuine, qui pour le bien & seureté de son peuple François, à faict naistre & esclore du tige du sacré lys Royal, des fleurons qui poussent & s'esleuent pour en perpetuer la tige à iamais. Tu as assasiné le pere, mais graces à Dieu son fils nous est demeuré pour se mettre en sa place. Or afin que ceux qui viendront apres nous, sçachēt nostre mal heureux esclandre, ie diray que le vendredy 14. iour de May, le lendemain du sacre & couronnemēt de la Royne, qui auoit esté faict à S. Denis en France solemnellemt, le Roy Henry IIII. du nom Roy de France & de Nauarre, voulut sur les trois heures & demye apres midy aller à l'Arsenal, pour faire ceste pourmenade se mit en son carosse accompagné de quelque Noblesse de la Cour, n'ayant voulu ce debonnaire Prince, qui se confioit en l'amour de son peuple) qu'aucuns archers, ny Exempts des gardes de son corps le suiuissent, vn meschāt & perfide assassin, nommé Frāçois Rauaillac, natif d'Angoulesme, qui dés long temps auoit conspiré côtre sa Majesté, voyant sa departie le suiuit, pour executer son abominable projet, l'embaras de quelques charettes qui venoient au rencontre de ce carosse (ou estoit le Roy) luy meit la facillité en main de faire reüssir sa mauuaise volonté: car voyant le carosse aresté en la ruë de la Ferronnerie proche de sainct Innocent, il se ietta sur sa Majesté, ayant vn long cousteau en la main qui trenchoit des deux costez, & le blessa au costé gauche de deux coups, lors que ce bon Prince parloit à vn des Seigneurs, qui estoiēt en son carosse. Le premier coup effleura seulement la peau, & ne penetra pas auant, le second fut mortel, & perça la veine interieure vers l'oreille du cœur,& paruint iusques à la veine caue, qui s'est

Ll vv

trouuee interessee, ou la pointe du cousteau aboutit, qui auoit fait son funeste passage entre la cinq & sixiesme coste. Ces deux coups furent prompts, & plustost receus que veus: le meurtrier fut saisi & apprehendé, on rebroussa chemin droict au Louure, ou le Roy fut porté, qui pour la grande abondãce de sang qu'il auoit ietté par la bouche, perdit la parole & la vie, montrans neantmoins en ceste mortelle agonie, qu'il pensoit en Dieu, car il leua la veuë au Ciel en ioignant ses debilles mains, comme s'il eust voulu appeller Dieu à son ayde. La piteuse nouuelle de ce triste accident, se respandit par tout Paris, ou l'on veit les habitans fondre en larmes & en pleurs, & se condouloir tant amerement, que s'ils eussent peu rauiuer leur Prince, par les hecatombes de leurs vies propres, ils les luy eussent volontairement toutes offertes Pendant ce dueil extreme, les Princes, Seigneurs, & Gentils-hommes allerent en diligence au Louure, protester au Roy & à la Reyne de leur foy, & de leurs armes, les Gouuerneurs des Prouinces apres le serment de fidelité presté à leur Majesté, se retirerent en diligence en leurs gouuernement pour preuoir à tout. Le Magistrat, & nomement celuy qui a esgard à la Police, se trāsporta aux carrefours & places publiques de la ville, ou il fit crier viue le Roy, acoisant par sa prudence extreme l'esmotion populaire, qui ne promettoit rien moins que du tumulte, & du desordre, & est chose fort esmerueillable qu'en si soudaine desconuenuë vn si grand peuple que celuy de Paris, se soit retenu dedans les limites de la patiéce, hormis quelques vns d'entre eux, qui arreste rent & prindrent aucuns qui vouloient sortir hors de Paris, presumants qu'ils estoient coulpables & cõplices de ce paricide meurtrier, pour autant qu'ils les voyoit fuyr, pour obuier aux seditiõs qui pourroient arriuer, il fut enjoinct aux Dixainiers de la ville, de faire tenir les armes prestes aux Bourgeois, qui toute la nuict se tindrent sur leurs gardes, mais il n'arriua aucune occasion pour remuer les mains. Le Samedy ensuiuãt quinziesme iour de May, par l'aduis du Conseil, le Roy Louys XIII. de ce nom, apresant regnant, vestu de violet (qui est le dueil que porte ordinairement les Roys de Frãce) s'achemina aux Augustins, ou Messieurs de la Cour de Parlement auoient transferé leur siege, pour donner place aux ceremonies & magnificences qui se deuoiẽt faire à l'entree de la Royne au Palais, ou seant en son lict de Iustice, il fut proclamé Roy en la presence de la Royne sa mere, qui fut assise à son costé, couuerte d'vn crespe noir, accompagnee de quatre Cardinaux, de quatre Pairs de France Ecclesiastiques, de plusieurs Euesques & Prelats, comme aussi de quelques Princes du sang, & d'autres Princes qui se rencontrerent en Cour Monseigneur le Conestable y assista auec plusieurs Ducs, Pairs seculiers, Mareschaux de France, Officiers de la Couronne, & Gouuerneurs des Prouinces. Les portes furent ouuertes à l'affluence du peuple, qui veit son nouueau Roy seant en gloire, au throsne de son pere, Dieu luy face assistance par tout, & le preserue des assassins, en bonne vnion & concorde des Princes de son sang, des Seigneurs & Officiers de sa Couronne, afin que la diuision ne

regne plus parmy nous, au contē-
tement de ceux qui portent enuie
au lustre & à la splendeur de la Frāce, & qui esperent s'enrichir de sa
despoüille, si elle pouuoit estre diuisee.

Epitaphe de Henry IIII. Roy de France & de Nauarre.

En ceste urne est close la cendre,
D'Henry la merueille des Roys
A qui l'Europe & les François,
Ne peuuent assez d'honneur rendre.

AVTRE.

Henry des Cesars l'outrepasse.
A qui Alexandre eust cedé,
Par l'attentat & par l'audace,
D'vn assassin est decedé:
Mais malgré la disconuenuë,
Qui n'esteint ses faicts triomphans,

Combien qu'il soit dessus la nuë,
Il renaist en tous ses enfans.

DV CHEVALLIER DE
Guise.

LE chevalier de Guise, frere du Duc de Guise viuant auiourd'huy, fut fils de cet inuincible Cesar, qui fit paroistre les effects de sa valeur à Auneau & Vimory. Ce Prince Phenix de son temps, estoit issu de Godefroy de Buillon Duc de Lorraine, qui restant vaincœur des terres Idumees, fut crée Roy de Hierusalem. Il fut autāt remply de vertu que de valeur, laquelle il feit paroistre, lors que poussé d'vn vif ressentiment il fit passer au fil de sa iuste cholere, le Baron de Lux qui s'estoit vanté, d'auoir peu empescher la mort de son pere, qui fut tué aux Estats à Blois. Et le fils du susdict Baron de Lux, estant en l'auril de son aage, & entendant les nouuelles veritables de la mort de son pere, se resolut de demander le combat, ce qu'il accepta, & veit passer au trauers de ses flancs l'espee qui auoit esté teinte au sang de son pere. Ce que ie diray en passant parce que ce cōbat, vint à vne eternelle memoire. Le ieune Baron de Lux sçachant la mort de son pere, s'acointe d'vn des braues Gentils homme de ce siecle, aduerty de sa valeur, & de l'amitié qu'il auoit porté à feu son pere, le retient pour second, luy enuoye porter vn Cartel de guerre à l'hostel de Guise. Arriué qu'il fut, mōte en haut, trouue le Cheualier de Guise en son lict, luy presente le Cartel, lequel ce Prince receut, & gousta ses paroles, mieux que Iupiter ne gouste les mets que luy sert son Ganimede. Et pour luy respondre sur ce, sa valeur ne fut longuement à consulter auec sa qualité de Prince, ains asseure le gentil homme qui luy auoit apporté le Cartel du combat, se faict habiller mesmement par iceluy. Ainsi donc ce Soleil des guerriers, sort de son lict, & s'esleue sur les aisles de son courage, montrant vne grande magnanimité, de se faire habiller par celuy qui l'inuitoit aux funerailles de son maistre. Sans delay il monte à cheual, il suit le confident de son ennemy. Bat aux champs sans se donner de garde, & se met au hazard, soubs la foy d'vn incogneu, partant par vn heur, il ne trouua en son chemin aucune embusche qui l'assaillit, & le Cauallier qui le menoit, le consigna sans fraude ne malice du lict dans le champ de bataille. Soudain ces deux ornemens de l'histoire, separez se mettent tout nuds, ayans vn grand courage, qui sembloit conjurer leur perte, & qui promettoit à voir les mettre tous deux au tombeau. Le Cheualier de Guise quitte son vestement, pour l'enrichir d'vne clarté non coustumiere: au contraire le Baron de Lux, se despoüille pour ne se reuestir iamais, sinon d'vn linceul, & d'vne biere, & pensant trouuer allegement de ses maux, conjuroit le destin, mesprisoit la mort, armant son desir de vengeance. Se voyans donc chacun d'eux de loing, ils s'esbranlēt au pas l'espee en la main, se rencontrent en teste, & leurs cheuaux vont comme des tourbillons de vent, leurs bras sont des foudres & tempestes, bref, ils se chargent, se virent, esquiuent, donnent, & parēt, & ie croy que sans leur adresse militaire leurs coups eussent esté des trespas. Le Baron de Lux eust l'heur de donner au Cheualier de Guise la premiere atteinte, qui luy fit voir son sang, qui luy creut le courage tellement, qu'au second retour, il choisit, entame, & perce le Baron de Lux deuant & derriere. Ces playes n'estoient que des fleurons, des roses, qui resueilloit leur courage, & de plus par le moyen de ceste huille vermeille, leur combat est ardent, la charge se rend plus forte, leurs cheuaux se rapprochans s'accrochent l'vn l'autre, ainsi que des vaisseaux maritimes, qui s'accrochants ne se quittent iamais, que l'vn n'ayt eu l'aduantage sur l'autre. Leur cháp estoit tout empourpré du sang qui descouloit de leur corps, ressemblant vn grand bassin, ou pour fontaines l'on a planté deux corps d'iuoire, l'obscur bandeau d'Hecaté commençoit à paroistre, & tous deux se voyoient plus pres de la mort que de la victoire, quant le Chevalier de Guise, irrité que son bras n'avoit l'heur ny la force, d'abattre à ses pieds cest ardent rival de vertu, mais son innesgal de naissance, parquoy redoublât l'ardeur de son courage, & renforçât son bras nerueux de despit, & de honte luy porte vn si grand coup, qu'il demeura vainqueur de son corps, sans auoir vaincu son courage. ce coup dis-je, qui eust espuisé les plus grandes forces du monde, bouleuersa le Baron de Lux de dessus son cheual, faisant comme vn puissant aquillon, qui ialoux d'vn pin qui se roidit contre son impetuosité, en fin le renuerse & l'esclate. Ce Prince eust esté tres-aise s'il eust seulement osté au Baron de Lux la resistance, & non la vie, voyant qu'il s'estoit de luy mesme perdu, pour auoir eu trop de courage. encore par vn excez de pieté, il print soing du salut de sõ ame. Iamais les Grecs & les Romains, & toutes les nations de l'Vniuers, ne nous ont laissé vn faict si notable, que celuy cy, qui sera memorable a toute la posterité: hé qui n'eust esté en admiratiō, voyāt le vainqueur auoir les yeux collez sur le vaincu, se laisser abbatre de douleur, auoir les esprits desolez, faire des plaintes & lamētations. qu'il sembloit que le mort blessast le vif, & par la pitié le combattre. Mars Dieu des batailes, ne veit iamais ses autels fumer de tels sacrifices, comme il le fit paroistre: car trauersant les cieux, il vint enserrer en deux vases d'or, du Cheuallier de Guise, & du Baron du Lux, tout le sāg iusques aux moindres gouttes. Et la renōmee aussi qui vouloit rendre ce combat memorable, despescha les bruicts, (courriers des accidens) par tout l'Vniuers, publiāt au quatre coins du monde la valeur du Chevalier de Guyse, qui fut en cinq endroits de son corps blessé. Sur la mort du ieune Baron de Lux, il y eust vn certain qui fit ce Sonnet.

De Lux vint au combat en l'Auril de son aage,
Voulant venger son pere, ou finir sa douleur,
La force luy faillit, & nõ pas le courage,
Estimant son dessein, & non pas son malheur.
Il entre dans le champ tout transporté de rage, (son cœur,
Ne mettant qu'vn espee au deuant de
Lors qu'vn plus rude brus se fit faire passage,
Du fils comme du pere estãt resté vainqueur.
Le pere vn des premiers entre nos vieux gensdarmes, (mes,
Au mileu de Paris auec pareilles ar-
En vn combat à pied sentit le mesme effort.

*Mais le fils qui croyoit euiter ce desa-
stre,
En changeant de combat faire changer
son astre,
Combatit à cheual pour mieux courre à
la mort.*

Le Cheuallier de Guise blessé en cinq endroits, (comme i'ay dict) se feit soigneusement penser, & guerit. Puis quelque annee apres, estant à Marseille, au gouuernement de Monsieur le Duc de Guise, son frere seiournant la, & voulant tirer quelque arme a feu, la poudre n'eust pas si tost pris feu, que le canon se creue, qui enuoya fortuittement reposer cet inuincible Prince au sepulchre de ces ancestres. La mort de ce Prince fut sceuë par toutes les parties du monde. mesme vn mien amy, qui estoit pour lors aux indes, es Isles qui appartiennent au Roy de France, m'a atesté que trois iours apres sa mort, elle fut sceuë aux Indes, & q̃ les sauuages qui auoient ouy parler de luy sembloient auoir vn extreme dueil de sa mort. Mort certes regretable: car le Turc le croyoit destiné pour renouueller ses orages, bref son nom seulement estoit l'effroy de ces Mohometistes Titans. Son nom ayant vne mesme vertu, que la peau de la cheure Amalthee, qui dõnoit terreur à la troupe Gigantine. Il estoit vn des plus beaux Princes de son aage, ayant vn visage d'amour, & vn cœur de Mars, & ie croy (tant il estoit beau) que les beautez l'eussêt pris pour vn amour, s'il eut esté aueugle & volage. Et les soldats (si nous eussions esté au temps iadis) luy eussent sacrifié comme à vn vray Dieu Mars.

FIN

TABLE.

TABLE DES NOMS
& qualitez des Hommes-Illustres, & autres personnes signalées contenus en ce Liure.

A

Bel second fils d'Adã fol. 11.
Adonisedec Roy de Hierusalem. 16.
Amon fils de Dauid. 22.
Absalom fils de Dauid, 25.
Architopel Cõseiller de Dauid, 24.
Achab Roy d'Israël, 26.
Amasias Roy de Iuda. 28.
Amon Roy de Iuda, 33.
Athalie Royne de Iuda, 33.
André Roy de Prouence, 43.
Astiages Roy des Medes, 43.

TABLE.

Abimelec fils de Gedeon, 51.
Adrastes Roy d'Arges, 71.
Agamenon Roy de Micenes, 71.
Aristodem Roy des Messeniens, 82.
Aristides Capitaine Athenien, 95.
Aristote Philosophe, 96. 97.
Alexandre le Grand Roy de Macedoine, 796.
Agesilaus Roy de Lacedemone, 99.
Attillius Regulus Cõsul Romain, 203.
Anastasius Empereur de Cõstantinople, 208.
Antigonus Roy des Parthes, 225.
Albouyn Roy des Lombards, 235.
Aria femme de Cecinna, 280.
Aristodem tyran de Cumes, 288.
Altherço Roy d'Escosse, 300.
Artaxerxes Roy de Perse, 301.
Apoline vierge, 301.
Aper pere de Numerian Empereur Romain, 311.
Abictus Roy d'Angleterre, 313.
Asclepodiat Prefect Pretorien Romain, 314.

TABLE.

Abderame Roy des Sarazins, 342.
Adolphe Duc de Gueldres, 345.
Amphicrates Orateur Atheniẽ, 354.
Acron Roy des Cenniniens, 364.
Alcibiades Capitaine Atheniẽ, 373.
Alexandre Tyran de Phherec, 380.
Acastus fils de Pelias Roy de Thessilie, 389.
Aliman Poëte, 389.
Aristomache sœur d'Icetes, 392.
Ancaee Roy d'Estolie, 403.
Anacharse Philosophe, 409.
Archabut Medecin, 416.
Æsclepius frere de Pompee, 6.
Achilles fils de Licomedes Roy de Thrace, 69.
Arminius Chef des Saxons, 233.
Ariobarzanes fils de Darius Roy de Perse, 269.
Arete Royne Sicille, 392.
Anastasius Empereur de Constantinople, 208.
Anaebout Roy d'Angleterre, 212.

Mm ij

TABLE

Apolonius Senateur Romain, 297.
Anthermius Sculteur, 419.
Archeslas Philosophe, 435.
Aspasia courtisane, 448.
Arganthone Royne de Cius, 452.
Antomenes Tribun Romain, 464.
Anaxarchus Philosophe, 468.
Archimedes philosophe, 470.
Antbee Prince des Naxiens. 472.
Anacreon Poëte, 435.
Abradate Prince Persien, 489.
Aricus Roy des Scithes, 512.
Alaric Roy des Visigots, 518.
Angusan Roy d'Escosse, 526.
Attilla Roy des Huns, 532.
Alexandre Roy d'Epire, 562.
Abraham Roy de Maroc, 555.
André Roy de Naples, 577.
Atys fils de Cresus, 584.
Angelot Cardinal. 596.
Amoré Roy des Sarazins, 607.
Athin Roy des Sarazins, 608.
Aviamenes Prince Persien, 683.
Abdelmelec Roy de Maroc, 684.

TABLE.

Archambault gouuerneur de Ferette, 699.
Amidas Roy de Thunes, 703.
Abdelas Prince Affriquain, 702.
Arnoul Empereur Alleman, 705.
Antiochus Roy de Sirie, 706.
Aignan Thresorier, 710.
Amurat Roy des Turcs, 719.
Apie Claude Dictateur Romain, 726.
Annoy Cheualier François, 728.
Abusahid Roy de Fez, 729.
Amadour Baschade Valachie, 740.
Atabalippa Roy du peru, 787.
Amilcar Duc des Carthaginois, 795.
Archilous Poëte, 797.
Arcopasat gouuerneur de Tipomet, 801.
Almensor Roy de Grenade, 804.
Aurele Roy d'Espagne, 805.
Anthoine de Bourbon Duc de Vendosme, 827.

B

Balthazer Roy de Babillone, 36.
Brenne Roy des Gots, 56.

TABLE.

Brutus consul Romain, 228.
Balere Roy des Caduseens, 305.
Babillas Euesque d'Antioche, 301.
Boursus capitaine Romain, 307.
Butes Lieutenant du Roy de perse, 351.
Berenice Royne de pont, 356.
Basile Empereur de Constantinople, 7.
Benoist pape, 8.
Briomatus Roy des Gaulois, 397.
Bubalus Sculteur, 419.
Beles Roy de Hongrie, 431.
Bonose Empereur de constātinople, 434.
Bessus capitaine Grec, 499.
Bertaire Duc de Saxe, 529.
Bajazet Empereur des Turcs, 530.
Bascha de Damas, 538.
Batilde Royne de France, 629.
Bajazet 2. Empereur des Turcs, 632.
Bodille Gentil-homme François, 629.
Boleslas Roy de pologne. 714.
Bayard cheualier François, 750.
Baudouin comte de Flandres, 780.
Bataille sainct Denis, 814.
Biron Mareschal de France, 897.

TABLE.

C

Cratis pasteur, 42.
Cirus Monarque des Perses, 59.
Cresus Roy de Lidie, 61.
Clitemnestre Royne de Micene, 71.
Cambise Roy de perse, 76.
Codrus Roy d'Athenes, 89.
Celamus Gimnosophiste, 89.
Cajus Gracchus consul Romain, 93.
Cimon capitaine Athenien, 94.
Calicratide capitaine Lacedemoniē, 99.
Catilina consul Romain, 108.
Caton d'Vtique consul Romain, 205.
Ciceron pere d'eloquence, 217.
Crassus consul Romain, 222.
Cleopatre Roy d'Egypte, 227.
Caligula Empereur Romain, 234.
Claude Empereur Romain, 241.
Caracalla Empereur Romain, 260.
Cleomenes Roy de Lacedemone, 266.
Camma Dame Grécque, 270.
Comode Empereur Romain, 295.

TABLE.

Corneille Pape, 303.
Carus Empereur Romain, 308.
Caraſſus Roy d'Angleterre, 313.
Conrard Roy de Naples, 342.
Coriolanus Capitaine Romain, 366.
Cleomedes Prince d'Aſtiapalee, 399.
Charles Roy de Nauarre, 545.
Catullus Poëte, 220.
Criſpinius Conſul Romain, 424.
Ciſcas Capitaine Bohemien, 432.
Cleomedes Roy de Sparte, 435.
Coce Sabellic philoſophe, 438.
Calchas excellent Deuin, 450.
Corithus fils de Paris, 460.
Clobea Royne des Mileſiens, 472.
Caliſthene philoſophe, 492.
Clitus Capitaine Grec, 494.
Cremignol Capitaine Venitien, 513.
Clodomir Roy d'Orleans, 518.
Crannus Baſtard de France, 521.
Curatieus, 586.
Charles 6. Roy de France, 594.
Caſſius Parmenſe Conſul Romain, 598.

TABLE.

Caliphe de Baldach, 615.
Caliphe d'Egipte, 634.
Christierne Roy de Dannemarc, 697.
Chilperic Roy de France, 724.
Cosme Chery Euesque de Valence. 729.
Charles Duc de Bourgogne, 729.
Carinus Senateur Romain, 739.
Conradin Roy de Naples, 746.
Caraffe Cardinal, 749.
Charles le Quint Empereur, 751.
Comte de Bothuel, 767.
Chamber capitaine François, 769.
Charles de Bourbon Duc de Montpensier, 771.
Chastaigneraye cheualier François, 798.
Charles 8. Roy de France, 809.
Comte de Pancanlier, 798.
Catherine de Medicis Royne de France, 814.
Charles de Gonzagues Duc de Neuers, 863.
Cheualier de Guise, 901.

Mm v

TABLE.

D

Dabir Roy de Heglon, 17.
Diagore Rhodiot philosophe, 92.
Demosthene Orateur, 110.
Democrite philosophe, 214.
Drusus consul Romain, 7.
Denis le ieune Roy de Sicille, 284.
Domitian Empereur Romain, 291.
Decius Empereur Romain, 302.
Diocletian Empereur Romain, 312.
Dinocrates tyran de Messeniens, 387.
Diomede Roy de Thrace, 405.
Dominique prince de Lesbos, 481.
Dion Roy de Sicille, 496.
Demetrie Roy de Macedone, 501.
Drusius peintre, 511.
Didier Roy des Lombards, 552.
Darius Roy de perse, 559.
Damasus prince Egiptien, 603.
Dodo prince François, 629.
Duc de Sommerset. 650.
De deux Roy indiens. 744.

TABLE.

E

Evripides poëte Grec, 56.
Etheoles Roy de Thebes, 70.
Esope, 84.
Eschile poëte, 86.
Empedocle philosophe, 201.
Egee Roy d'Athenes, 361.
Eupolemus fils d'Icetes, 390.
Euthidemus capitaine Leontin, 392.
Epaminondas capitaine Thebain, 396.
Ermige Cheualier Lombard, 237.
Epitecte Poëte, 469.
Eros Cheualier Romain, 483.
Eutiche capitaine Lacedemoniē, 490.
Elmahely Roy de Maroc, 557.
Euesque du Liege, 631.
Enguerand de Marigny comte de Lō-
gueuille, 708.
Edouard Roy d'Angleterre, 747.
Eunomus Duc des Misiens, 787.

TABLE.

F

Filemon Poëte. 42.
Festus Lieutenant de Domitian. 260.
Federic troisiesme Empereur d'Allemaigne. 341.
Fabian Pape. 303.
Fernand Goçales Prince d'Italie. 488.
Ferdinand Roy de Castille. 502.
Fulue Senateur Romain. 507.
Ferdinand Roy d'Arragon. 565.
Fulcher Euesque de Noyon. 625.
Feuginet gētil-homme Florentin. 631.
Federic Barbe-rousse Empereur Alleman. 715.
Fasilla Roy d'Espagne. 803.
Friol Roy d'Espagne. 805.
François Roy d'Espagne. 806.
François de Lorraine Duc de Guise. 828.
François I. Roy de France. 805.

G

Goliath Roy des Philistins. 20.
Germanicus pere de Galicula. 232.

TABLE.

Gondericus Roy d'Angleterre. 243.
Geta frere de Caracalla, 261.
Galba Empereur Romain, 253.
Galeace Duc de Mentoüe, 340.
Glauque Prince d'Anthedon, 412.
Guischard Duc de Calabre, 512.
Gazelle gouuerneur de Sirye, 514.
Gontare fils de Clodomir, 520.
Gautier Seigneur d'Iuetot, 523.
Godouyn Prince Anglois, 579.
Gaston Comte de Foix, 658.
George Roy de Boheme, 698.
Galsonde Royne de France, 724.
Galeace Maria Duc de Milan, 728.
Gauerston mignon du Roy d'Angleterre 747.
Geruth Roy de Moscouie, 780.
Guebron gouuerneur d'Vry, 820.
Galeas de la Valee, 826.

H

Horan Roy de Guezer, 18.
Hoham Roy de Hebron, 17.

TABLE.

Hai Roy des Haites, 15.
Hector Prince Troyen, 63.
Hercules prince des Thebains, 72.
Herenne Sicillien Senateur, 92.
Holophernes Lieutenant de Nabuchodonosor, 48.
Hannibal capitaine des Carthaginois, 113.
Heraclite philosophe, 212.
Herode Agripa Roy de Iudee, 229.
Hibrahim Bascha d'Egipte, 269.
Heliogabale Empereur Romain, 275.
Horuc Roy d'Alger, 331.
Hippon Roy de Messine, 392.
Henry 7. Empereur d'Allemaigne, 8.
Hiponax poëte Iambic. 419.
Hipparin Roi de Sicille, 459.
Hibreas capitaine Romain, 482.
Hipsicrate femme de Mithridate, 487.
Henri Roi de Suede, 502.
Herguste Roi des Pictes, 527.
Habdul Mumen Roi de Maroc. 558.
Horatieus, 586.
Henri Lapparel preuost de paris, 656.

TABLE.

Hugues de Creci president, 656.
Hato Archeuesque de Majence, 703.
Henri Roi d'Angleterre, 718.
Henri d'Arlei Roi d'Escosse, 766.
Hierosme Sauonarolle Iacobin, 718.
Henri 2. Roi de France, 806.
Hircan Gentilhomme Milanois, 825.
Henri de Lorraine Duc de Guise, 832.
Hëri 3. Roi de Fräce & de Pologne, 841
Henri 4. Roi de France & de Nauarre, 892.

I

Iaphiah Roi de Lakis, 17.
Ioas Roi de Iuda, 37.
Iudas Machabee capitaine des Iuifs, 52.
Icetes tiran des Leontins, 300.
Iules Cesar premier Empereur, 224.
Iuliä l'Apostat Emper. Romain, 314.
Ieä Comene Emp. de cõstätinople, 339.
Icque prince des Epidauriens, 399.
Iean pape, 8.
Ioran Roi de Iuda, 32.
Iustinian Empereur Romain, 324.

TABLE.

Iugurtha Roy de Numidie, 426.
Iean Roy de Boheme, 432.
Ieanne Royne de Naples, 548.
Iean Comte de Fustemberg, 576.
Iean Pape. 623.
Iulian de Medicis Duc de Florence, 631.
Ieã de Pacis Archenesque de Pise, 630.
Iean Prince Espagnol, 645.
Iean Roy de France, 659.
Iacques Roy d'Escosse, 716.
Iean d'Albret Roy de Nauarre. 723
Isabelle Dame de Guyenne, 773.
Iean Comte d'Armignac, 727.
Iean Duc d'Anguien, 762.
Iean de Bourgongne Duc de Neuers, 776.
Iean Leydan Roy de Muster, 784.

L

Licurgue Lesgislateur des Lacedemoniens, 107.
Luce Pie Consul Romain, 119.
Lichas seruiteur d'Hercules, 75.
Leosthene Orateur Athenien, 281.

TABLE.

Leander tiran de Cirrene, 288.
Leontius Empereur de Constantinople, 326.
Lucius neueu de Marius, 417.
Lisander Capitaine des Lacedemoniés, 428.
Licaste Roy de Crete, 454.
Leuconne Royne de de Thessalie, 456.
Lucrece Dame Romaine, 466.
Lucie Vitelle Consul Romain, 489.
Lucius Apuleius Philosophe, 504
Louis Roy de Hongrie, 515.
Lupold Duc d'Austriche, 573.
Louys Archeuesque de Magdebourg, 594.
Laurēt de Medicis Duc de Florēce, 631.
Louys Sforce Duc de Milan, 626.
Licinius Senateur Romain, 643.
Louys Comte de Flandres, 764.
Louys 9. Roi de France, 777.
Louis de Bourbon Prince de Condé, 816.

M

Mempricius Roi d'Angleterre, 6.
Memnon Roi d'Ethiopie, 88.

TABLE.

Metelle Numidique Consul Romain, 112.

Marc Quinte curce chevalier Romain, 104.

Mitridates Roi d'Armenie, 243.

Marc Anthoine competiteur d'Auguste 226

Maxence Empereur Romain, 313.

Maximus Senateur Romain, 316.

Mitridates Roi de Pont, 361.

Mindare Admiral de Perse, 377

Mutius Iurisconsulte, 389

Mamercus Tiran de Catane, 392

Metrodorus Ambassadeur, 355

Maurice Empereur de Cõstãtinople, 320

Midas Roi de Phrigie 78

Marc Claudius Preteur Romain, 208

Marc Marcel Capitaine Romain, 42

Marc Lepide Consul Romain, 48

Maurice Duc de Saxe 48

Mamertus Capitaine Romain, 50

Milesius Peintre, 50

Marcomir Roi des François, 50

Marcus Maulius Cõsul Romain, 60

TABLE

Muhamed Roi de Maroc,	684.
Milon Duc de Grotone,	695.
Muleasse Roi de Thunes,	700.
Melen Roi de Grenade,	736.
Marie Stuard Roine d'Escosse,	811.
Mongomeri Chevalier François,	809.
Mensor Roi de Tidoré,	819.

N

Nabuchodonosor Roi de Babilone,	29.
Nessus le Centaure,	73.
Niceas Capitaine Athenien,	95.
Neron Empereur Romain,	245.
Numerian Empereur Romain,	310.
Naiam Prince Tartarien,	540.
Nicolas Senateur de Ferrare,	661.
Nahaer Prince Affriquain,	702.

O

Ochosias Roi de Iuda	33.
Osa Roi d'Israel,	53.
Orestes fils d'Agamenon,	71.
Octauius pere d'Auguste,	207.
Othon Empereur Romain,	252.

TABLE.

Ordannus Roy d'Escosse, 253.
Opilius Macrinus Empereur Romain, 273.
Othudius Roy d'Escosse, 275.
Osiris premier Roy d'Egypte, 401.
Othon Empereur d'Allemaigne, 7.
Oto Marquis de Hoch. 576.
Othacare Roy de Boheme, 613.
Odo Duc d'Vrbin, 613.
Orcan Roy des Turcs, 722.
Oliuier le Daim Conseiller, 788.

P

Pharaon Roy d'Egipte, 14.
Peream Roy de Iarmats, 17.
Philistion poëte comicque, 42.
Phalaris tyran d'Agrigente, 46.
Priam Roy de Troye, 63.
Polinices Roy de Thebes, 70.
Pirhus Roy des Epirotes, 78.
Policrates Roy des Samiens, 80.
Paris fils de Priam, 63.
Perille Ingenieur, 46.
Phocion Capitaine Athenien, 91.

TABLE.

Plantius Numide consul Romain, 93.
Philocle capitaine Athenien, 103.
Pline philosophe, 210.
Pompee competiteur de cesar, 220.
Paradee chevalier Lombard, 237.
Porcie femme de Brutus, 229.
Pauline femme de Seneque, 251.
Pacore Roy des Medes. 255.
Papinian Iurisconsulte, 262.
Patrocle capitaine de Grece, 263.
Pausanias capitaine Lacedemoniё 268
Pisca Dame Persienne, 279.
Pertinax Empereur Romain, 297.
Probus Empereur Romain, 306.
Phocas Empereur de constătinple, 322.
Philippes Roy de Macedonne, 379.
Philopœmem Duc des Achayens, 383.
Pherecides le Theologien, 389.
Pelopidas capitaine Thebain, 394.
Paul Emille consul Romain, 414.
Pandære Roy de la petite Asie, 280.
Persee Roy de Macedone, 421.
Primislas Roy de Boheme, 436.
Pharax Roy de Thessalie, 456.

TABLE.

Pisidice princesse de Methime, 462.
Philoxene poëte Athenien, 476.
Periander Roi de Corinthe, 481.
Publius Rutilio Senateur Romain, 485.
Panthee princesse persienne, 489.
Paleologue Empereur d'Oriant, 533.
Paul Roi des Gots, 552.
Pandolphe tiran de Sienne, 565.
Pierre de Ruere cardinal, 595.
Psamenit Roi d'Egipte, 602.
Pretexatus Archeuesque de Roüẽ, 624.
Polidore fils de priam, 639.
Popiel Roi de pologne, 664.
Pierre prince Espagnol, 645.
Polimnestor gendre de priam, 639.
Pierre de Hagẽbach, côte de Thiexcein, 732.
Philippe 2. Empereur Romain, 713.
Pierre Louis Duc de plaisance, 728.
Pelage Roi d'Espagne, 804.

Q

Quintillius Varrus capitaine Romain, 209.

TABLE.

R

Remus frere de Romulus, 366.
Rosane sœur de Mithridate, 357.
Rufus preuost, 325.
Richard Roi d'Angleterre, 344.
Rodericus chef des Pictes, 258.
Richard Roi d'Aquitaine, 433.
Rhesus Roi de Cius, 452.
Rodrigue Sarmienta Seigneur Espa-
  gnol, 482.
Rutillian colomnel Romain, 569.
Robert Duc de Normandie, 604.
Rodoaldus Roi des Lombards, 727.
Roderigo Roi d'Espagne, 728.
Rauennel. 839.

S

Salmonee Roi d'Elide, 87.
San'om capitaine des Asmonees, 19.
Saul Roi d'Israël, 21.
Sardanapale Roi d'Assirie, 30.

TABLE.

Sedechias Roy de Iudee, 34.
Sisara capitaine des chananeens, 61.
Smerdis frere de Cambises. 77.
Sennecherib Roy des Assiriens, 104.
Solon Legislateur des Atheniens, 109.
Seruille Halla Senateur Romain, 109.
Spurius maistre des chevaliers Romains, 110.
Scipion Nasique consul Romain, 111.
Seruius Tullius Roy des Romains, 117.
Seneque philosophe, 246.
Sarpedon Roy de Lidie, 264.
Sinorix seigneur Grec, 270.
Sapor Roy de perse, 305.
Statira sœur de Mithridates, 357.
Silla consul Romain, 387.
Saturnus capitaine Romain, 307.
Selin Eltemin Roy d'Alger, 329.
Sinatus seigneur Grec, 271.
Suleiman Empereur des Turcs, 340.
Sultan Mustapha fils de Suleimã, 340.
Sultan Gobé, 340.
Sultan Mehemet, 340.
Socrates pere de la philosophie, 440.

Sisana

TABLE.

Sisana Tuge Persien, 464.
Silanus Senateur Romain, 481.
Sulpitie Dame Romaine, 489.
Scaurus Capitaine Romain, 490.
Siagrius Capitaine Romain, 517.
Sigismond Duc de Bourgogne, 519.
Siluain Capitaine Romain, 526.
Serif Roi de Fez, 565.
Simontault Gentil-homme Italien, 591
Suibdager Roi de Suesse, 609.
Selin empereur des Turcs, 632.
Spurius Melius Senateur Romain, 652
Sineus Noble Romain, 657.
Sebastien Roi de Portugal, 684.
Sigismond Malateste Seigneur de la Romagnolle 725.
Spada Cheualier Albanois, 801.

T

Timon Athenien, 38.
Themistocles Capitaine Athenien 98.

TABLE.

Tibere Empereur Romain, 230.
Theudas Roy des Hermondois. 244.
Tigranes Roy de Sirie, 246.
Theodosius General de Iustinian, 325.
Tullius Aufidius chef des Volsques, 368.
Timophanes Capitaine Corinthië, 368.
Theseus Roy d'Athenes, 371.
Tatius compagnon de Romulus, 375.
Taurus capitaine Romain, 420.
Trambelus Prince de Lesbos, 457.
Tibere Gracche Consul Romain, 480.
Triare Dame Romaine, 488.
Theobalde fils de Clodomir, 529.
Theodomir Roy des François, 526.
Tourtour Gentil-homme prouençal, 588.
Tomombey Souldan d'Egipte, 611.
Torquatus noble Romain, 684.
Thomas Morus Chancelier d'Angleterre, 717.
Tarquin dernier Roy des Romains, 725.
Teudezille Roy d'Espagne, 727.
Thadeus Medecin. 823.

TABLE.

V

Viriat Roy des Lusitains, 114.
Venones Roy des Parthes, 231.
Valerian Empereur Romain, 304.
Vitellius Empereur Romain, 256.
Valentinian le ieune, Empereur Romain, 327.
Vencestaus Roy de Boheme, 328.
Valentinian, l'ancien Empereur Romain, 328.
Victor Pape, 9.
Vulpian Iurisconsulte, 278.
Vantidie Capitaine Romain, 437.
Vladislaus Roy de Pologne, 534.
Vncham Roy d'Ethiopie, 566.
Vchassin Roy de Seruie, 660.
Vtilphar seigneur de Majorque, 738.
Vitelly Capitaine des Florentins, 759.
Valentin Romain, 818.
Villars Admiral de France, 838.

TABLE

X

Xenocrates philosophe, 477
Xerxes Roi de perse, 683

Y

Yvon comte de Flandres, 432

Z

Zeuxis peintre excellent, 93
Zenon Empereur de constantinople, 318
Zoroastes Roi des Bractiens, 208
Zaleuque Legislateur des Locriens, 483
Zegris chevalier more, 606

Fin de la table.

Privilege du Roy.

LOuys par la grace de Dieu Roy de France & de Nauarre, à nos amez & feaux Conseillers, les gens tenans nos Cours de Parlements de Paris, Tholoze, Rouen, Bourdeaux, Dijon, Grenoble, Aix & Rennes, Preuosts & Iuges desdicts lieux, Presideaux de Poictiers, Lion, Angers, Orleans, Tours, Chartres, Troyes & touts autres, nos Iuges & Officiers qu'il appartiendra, SALVT, Nostre bien aymé Anthoine du Brueil Marchand Libraire Iuré en l'Vniuersité de nostre bonne ville de Paris. Nous a humblement fait remonstrer qu'il auroit recouuert vn liure intitulé, *Les Tragiques accidents des Hommes Illustres, & autres personnes signalees, depuis le premier siecle iusques à present. Faicte par Pierre Boitel Parisien.* Lequel liure il desireroit Imprimer ou faire Imprimer, vendre & distribuer craignant toutesfois qu'apres auoir faict les frais qu'il conuiet pour ladicte Impression, quelques autres se voulsissent aussi ingerer de l'Imprimer & vendre ce qu'ele frusteroit en tierement du fruict qu'il en espere, & de ses labeurs requerans qu'il nous plaise luy impartir sur ce nos lettres de Priuilege particulierier, lesquelles volontiers luy auons octroyées. A CES CAVSES, ne desirant ledict du Brueil estre frustré des peines & trauaux qu'il fera en l'impression du liure cy dessus, luy auons permis & permettons iceluy liure Imprimer vendre & distribuer par tous les lieux & endroits de cestuy nostre Royaume, & iceluy mettre en tel volume & caractere que bon luy semblera, & cependant l'espace de dix ans à commencer du iour de la premiere Impression Sans que pendant ledit temps aucuns autres puissent l'Imprimer vendre ne distribuer ne changer ny alterer la forme & contenu dudit liure pour leur seruir de pretexte sans le pouuoir & consentement dudict du Brueil. Et ce à peine de cinq cens liures d'Amende appliquable moitié aux pauures & l'autre moitié au suppliãt, & de confiscation de tous les exemplaires qui se trouueront d'autre Impression, & de tous despens dommages & interests. SI VOVS, Mandons à chacun de vous que du contenu au present Priuilege, vous faciez entierement iouyr ledit du Brueil sans permettre qu'il luy soit faict empeschement, au contraire voulāt que mettant par luy en bref au commencement ou à la fin, le contenu de ces presentes elles soiēt tenues pour signifiees. Car tel est nostre plaisir nonobstāt quelconque chose au contraire, Donné à Paris le 13. iour de Iuillet l'an de grace, mil six cens seize. De nostre regne le septiesme.

Par le Roy en son Conseil.

DE VERNESON.

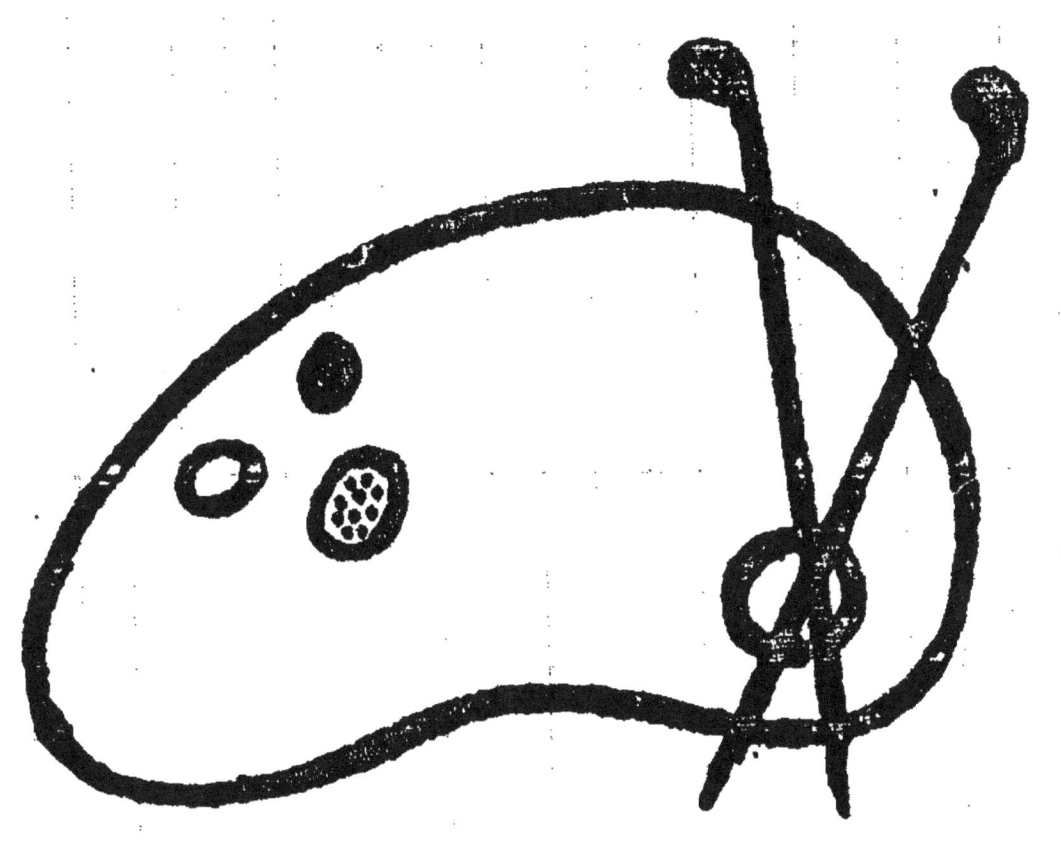

Original en couleur

NF Z 43-120-B

www.ingramcontent.com/pod-product-compliance
Lightning Source LLC
Chambersburg PA
CBHW070858300426
44113CB00008B/887